# 中国经济普查年鉴

China Economic Census Yearbook

第三产业卷

国务院第五次全国经济普查领导小组办公室　编著

图书在版编目（CIP）数据

中国经济普查年鉴. 2023. 第三产业卷 / 国务院第五次全国经济普查领导小组办公室编著. -- 北京 ：中国统计出版社, 2025. 3. -- ISBN 978-7-5230-0716-7

I. F123-54；F719-54

中国国家版本馆 CIP 数据核字第 2025VC2235 号

中国经济普查年鉴 2023/第三产业卷

作　　者/国务院第五次全国经济普查领导小组办公室
责任编辑/冯诗萌
装帧设计/黄俊杰　李雪燕
出版发行/中国统计出版社有限公司
通信地址/北京市丰台区西三环南路甲 6 号　邮政编码/100073
电　　话/邮购（010）63376909　书店（010）68783171
网　　址/http://www.zgtjcbs.com/
印　　刷/河北鑫兆源印刷有限公司
经　　销/新华书店
开　　本/880mm×1230mm　1/16
字　　数/564 千字
印　　张/17.75
版　　别/2025 年 3 月第 1 版
版　　次/2025 年 3 月第 1 次印刷
定　　价/890.00 元（全四册附光盘）

本书附同版本 CD-ROM 一张，光盘内容以书面文字为准。
如有印装差错，由本社发行部调换。

# 编辑委员会

# 编者说明

为便于社会各界共享第五次全国经济普查成果，更方便地开发利用普查资料，我们将经济普查资料编辑整理，汇编成《中国经济普查年鉴 2023》一书。全书共三卷四册，即综合卷、第二产业卷（上、下）和第三产业卷，并随书配送同版本光盘一张。《综合卷》分四篇：第一篇为“综合篇”，第二篇为“企业篇”，第三篇为“文化及相关产业篇”，第四篇为“企业法人数字化情况篇”。《第二产业卷》按内容分为上、下两册。上册两篇：第一篇为“工业企业生产经营及财务状况篇”，第二篇为“主要工业产品产量篇”。下册两篇：第一篇为“规模以上工业企业科技情况篇”，第二篇为“建筑业企业生产经营及财务状况篇”。《第三产业卷》分五篇：第一篇为“批发和零售业企业基本情况及财务状况篇”，第二篇为“住宿和餐饮业企业基本情况及财务状况篇”，第三篇为“房地产开发经营业企业生产经营及财务状况篇”，第四篇为“服务业企业财务状况篇”，第五篇为“服务业行政事业及非企业法人单位篇”，现对有关问题做如下说明：

一、第五次全国经济普查的标准时点为 2023 年 12 月 31 日，时期资料为 2023 年度；

二、综合卷中综合篇和企业篇汇总表，均不包含少量无分组标识的单位数据。其中，单位数包含兼营第二、三产业活动的农、林、牧、渔业法人单位；从业人员数不包含兼营第二、三产业活动的农、林、牧、渔业法人单位，不包含中国人民银行、金融监管总局、中国证监会、铁路运输部门负责普查的单位；

三、综合卷第一、二篇中企业法人单位为机构类型为企业的法人单位；综合卷第三、四篇，第二产业卷和第三产业卷中企业法人单位，包括机构类型为企业的法人单位，以及执行企业会计制度的事业法人单位、民办非企业法人单位和基金会，农民专业合作社，农村集体经济组织和除宗教活动场所以外的机构类型为其他组织机构的法人单位；

四、本资料建筑业按法人单位注册地，其他行业按法人单位经营地进行汇总；

五、本资料对部分数据由于计量单位取舍不同或四舍五入而产生的误差数均未作机械调整；

六、表中空格表示该项统计指标数值为零、不足最小单位，“#”表示其中的主要项，NA 表示数值小于或等于 3；

七、为了更准确地使用本年鉴，每卷后附有该卷详细的指标解释。

我们希望此书的出版，能使社会各界对我国第五次全国经济普查有一个全面的了解，更愿本书的内容，能为社会经济研究工作者提供有价值的参考。

第五次全国经济普查资料是全国普查工作者共同辛勤工作的成果，也是广大普查对象积极支持配合的结果。在此，我们向全国所有普查工作者、普查对象和所有参与、支持普查工作的人员致以崇高的敬意和衷心的感谢！

国务院第五次全国经济普查领导小组办公室

2025 年 3 月

# 第三产业卷　目录

## 第一篇　批发和零售业企业基本情况及财务状况篇

### A.行业部分



### B.地区部分



## 第二篇　住宿和餐饮业企业基本情况及财务状况篇

### A.行业部分

## 第三篇 房地产开发经营业企业生产经营及财务状况篇

# 第四篇 服务业企业财务状况篇

## 第五篇 服务业行政事业及非企业法人单位篇



## 附录

# 第1篇

# 批发和零售业企业基本情况及财务状况篇

## A.行业部分

# 1-A-1　批发业企业法人基本情况

| 分　组 | 法人单位数<br>(个) | 从业人员期末人数<br>(人) |
|---|---|---|
| **批发业** | **5509438** | **29930932** |
| **按国民经济行业分组** | | |
| 农、林、牧、渔产品批发 | 310876 | 1624973 |
| 谷物、豆及薯类批发 | 64038 | 360287 |
| 种子批发 | 30607 | 155676 |
| 畜牧渔业饲料批发 | 30288 | 146810 |
| 棉、麻批发 | 4396 | 37890 |
| 林业产品批发 | 44262 | 232830 |
| 牲畜批发 | 42135 | 221967 |
| 渔业产品批发 | 8329 | 40664 |
| 其他农牧产品批发 | 86821 | 428849 |
| 食品、饮料及烟草制品批发 | 636783 | 4182540 |
| 米、面制品及食用油批发 | 46387 | 350522 |
| 糕点、糖果及糖批发 | 12241 | 107770 |
| 果品、蔬菜批发 | 169717 | 993067 |
| 肉、禽、蛋、奶及水产品批发 | 96363 | 605010 |
| 盐及调味品批发 | 18342 | 130897 |
| 营养和保健品批发 | 15272 | 91015 |
| 酒、饮料及茶叶批发 | 123718 | 835544 |
| 烟草制品批发 | 2989 | 256356 |
| 其他食品批发 | 151754 | 812359 |
| 纺织、服装及家庭用品批发 | 794980 | 4116926 |
| 纺织品、针织品及原料批发 | 142178 | 696483 |
| 服装批发 | 214083 | 1106214 |
| 鞋帽批发 | 28089 | 189071 |
| 化妆品及卫生用品批发 | 59946 | 340894 |
| 厨具卫具及日用杂品批发 | 127074 | 564989 |
| 灯具、装饰物品批发 | 32649 | 153316 |
| 家用视听设备批发 | 11715 | 92806 |
| 日用家电批发 | 51256 | 365938 |
| 其他家庭用品批发 | 127990 | 607215 |

1-A-1 续表 1

| 分　　组 | 法人单位数（个） | 从业人员期末人数（人） |
| --- | --- | --- |
| 文化、体育用品及器材批发 | 199962 | 1022094 |
| 文具用品批发 | 86112 | 367191 |
| 体育用品及器材批发 | 26154 | 124971 |
| 图书批发 | 9185 | 99623 |
| 报刊批发 | 233 | 3719 |
| 音像制品、电子和数字出版物批发 | 2821 | 14890 |
| 首饰、工艺品及收藏品批发 | 51578 | 277870 |
| 乐器批发 | 2476 | 11214 |
| 其他文化用品批发 | 21403 | 122616 |
| 医药及医疗器材批发 | 249356 | 2131736 |
| 西药批发 | 17056 | 626943 |
| 中药批发 | 28880 | 280349 |
| 动物用药品批发 | 11792 | 51577 |
| 医疗用品及器材批发 | 191628 | 1172867 |
| 矿产品、建材及化工产品批发 | 1569209 | 8365463 |
| 煤炭及制品批发 | 71800 | 528696 |
| 石油及制品批发 | 58805 | 530684 |
| 非金属矿及制品批发 | 26405 | 145787 |
| 金属及金属矿批发 | 251565 | 1384510 |
| 建材批发 | 818172 | 3955557 |
| 化肥批发 | 71235 | 334079 |
| 农药批发 | 30470 | 154669 |
| 农用薄膜批发 | 1406 | 6789 |
| 其他化工产品批发 | 239351 | 1324692 |
| 机械设备、五金产品及电子产品批发 | 1228121 | 6213067 |
| 农业机械批发 | 30080 | 155068 |
| 汽车及零配件批发 | 114386 | 666733 |
| 摩托车及零配件批发 | 8907 | 51836 |

1-A-1 续表 2

| 分 组 | 法人单位数 (个) | 从业人员期末人数 (人) |
|---|---|---|
| 五金产品批发 | 307771 | 1339149 |
| 电气设备批发 | 97410 | 510984 |
| 计算机、软件及辅助设备批发 | 75839 | 426783 |
| 通讯设备批发 | 27875 | 202423 |
| 广播影视设备批发 | 2896 | 20571 |
| 其他机械设备及电子产品批发 | 562957 | 2839520 |
| 贸易经纪与代理 | 80813 | 330864 |
| 贸易代理 | 70430 | 289480 |
| 一般物品拍卖 | 2332 | 11159 |
| 艺术品、收藏品拍卖 | 497 | 3196 |
| 艺术品代理 | 907 | 3464 |
| 其他贸易经纪与代理 | 6647 | 23565 |
| 其他批发业 | 439338 | 1943269 |
| 再生物资回收与批发 | 166175 | 685893 |
| 宠物食品用品批发 | 7653 | 35279 |
| 互联网批发 | 106352 | 460493 |
| 其他未列明批发业 | 159158 | 761604 |
| **按登记注册统计类别分组** | | |
| 内资企业 | 5347044 | 28363061 |
| 有限责任公司 | 5049568 | 26528610 |
| 股份有限公司 | 11665 | 405711 |
| 非公司企业法人 | 19659 | 348461 |
| 个人独资企业 | 257631 | 1045144 |
| 合伙企业 | 8392 | 34540 |
| 其他内资企业 | 129 | 595 |
| 港澳台投资企业 | 24122 | 498653 |
| 外商投资企业 | 29309 | 668240 |
| 其他统计类别 | 108963 | 400978 |

# 1-A-2 限额以上批发业企业法人基本情况

| 分　　组 | 法人单位数（个） | 从业人员期末人数（人） |
|---|---|---|
| **批发业** | **268609** | **6839205** |
| **按国民经济行业分组** | | |
| 农、林、牧、渔产品批发 | 12211 | 216929 |
| 谷物、豆及薯类批发 | 4875 | 77950 |
| 种子批发 | 570 | 21173 |
| 畜牧渔业饲料批发 | 2271 | 25895 |
| 棉、麻批发 | 1260 | 20959 |
| 林业产品批发 | 715 | 15334 |
| 牲畜批发 | 648 | 24797 |
| 渔业产品批发 | 379 | 6135 |
| 其他农牧产品批发 | 1493 | 24686 |
| 食品、饮料及烟草制品批发 | 28900 | 1320868 |
| 米、面制品及食用油批发 | 4418 | 144181 |
| 糕点、糖果及糖批发 | 1244 | 51970 |
| 果品、蔬菜批发 | 5297 | 147215 |
| 肉、禽、蛋、奶及水产品批发 | 6424 | 191511 |
| 盐及调味品批发 | 1286 | 42897 |
| 营养和保健品批发 | 569 | 25658 |
| 酒、饮料及茶叶批发 | 5642 | 336353 |
| 烟草制品批发 | 499 | 244121 |
| 其他食品批发 | 3521 | 136962 |
| 纺织、服装及家庭用品批发 | 26409 | 965752 |
| 纺织品、针织品及原料批发 | 9004 | 133380 |
| 服装批发 | 4672 | 248413 |
| 鞋帽批发 | 1380 | 67264 |
| 化妆品及卫生用品批发 | 1801 | 108436 |
| 厨具卫具及日用杂品批发 | 2015 | 82018 |
| 灯具、装饰物品批发 | 761 | 23350 |
| 家用视听设备批发 | 826 | 46804 |
| 日用家电批发 | 3316 | 143201 |
| 其他家庭用品批发 | 2634 | 112886 |

注：NA表示单位个数小于或等于3，下表同。

1-A-2　续表 1

| 分　组 | 法人单位数（个） | 从业人员期末人数（人） |
|---|---|---|
| 文化、体育用品及器材批发 | 6927 | 245719 |
| 文具用品批发 | 2767 | 53754 |
| 体育用品及器材批发 | 551 | 21038 |
| 图书批发 | 700 | 51400 |
| 报刊批发 | 17 | 2166 |
| 音像制品、电子和数字出版物批发 | 34 | 1800 |
| 首饰、工艺品及收藏品批发 | 1732 | 80982 |
| 乐器批发 | 74 | 2234 |
| 其他文化用品批发 | 1052 | 32345 |
| 医药及医疗器材批发 | 17656 | 962780 |
| 西药批发 | 5917 | 513723 |
| 中药批发 | 2101 | 151782 |
| 动物用药品批发 | 311 | 9269 |
| 医疗用品及器材批发 | 9327 | 288006 |
| 矿产品、建材及化工产品批发 | 123349 | 1712082 |
| 煤炭及制品批发 | 11700 | 198269 |
| 石油及制品批发 | 10177 | 297795 |
| 非金属矿及制品批发 | 2132 | 23852 |
| 金属及金属矿批发 | 44438 | 444417 |
| 建材批发 | 22064 | 292142 |
| 化肥批发 | 2257 | 46875 |
| 农药批发 | 836 | 30074 |
| 农用薄膜批发 | 43 | 590 |
| 其他化工产品批发 | 29702 | 378068 |
| 机械设备、五金产品及电子产品批发 | 43902 | 1222203 |
| 农业机械批发 | 1351 | 21943 |
| 汽车及零配件批发 | 7863 | 204469 |
| 摩托车及零配件批发 | 650 | 13482 |
| 五金产品批发 | 5525 | 109881 |
| 电气设备批发 | 2744 | 81497 |
| 计算机、软件及辅助设备批发 | 4127 | 125927 |

1-A-2 续表 2

| 分　组 | 法人单位数<br>(个) | 从业人员期末人数<br>(人) |
|---|---|---|
| 通讯设备批发 | 2417 | 90999 |
| 广播影视设备批发 | 255 | 8168 |
| 其他机械设备及电子产品批发 | 18970 | 565837 |
| 贸易经纪与代理 | 1171 | 26546 |
| 贸易代理 | 1079 | 24540 |
| 一般物品拍卖 | NA | 27 |
| 艺术品、收藏品拍卖 | 12 | 893 |
| 艺术品代理 | NA | 16 |
| 其他贸易经纪与代理 | 74 | 1070 |
| 其他批发业 | 8084 | 166326 |
| 再生物资回收与批发 | 3263 | 37731 |
| 宠物食品用品批发 | 180 | 7112 |
| 互联网批发 | 1610 | 53788 |
| 其他未列明批发业 | 3031 | 67695 |
| **按登记注册统计类别分组** | | |
| 内资企业 | 257897 | 5877151 |
| 有限责任公司 | 252591 | 5299303 |
| 股份有限公司 | 2798 | 323227 |
| 非公司企业法人 | 1093 | 237045 |
| 个人独资企业 | 1214 | 14212 |
| 合伙企业 | 198 | 3322 |
| 其他内资企业 | NA | 42 |
| 港澳台投资企业 | 4350 | 395108 |
| 外商投资企业 | 5351 | 549845 |
| 其他统计类别 | 1011 | 17101 |
| **按单位规模分组** | | |
| 大型 | 3141 | 2019612 |
| 中型 | 45568 | 2668342 |
| 小型 | 140226 | 1901233 |
| 微型 | 79674 | 250018 |

# 1-A-3　批发业企业法人财务状况

单位：亿元

| 分　　组 | 资产总计 | 负债合计 | 营业收入 |
|---|---|---|---|
| **批发业** | **777006.69** | **539587.42** | **1305299.21** |
| **按国民经济行业分组** | | | |
| 农、林、牧、渔产品批发 | 34609.34 | 23723.17 | 46695.63 |
| 谷物、豆及薯类批发 | 13395.89 | 9705.88 | 17693.87 |
| 种子批发 | 1772.86 | 842.44 | 1461.33 |
| 畜牧渔业饲料批发 | 3592.09 | 2465.75 | 7593.57 |
| 棉、麻批发 | 3757.25 | 3355.82 | 5486.81 |
| 林业产品批发 | 3108.78 | 1639.60 | 3011.14 |
| 牲畜批发 | 2081.24 | 1048.41 | 2520.76 |
| 渔业产品批发 | 494.17 | 303.25 | 642.15 |
| 其他农牧产品批发 | 6407.05 | 4362.02 | 8285.99 |
| 食品、饮料及烟草制品批发 | 69060.78 | 43356.36 | 105796.51 |
| 米、面制品及食用油批发 | 11212.83 | 8668.55 | 15916.84 |
| 糕点、糖果及糖批发 | 2843.14 | 2218.41 | 4323.68 |
| 果品、蔬菜批发 | 7455.24 | 4193.94 | 11922.19 |
| 肉、禽、蛋、奶及水产品批发 | 9737.78 | 7327.39 | 16457.11 |
| 盐及调味品批发 | 2499.68 | 1318.86 | 2885.33 |
| 营养和保健品批发 | 1132.81 | 738.75 | 1207.40 |
| 酒、饮料及茶叶批发 | 16879.59 | 10861.31 | 19008.72 |
| 烟草制品批发 | 8606.37 | 1786.10 | 20764.92 |
| 其他食品批发 | 8693.34 | 6243.04 | 13310.31 |
| 纺织、服装及家庭用品批发 | 59692.38 | 42116.67 | 92113.43 |
| 纺织品、针织品及原料批发 | 13623.42 | 9424.35 | 24678.61 |
| 服装批发 | 11463.24 | 7450.50 | 16750.48 |
| 鞋帽批发 | 2588.76 | 1848.84 | 3808.63 |
| 化妆品及卫生用品批发 | 4125.94 | 2770.66 | 5713.80 |
| 厨具卫具及日用杂品批发 | 4504.57 | 3013.34 | 6842.96 |
| 灯具、装饰物品批发 | 1354.98 | 932.08 | 1837.82 |
| 家用视听设备批发 | 2828.44 | 2251.71 | 3813.68 |

1-A-3 续表 1 单位：亿元

| 分 组 | 资产总计 | 负债合计 | 营业收入 |
|---|---|---|---|
| 日用家电批发 | 13570.47 | 10452.46 | 20187.94 |
| 其他家庭用品批发 | 5632.56 | 3972.72 | 8479.52 |
| 文化、体育用品及器材批发 | 16583.04 | 10842.08 | 22103.34 |
| 文具用品批发 | 6197.58 | 4187.65 | 8155.01 |
| 体育用品及器材批发 | 1300.72 | 879.15 | 1754.26 |
| 图书批发 | 2527.87 | 1427.13 | 1720.92 |
| 报刊批发 | 33.11 | 21.63 | 32.83 |
| 音像制品、电子和数字出版物批发 | 135.74 | 95.08 | 166.15 |
| 首饰、工艺品及收藏品批发 | 4839.13 | 3237.34 | 7692.39 |
| 乐器批发 | 124.89 | 69.62 | 147.82 |
| 其他文化用品批发 | 1424.00 | 924.47 | 2433.96 |
| 医药及医疗器材批发 | 46379.88 | 31993.33 | 57955.29 |
| 西药批发 | 22755.55 | 16359.15 | 29383.67 |
| 中药批发 | 5184.29 | 3727.57 | 6853.88 |
| 动物用药品批发 | 388.78 | 224.74 | 609.68 |
| 医疗用品及器材批发 | 18051.26 | 11681.88 | 21108.07 |
| 矿产品、建材及化工产品批发 | 390530.01 | 272903.88 | 748069.11 |
| 煤炭及制品批发 | 60380.84 | 40589.72 | 89151.20 |
| 石油及制品批发 | 56754.30 | 34990.23 | 118094.35 |
| 非金属矿及制品批发 | 6272.63 | 3917.63 | 6515.67 |
| 金属及金属矿批发 | 137249.70 | 103228.37 | 330824.95 |
| 建材批发 | 66501.92 | 47775.32 | 69256.78 |
| 化肥批发 | 6725.40 | 4344.53 | 10376.62 |
| 农药批发 | 4309.58 | 1408.81 | 2207.62 |
| 农用薄膜批发 | 56.97 | 35.87 | 93.38 |
| 其他化工产品批发 | 52278.66 | 36613.40 | 121548.54 |
| 机械设备、五金产品及电子产品批发 | 128212.65 | 92964.29 | 181630.91 |
| 农业机械批发 | 1539.50 | 984.44 | 2214.20 |
| 汽车及零配件批发 | 34215.82 | 27401.79 | 56010.29 |
| 摩托车及零配件批发 | 946.76 | 1095.32 | 1625.37 |

1-A-3　续表 2　　单位：亿元

| 分　组 | 资产总计 | 负债合计 | 营业收入 |
|---|---|---|---|
| 五金产品批发 | 13240.01 | 8579.92 | 17636.47 |
| 电气设备批发 | 8454.27 | 5612.29 | 8907.92 |
| 计算机、软件及辅助设备批发 | 9603.77 | 7130.49 | 17735.99 |
| 通讯设备批发 | 7219.15 | 5656.72 | 15662.28 |
| 广播影视设备批发 | 672.99 | 502.71 | 1079.45 |
| 其他机械设备及电子产品批发 | 52320.39 | 36000.61 | 60758.93 |
| 贸易经纪与代理 | 8800.01 | 6322.21 | 9021.67 |
| 贸易代理 | 8205.97 | 5950.77 | 8539.91 |
| 一般物品拍卖 | 109.21 | 49.74 | 41.17 |
| 艺术品、收藏品拍卖 | 149.57 | 94.52 | 26.32 |
| 艺术品代理 | 29.30 | 15.08 | 19.22 |
| 其他贸易经纪与代理 | 305.96 | 212.10 | 395.03 |
| 其他批发业 | 23138.59 | 15365.44 | 41913.33 |
| 再生物资回收与批发 | 5929.79 | 3794.82 | 16552.54 |
| 宠物食品用品批发 | 249.78 | 169.01 | 435.22 |
| 互联网批发 | 5346.93 | 3787.03 | 10851.45 |
| 其他未列明批发业 | 11612.09 | 7614.58 | 14074.12 |
| **按登记注册统计类别分组** | | | |
| 内资企业 | 693252.18 | 485042.74 | 1174694.65 |
| 有限责任公司 | 628299.51 | 452255.52 | 1097728.79 |
| 股份有限公司 | 50099.24 | 27616.53 | 44572.02 |
| 非公司企业法人 | 10573.02 | 3624.23 | 24703.08 |
| 个人独资企业 | 3846.50 | 1286.43 | 7089.37 |
| 合伙企业 | 429.61 | 255.45 | 598.53 |
| 其他内资企业 | 4.30 | 4.58 | 2.85 |
| 港澳台投资企业 | 37869.70 | 25623.18 | 48665.69 |
| 外商投资企业 | 44305.91 | 28425.75 | 79276.90 |
| 其他统计类别 | 1578.90 | 495.75 | 2661.97 |

# 1-A-4 限额以上批发业企业法人财务状况

单位：亿元

| 分 组 | 资产总计 | 负债合计 | 营业收入 |
|---|---|---|---|
| **批发业** | **516805.68** | **372582.21** | **1014698.87** |
| **按国民经济行业分组** | | | |
| 农、林、牧、渔产品批发 | 21623.98 | 16343.09 | 32478.73 |
| 谷物、豆及薯类批发 | 9794.05 | 7486.25 | 13704.85 |
| 种子批发 | 818.16 | 426.02 | 583.36 |
| 畜牧渔业饲料批发 | 2571.08 | 1858.87 | 5697.94 |
| 棉、麻批发 | 3054.07 | 2669.33 | 4822.91 |
| 林业产品批发 | 1263.10 | 774.73 | 1547.04 |
| 牲畜批发 | 793.95 | 508.31 | 1060.03 |
| 渔业产品批发 | 269.67 | 195.44 | 372.56 |
| 其他农牧产品批发 | 3059.90 | 2424.14 | 4690.03 |
| 食品、饮料及烟草制品批发 | 45615.58 | 29334.05 | 80060.01 |
| 米、面制品及食用油批发 | 8575.20 | 6779.46 | 12970.76 |
| 糕点、糖果及糖批发 | 2046.28 | 1650.57 | 3594.98 |
| 果品、蔬菜批发 | 2917.68 | 2028.38 | 6088.08 |
| 肉、禽、蛋、奶及水产品批发 | 6028.43 | 4844.75 | 11907.73 |
| 盐及调味品批发 | 1526.74 | 747.83 | 1833.47 |
| 营养和保健品批发 | 679.65 | 434.16 | 755.19 |
| 酒、饮料及茶叶批发 | 12148.12 | 8010.77 | 15103.33 |
| 烟草制品批发 | 7308.00 | 1472.41 | 20236.16 |
| 其他食品批发 | 4385.48 | 3365.72 | 7570.31 |
| 纺织、服装及家庭用品批发 | 37282.97 | 27224.60 | 63480.00 |
| 纺织品、针织品及原料批发 | 7777.45 | 5539.45 | 17257.63 |
| 服装批发 | 6983.27 | 4678.94 | 10762.86 |
| 鞋帽批发 | 2028.64 | 1545.14 | 2842.77 |
| 化妆品及卫生用品批发 | 2901.30 | 1894.03 | 4159.46 |
| 厨具卫具及日用杂品批发 | 1872.29 | 1339.96 | 3320.07 |
| 灯具、装饰物品批发 | 567.60 | 388.54 | 948.57 |
| 家用视听设备批发 | 2449.67 | 2004.40 | 3432.00 |
| 日用家电批发 | 9803.92 | 7623.96 | 15862.18 |
| 其他家庭用品批发 | 2898.82 | 2210.18 | 4894.46 |

1-A-4　续表 1

单位：亿元

| 分　组 | 资产总计 | 负债合计 | 营业收入 |
|---|---|---|---|
| 文化、体育用品及器材批发 | 11486.37 | 7519.36 | 15809.18 |
| 文具用品批发 | 4107.22 | 2812.07 | 5367.13 |
| 体育用品及器材批发 | 780.07 | 549.29 | 1059.37 |
| 图书批发 | 2136.96 | 1201.13 | 1327.26 |
| 报刊批发 | 25.60 | 16.22 | 26.40 |
| 音像制品、电子和数字出版物批发 | 19.13 | 14.14 | 47.79 |
| 首饰、工艺品及收藏品批发 | 3372.25 | 2256.81 | 6093.91 |
| 乐器批发 | 75.13 | 35.70 | 90.10 |
| 其他文化用品批发 | 970.01 | 633.99 | 1797.22 |
| 医药及医疗器材批发 | 35895.30 | 25918.73 | 46575.07 |
| 西药批发 | 21137.71 | 15409.62 | 27903.49 |
| 中药批发 | 4164.10 | 3193.59 | 5607.84 |
| 动物用药品批发 | 210.55 | 140.13 | 346.22 |
| 医疗用品及器材批发 | 10382.95 | 7175.40 | 12717.52 |
| 矿产品、建材及化工产品批发 | 267488.55 | 192333.79 | 615473.67 |
| 煤炭及制品批发 | 45966.75 | 30118.19 | 71568.58 |
| 石油及制品批发 | 34189.47 | 24726.28 | 106499.82 |
| 非金属矿及制品批发 | 4520.72 | 2832.89 | 4759.86 |
| 金属及金属矿批发 | 106339.54 | 79930.41 | 289399.02 |
| 建材批发 | 29386.95 | 22812.63 | 33261.07 |
| 化肥批发 | 4690.70 | 3282.15 | 7735.20 |
| 农药批发 | 3559.82 | 1033.90 | 1303.87 |
| 农用薄膜批发 | 10.72 | 7.96 | 39.16 |
| 其他化工产品批发 | 38823.87 | 27589.37 | 100907.10 |
| 机械设备、五金产品及电子产品批发 | 82285.12 | 62510.28 | 131748.66 |
| 农业机械批发 | 637.17 | 501.16 | 1050.77 |
| 汽车及零配件批发 | 28562.84 | 23361.56 | 49307.36 |
| 摩托车及零配件批发 | 674.21 | 529.82 | 1151.56 |
| 五金产品批发 | 3639.16 | 2484.50 | 6421.11 |
| 电气设备批发 | 4049.50 | 2747.30 | 4800.97 |
| 计算机、软件及辅助设备批发 | 6973.43 | 5373.28 | 14697.19 |

1-A-4 续表 2

单位：亿元

| 分组 | 资产总计 | 负债合计 | 营业收入 |
|---|---|---|---|
| 通讯设备批发 | 6050.22 | 4835.17 | 13879.05 |
| 广播影视设备批发 | 585.69 | 452.72 | 975.28 |
| 其他机械设备及电子产品批发 | 31112.89 | 22224.78 | 39465.38 |
| 贸易经纪与代理 | 4528.55 | 3438.61 | 4627.59 |
| 贸易代理 | 4377.93 | 3344.21 | 4489.33 |
| 一般物品拍卖 | 4.54 | 1.76 | 2.92 |
| 艺术品、收藏品拍卖 | 100.00 | 60.29 | 16.79 |
| 艺术品代理 | 0.08 | 0.03 | 0.46 |
| 其他贸易经纪与代理 | 46.00 | 32.33 | 118.09 |
| 其他批发业 | 10599.27 | 7959.69 | 24445.97 |
| 再生物资回收与批发 | 2293.18 | 1901.10 | 10129.64 |
| 宠物食品用品批发 | 123.96 | 80.47 | 235.70 |
| 互联网批发 | 3045.75 | 2530.37 | 6962.22 |
| 其他未列明批发业 | 5136.39 | 3447.75 | 7118.41 |
| **按登记注册统计类别分组** | | | |
| 内资企业 | 443822.01 | 325130.29 | 891498.83 |
| 有限责任公司 | 391708.28 | 298506.13 | 824897.25 |
| 股份有限公司 | 44279.59 | 24095.89 | 42065.17 |
| 非公司企业法人 | 7472.40 | 2256.93 | 23454.57 |
| 个人独资企业 | 244.28 | 173.67 | 760.32 |
| 合伙企业 | 115.36 | 96.75 | 320.93 |
| 其他内资企业 | 2.10 | 0.92 | 0.59 |
| 港澳台投资企业 | 32871.30 | 22019.01 | 46679.00 |
| 外商投资企业 | 39950.65 | 25338.02 | 76056.17 |
| 其他统计类别 | 161.72 | 94.88 | 464.88 |
| **按单位规模分组** | | | |
| 大型 | 134481.69 | 87263.93 | 218941.62 |
| 中型 | 187283.36 | 128675.08 | 346768.37 |
| 小型 | 107008.44 | 82215.82 | 250018.13 |
| 微型 | 88032.19 | 74427.37 | 198970.76 |

# 1-A-5　零售业企业法人基本情况

| 分　组 | 法人单位数(个) | 从业人员期末人数(人) | 年末零售营业面积(万平方米) |
|---|---|---|---|
| **零售业** | **4687528** | **23323961** | **91628.85** |
| **按国民经济行业分组** | | | |
| 综合零售 | 436555 | 3430322 | 20465.08 |
| 百货零售 | 315609 | 1875108 | 12154.12 |
| 超级市场零售 | 19524 | 1075389 | 6588.04 |
| 便利店零售 | 16385 | 117153 | 472.29 |
| 其他综合零售 | 85037 | 362672 | 1250.63 |
| 食品、饮料及烟草制品专门零售 | 658790 | 2763000 | 8928.35 |
| 粮油零售 | 30144 | 139162 | 633.59 |
| 糕点、面包零售 | 14661 | 121542 | 212.10 |
| 果品、蔬菜零售 | 87898 | 397814 | 1587.24 |
| 肉、禽、蛋、奶及水产品零售 | 84976 | 369924 | 1428.40 |
| 营养和保健品零售 | 28865 | 115908 | 308.20 |
| 酒、饮料及茶叶零售 | 140353 | 528112 | 1546.20 |
| 烟草制品零售 | 32319 | 110199 | 337.33 |
| 其他食品零售 | 239574 | 980339 | 2875.28 |
| 纺织、服装及日用品专门零售 | 601092 | 2594318 | 7655.73 |
| 纺织品及针织品零售 | 43950 | 184657 | 510.14 |
| 服装零售 | 189998 | 1001587 | 3241.88 |
| 鞋帽零售 | 24705 | 135608 | 338.17 |
| 化妆品及卫生用品零售 | 56575 | 234036 | 487.76 |
| 厨具卫具及日用杂品零售 | 38371 | 141440 | 388.35 |
| 钟表、眼镜零售 | 54216 | 218838 | 560.65 |
| 箱包零售 | 9913 | 41888 | 231.97 |
| 自行车等代步设备零售 | 16264 | 59546 | 215.12 |
| 其他日用品零售 | 167100 | 576718 | 1681.69 |
| 文化、体育用品及器材专门零售 | 274877 | 1201592 | 3216.00 |
| 文具用品零售 | 91137 | 319862 | 824.33 |

1-A-5 续表 1

| 分 组 | 法人单位数（个） | 从业人员期末人数（人） | 年末零售营业面积（万平方米） |
| --- | --- | --- | --- |
| 体育用品及器材零售 | 34571 | 140012 | 404.93 |
| 图书、报刊零售 | 19965 | 188799 | 586.02 |
| 音像制品、电子和数字出版物零售 | 3243 | 15439 | 35.32 |
| 珠宝首饰零售 | 42260 | 206614 | 457.76 |
| 工艺美术品及收藏品零售 | 44127 | 169404 | 484.19 |
| 乐器零售 | 8012 | 29311 | 86.89 |
| 照相器材零售 | 3614 | 13064 | 21.65 |
| 其他文化用品零售 | 27948 | 119087 | 314.90 |
| 医药及医疗器材专门零售 | 382404 | 2258395 | 6197.64 |
| 西药零售 | 238367 | 1658358 | 4733.43 |
| 中药零售 | 29407 | 146516 | 415.13 |
| 动物用药品零售 | 21506 | 58780 | 167.26 |
| 医疗用品及器材零售 | 90628 | 383187 | 858.93 |
| 保健辅助治疗器材零售 | 2496 | 11554 | 22.90 |
| 汽车、摩托车、零配件和燃料及其他动力销售 | 420874 | 3268096 | 24229.68 |
| 汽车新车零售 | 150029 | 1804048 | 12102.08 |
| 汽车旧车零售 | 83806 | 275650 | 1467.65 |
| 汽车零配件零售 | 100002 | 386396 | 1187.37 |
| 摩托车及零配件零售 | 14885 | 70365 | 281.40 |
| 机动车燃油零售 | 64818 | 684494 | 8649.21 |
| 机动车燃气零售 | 1980 | 23374 | 326.50 |
| 机动车充电销售 | 5354 | 23769 | 215.46 |
| 家用电器及电子产品专门零售 | 468011 | 1977509 | 5140.49 |
| 家用视听设备零售 | 16137 | 98549 | 440.50 |
| 日用家电零售 | 128392 | 606046 | 2222.95 |
| 计算机、软件及辅助设备零售 | 114285 | 457679 | 836.03 |
| 通信设备零售 | 52061 | 267536 | 542.38 |
| 其他电子产品零售 | 157136 | 547699 | 1098.63 |
| 五金、家具及室内装饰材料专门零售 | 672673 | 2686192 | 8526.43 |

1-A-5 续表 2

| 分 组 | 法人单位数(个) | 从业人员期末人数(人) | 年末零售营业面积(万平方米) |
|---|---|---|---|
| 五金零售 | 235945 | 868131 | 2301.04 |
| 灯具零售 | 26376 | 89210 | 229.67 |
| 家具零售 | 105687 | 479887 | 2155.06 |
| 涂料零售 | 18224 | 69510 | 186.06 |
| 卫生洁具零售 | 11407 | 47900 | 149.94 |
| 木质装饰材料零售 | 17881 | 75445 | 251.31 |
| 陶瓷、石材装饰材料零售 | 33287 | 143353 | 562.81 |
| 其他室内装饰材料零售 | 223866 | 912756 | 2690.53 |
| 货摊、无店铺及其他零售业 | 772252 | 3144537 | 7269.45 |
| 流动货摊零售 | 669 | 2410 | 5.87 |
| 互联网零售 | 531353 | 2120748 | 3800.91 |
| 邮购及电视、电话零售 | 308 | 5137 | 4.53 |
| 自动售货机零售 | 1605 | 8359 | 18.08 |
| 旧货零售 | 1513 | 5522 | 20.08 |
| 生活用燃料零售 | 19283 | 134551 | 953.94 |
| 宠物食品用品零售 | 11529 | 35072 | 83.48 |
| 其他未列明零售业 | 205992 | 832738 | 2382.56 |
| **按登记注册统计类别分组** | | | |
| 内资企业 | 4632619 | 22369154 | 84988.60 |
| 有限责任公司 | 4064706 | 19855682 | 72750.64 |
| 股份有限公司 | 7128 | 422430 | 3674.73 |
| 非公司企业法人 | 19909 | 137950 | 761.96 |
| 个人独资企业 | 527847 | 1890691 | 7463.63 |
| 合伙企业 | 12884 | 61822 | 335.54 |
| 其他内资企业 | 145 | 579 | 2.10 |
| 港澳台投资企业 | 10022 | 470622 | 2699.97 |
| 外商投资企业 | 6155 | 373642 | 3440.38 |
| 其他统计类别 | 38732 | 110543 | 499.90 |

# 1-A-6 限额以上零售业企业法人基本情况

| 分组 | 法人单位数(个) | 从业人员期末人数(人) | 年末零售营业面积(万平方米) |
|---|---|---|---|
| **零售业** | **156276** | **6569928** | **43208.13** |
| **按国民经济行业分组** | | | |
| 综合零售 | 17136 | 1733504 | 14658.22 |
| 百货零售 | 6832 | 634750 | 7944.66 |
| 超级市场零售 | 8178 | 989594 | 6155.89 |
| 便利店零售 | 750 | 63257 | 294.29 |
| 其他综合零售 | 1376 | 45903 | 263.39 |
| 食品、饮料及烟草制品专门零售 | 17729 | 449982 | 1764.40 |
| 粮油零售 | 1913 | 29419 | 195.23 |
| 糕点、面包零售 | 667 | 56935 | 86.95 |
| 果品、蔬菜零售 | 3464 | 81233 | 541.08 |
| 肉、禽、蛋、奶及水产品零售 | 3124 | 81415 | 271.99 |
| 营养和保健品零售 | 422 | 16375 | 68.55 |
| 酒、饮料及茶叶零售 | 4605 | 77079 | 223.52 |
| 烟草制品零售 | 423 | 12776 | 50.39 |
| 其他食品零售 | 3111 | 94750 | 326.69 |
| 纺织、服装及日用品专门零售 | 7206 | 521359 | 2238.19 |
| 纺织品及针织品零售 | 527 | 22394 | 90.12 |
| 服装零售 | 2984 | 314808 | 1618.00 |
| 鞋帽零售 | 384 | 46537 | 110.96 |
| 化妆品及卫生用品零售 | 767 | 52478 | 115.88 |
| 厨具卫具及日用杂品零售 | 493 | 11504 | 41.70 |
| 钟表、眼镜零售 | 478 | 32473 | 84.49 |
| 箱包零售 | 114 | 9494 | 13.10 |
| 自行车等代步设备零售 | 563 | 6226 | 33.63 |
| 其他日用品零售 | 896 | 25445 | 130.32 |
| 文化、体育用品及器材专门零售 | 6451 | 255035 | 843.94 |
| 文具用品零售 | 1401 | 22895 | 76.09 |
| 体育用品及器材零售 | 353 | 19511 | 102.80 |
| 图书、报刊零售 | 1485 | 113944 | 393.17 |

1-A-6　续表 1

| 分　　组 | 法人单位数(个) | 从业人员期末人数(人) | 年末零售营业面积(万平方米) |
|---|---|---|---|
| 音像制品、电子和数字出版物零售 | 59 | 1405 | 5.02 |
| 珠宝首饰零售 | 1493 | 53039 | 105.82 |
| 工艺美术品及收藏品零售 | 785 | 19228 | 63.57 |
| 乐器零售 | 183 | 3580 | 14.72 |
| 照相器材零售 | 139 | 2053 | 5.38 |
| 其他文化用品零售 | 553 | 19380 | 77.37 |
| 医药及医疗器材专门零售 | 6881 | 867882 | 2672.92 |
| 西药零售 | 5591 | 811395 | 2517.41 |
| 中药零售 | 663 | 41181 | 113.20 |
| 动物用药品零售 | 32 | 348 | 1.04 |
| 医疗用品及器材零售 | 552 | 12428 | 38.61 |
| 保健辅助治疗器材零售 | 43 | 2530 | 2.67 |
| 汽车、摩托车、零配件和燃料及其他动力销售 | 56592 | 1790943 | 17270.65 |
| 汽车新车零售 | 36237 | 1288301 | 9606.48 |
| 汽车旧车零售 | 865 | 14560 | 182.66 |
| 汽车零配件零售 | 1075 | 21792 | 126.17 |
| 摩托车及零配件零售 | 1486 | 16375 | 90.81 |
| 机动车燃油零售 | 16245 | 433212 | 6880.08 |
| 机动车燃气零售 | 521 | 12962 | 248.10 |
| 机动车充电销售 | 163 | 3741 | 136.35 |
| 家用电器及电子产品专门零售 | 16268 | 340817 | 1543.52 |
| 家用视听设备零售 | 2052 | 45789 | 308.74 |
| 日用家电零售 | 6869 | 124511 | 911.34 |
| 计算机、软件及辅助设备零售 | 3305 | 64635 | 93.58 |
| 通信设备零售 | 3062 | 89787 | 196.99 |
| 其他电子产品零售 | 980 | 16095 | 32.87 |
| 五金、家具及室内装饰材料专门零售 | 8723 | 128474 | 895.58 |
| 五金零售 | 2710 | 25833 | 100.39 |
| 灯具零售 | 329 | 3511 | 13.71 |
| 家具零售 | 2117 | 55811 | 531.81 |
| 涂料零售 | 298 | 3098 | 8.79 |

1-A-6 续表 2

| 分组 | 法人单位数(个) | 从业人员期末人数(人) | 年末零售营业面积(万平方米) |
|---|---|---|---|
| 卫生洁具零售 | 346 | 5659 | 26.07 |
| 木质装饰材料零售 | 462 | 6102 | 27.69 |
| 陶瓷、石材装饰材料零售 | 856 | 9890 | 74.15 |
| 其他室内装饰材料零售 | 1605 | 18570 | 112.98 |
| 货摊、无店铺及其他零售业 | 19290 | 481932 | 1320.72 |
| 流动货摊零售 | NA | 49 | 0.39 |
| 互联网零售 | 16820 | 413655 | 687.36 |
| 邮购及电视、电话零售 | 32 | 4163 | 3.24 |
| 自动售货机零售 | 77 | 2554 | 6.11 |
| 旧货零售 | 9 | 639 | 1.77 |
| 生活用燃料零售 | 1371 | 42629 | 372.54 |
| 宠物食品用品零售 | 69 | 1213 | 2.10 |
| 其他未列明零售业 | 910 | 17030 | 247.23 |
| **按登记注册统计类别分组** | | | |
| 内资企业 | 152847 | 5780906 | 37175.28 |
| 有限责任公司 | 139150 | 5206818 | 32039.67 |
| 股份有限公司 | 1201 | 390112 | 3550.84 |
| 非公司企业法人 | 1297 | 46392 | 397.68 |
| 个人独资企业 | 10222 | 123873 | 1059.62 |
| 合伙企业 | 971 | 13532 | 126.60 |
| 其他内资企业 | 6 | 179 | 0.87 |
| 港澳台投资企业 | 1762 | 431682 | 2618.47 |
| 外商投资企业 | 1170 | 350033 | 3346.39 |
| 其他统计类别 | 497 | 7307 | 68.00 |
| **按单位规模分组** | | | |
| 大型 | 2109 | 2191209 | 12080.59 |
| 中型 | 23255 | 2467772 | 16009.69 |
| 小型 | 73531 | 1622414 | 11588.40 |
| 微型 | 57381 | 288533 | 3529.45 |

# 1-A-7　零售业企业法人财务状况

单位：亿元

| 分　组 | 资产总计 | 负债合计 | 营业收入 |
| --- | --- | --- | --- |
| **零售业** | **151996.54** | **100254.65** | **232173.65** |
| **按国民经济行业分组** | | | |
| 综合零售 | 26244.18 | 18472.60 | 27619.64 |
| 百货零售 | 16853.86 | 10686.47 | 14668.23 |
| 超级市场零售 | 7082.88 | 6225.25 | 9883.10 |
| 便利店零售 | 733.36 | 668.41 | 1033.55 |
| 其他综合零售 | 1574.08 | 892.47 | 2034.76 |
| 食品、饮料及烟草制品专门零售 | 14202.35 | 8068.95 | 16851.03 |
| 粮油零售 | 1086.11 | 592.07 | 1048.12 |
| 糕点、面包零售 | 392.62 | 250.49 | 525.67 |
| 果品、蔬菜零售 | 1935.94 | 1080.72 | 2258.67 |
| 肉、禽、蛋、奶及水产品零售 | 1983.03 | 1092.65 | 2454.43 |
| 营养和保健品零售 | 542.92 | 321.58 | 606.71 |
| 酒、饮料及茶叶零售 | 3461.76 | 2039.83 | 4026.06 |
| 烟草制品零售 | 639.93 | 314.26 | 717.58 |
| 其他食品零售 | 4160.05 | 2377.35 | 5213.79 |
| 纺织、服装及日用品专门零售 | 12880.19 | 8260.93 | 16267.35 |
| 纺织品及针织品零售 | 821.70 | 499.36 | 1070.01 |
| 服装零售 | 5547.58 | 3922.21 | 7065.17 |
| 鞋帽零售 | 552.50 | 371.72 | 807.58 |
| 化妆品及卫生用品零售 | 1269.06 | 997.11 | 1647.47 |
| 厨具卫具及日用杂品零售 | 555.81 | 330.74 | 669.51 |
| 钟表、眼镜零售 | 730.22 | 382.14 | 1194.66 |
| 箱包零售 | 350.19 | 208.15 | 695.52 |
| 自行车等代步设备零售 | 281.57 | 189.21 | 418.99 |
| 其他日用品零售 | 2771.56 | 1360.29 | 2698.45 |
| 文化、体育用品及器材专门零售 | 8425.44 | 4982.90 | 8164.73 |
| 文具用品零售 | 1386.35 | 800.12 | 1595.90 |

1-A-7 续表 1

单位：亿元

| 分　　组 | 资产总计 | 负债合计 | 营业收入 |
|---|---|---|---|
| 体育用品及器材零售 | 677.43 | 458.39 | 785.70 |
| 图书、报刊零售 | 2627.97 | 1459.67 | 1918.84 |
| 音像制品、电子和数字出版物零售 | 213.67 | 64.40 | 110.10 |
| 珠宝首饰零售 | 1699.36 | 1115.97 | 1936.15 |
| 工艺美术品及收藏品零售 | 1019.33 | 555.20 | 822.56 |
| 乐器零售 | 109.10 | 74.82 | 122.58 |
| 照相器材零售 | 80.41 | 62.95 | 144.59 |
| 其他文化用品零售 | 611.83 | 391.37 | 728.30 |
| 医药及医疗器材专门零售 | 8228.78 | 5016.53 | 11225.36 |
| 西药零售 | 5651.76 | 3622.63 | 8206.53 |
| 中药零售 | 480.89 | 267.55 | 651.61 |
| 动物用药品零售 | 139.27 | 42.36 | 194.56 |
| 医疗用品及器材零售 | 1911.63 | 1059.29 | 2126.73 |
| 保健辅助治疗器材零售 | 45.23 | 24.71 | 45.93 |
| 汽车、摩托车、零配件和燃料及其他动力销售 | 38240.48 | 26756.30 | 81201.37 |
| 汽车新车零售 | 22660.05 | 18187.28 | 51376.82 |
| 汽车旧车零售 | 1092.29 | 521.75 | 1798.99 |
| 汽车零配件零售 | 2220.87 | 1431.31 | 2334.85 |
| 摩托车及零配件零售 | 361.02 | 217.04 | 665.65 |
| 机动车燃油零售 | 11033.32 | 5809.04 | 24294.06 |
| 机动车燃气零售 | 345.60 | 267.75 | 515.37 |
| 机动车充电销售 | 527.34 | 322.13 | 215.63 |
| 家用电器及电子产品专门零售 | 12121.63 | 8134.78 | 15377.22 |
| 家用视听设备零售 | 701.75 | 474.70 | 1124.80 |
| 日用家电零售 | 4205.61 | 2887.40 | 4711.76 |
| 计算机、软件及辅助设备零售 | 2741.89 | 1740.84 | 3741.67 |
| 通信设备零售 | 1552.11 | 1112.45 | 2841.25 |
| 其他电子产品零售 | 2920.26 | 1919.38 | 2957.74 |
| 五金、家具及室内装饰材料专门零售 | 13547.09 | 8286.52 | 14627.93 |

1-A-7　续表 2

单位：亿元

| 分　组 | 资产总计 | 负债合计 | 营业收入 |
|---|---|---|---|
| 五金零售 | 4853.38 | 2832.86 | 5194.54 |
| 灯具零售 | 400.21 | 259.17 | 418.57 |
| 家具零售 | 2143.17 | 1465.94 | 2377.30 |
| 涂料零售 | 312.95 | 193.01 | 400.28 |
| 卫生洁具零售 | 206.04 | 132.23 | 275.67 |
| 木质装饰材料零售 | 439.28 | 289.34 | 460.25 |
| 陶瓷、石材装饰材料零售 | 672.76 | 383.60 | 785.39 |
| 其他室内装饰材料零售 | 4519.31 | 2730.37 | 4715.94 |
| 货摊、无店铺及其他零售业 | 18106.41 | 12275.13 | 40839.03 |
| 流动货摊零售 | 11.42 | 5.86 | 10.99 |
| 互联网零售 | 12023.64 | 8709.45 | 34639.18 |
| 邮购及电视、电话零售 | 53.77 | 35.67 | 43.95 |
| 自动售货机零售 | 54.01 | 40.96 | 89.58 |
| 旧货零售 | 23.96 | 9.65 | 38.21 |
| 生活用燃料零售 | 1089.81 | 636.03 | 1133.87 |
| 宠物食品用品零售 | 103.97 | 69.06 | 156.55 |
| 其他未列明零售业 | 4745.84 | 2768.44 | 4726.71 |
| **按登记注册统计类别分组** | | | |
| 内资企业 | 134931.04 | 88567.20 | 204521.35 |
| 有限责任公司 | 119245.87 | 81005.32 | 183427.44 |
| 股份有限公司 | 9315.91 | 5544.59 | 10398.94 |
| 非公司企业法人 | 1040.88 | 490.67 | 1437.50 |
| 个人独资企业 | 5059.96 | 1416.48 | 8820.53 |
| 合伙企业 | 266.16 | 107.36 | 433.32 |
| 其他内资企业 | 2.25 | 2.77 | 3.63 |
| 港澳台投资企业 | 7853.03 | 5968.03 | 12111.82 |
| 外商投资企业 | 8820.67 | 5609.83 | 15071.15 |
| 其他统计类别 | 391.81 | 109.61 | 469.34 |

# 1-A-8 限额以上零售业企业法人财务状况

单位：亿元

| 分组 | 资产总计 | 负债合计 | 营业收入 |
|---|---|---|---|
| **零售业** | **81730.52** | **60827.31** | **151111.97** |
| **按国民经济行业分组** | | | |
| 综合零售 | 19733.02 | 15086.75 | 19961.69 |
| 百货零售 | 12084.53 | 8306.07 | 9176.01 |
| 超级市场零售 | 6740.48 | 5975.86 | 9503.45 |
| 便利店零售 | 539.26 | 538.14 | 783.58 |
| 其他综合零售 | 368.76 | 266.68 | 498.65 |
| 食品、饮料及烟草制品专门零售 | 4773.02 | 2983.54 | 6650.94 |
| 粮油零售 | 454.25 | 282.61 | 502.77 |
| 糕点、面包零售 | 253.87 | 156.06 | 328.20 |
| 果品、蔬菜零售 | 774.32 | 533.27 | 996.88 |
| 肉、禽、蛋、奶及水产品零售 | 765.55 | 501.49 | 1115.62 |
| 营养和保健品零售 | 176.41 | 106.42 | 202.56 |
| 酒、饮料及茶叶零售 | 1359.75 | 794.73 | 2041.43 |
| 烟草制品零售 | 230.13 | 84.82 | 278.10 |
| 其他食品零售 | 758.73 | 524.13 | 1185.37 |
| 纺织、服装及日用品专门零售 | 5367.93 | 4038.52 | 7582.96 |
| 纺织品及针织品零售 | 175.01 | 131.34 | 270.96 |
| 服装零售 | 3250.47 | 2436.57 | 4244.17 |
| 鞋帽零售 | 298.22 | 236.60 | 372.67 |
| 化妆品及卫生用品零售 | 680.41 | 594.31 | 924.75 |
| 厨具卫具及日用杂品零售 | 129.54 | 94.39 | 131.72 |
| 钟表、眼镜零售 | 297.85 | 190.76 | 577.85 |
| 箱包零售 | 263.63 | 148.25 | 577.48 |
| 自行车等代步设备零售 | 52.77 | 41.59 | 132.51 |
| 其他日用品零售 | 220.02 | 164.70 | 350.84 |
| 文化、体育用品及器材专门零售 | 4293.48 | 2526.99 | 4091.55 |
| 文具用品零售 | 222.35 | 145.51 | 328.24 |
| 体育用品及器材零售 | 191.48 | 149.31 | 296.01 |
| 图书、报刊零售 | 2267.51 | 1241.32 | 1569.09 |

1-A-8　续表 1　　单位：亿元

| 分　　组 | 资产总计 | 负债合计 | 营业收入 |
|---|---|---|---|
| 音像制品、电子和数字出版物零售 | 143.92 | 27.39 | 18.82 |
| 珠宝首饰零售 | 883.90 | 592.15 | 1207.74 |
| 工艺美术品及收藏品零售 | 294.25 | 179.90 | 247.51 |
| 乐器零售 | 28.23 | 21.32 | 35.35 |
| 照相器材零售 | 20.85 | 16.06 | 73.31 |
| 其他文化用品零售 | 240.98 | 154.04 | 315.50 |
| 医药及医疗器材专门零售 | 4003.62 | 3090.27 | 5756.36 |
| 西药零售 | 3670.06 | 2851.23 | 5290.38 |
| 中药零售 | 181.58 | 144.07 | 276.38 |
| 动物用药品零售 | 5.45 | 3.88 | 6.69 |
| 医疗用品及器材零售 | 133.44 | 83.77 | 170.02 |
| 保健辅助治疗器材零售 | 13.10 | 7.31 | 12.90 |
| 汽车、摩托车、零配件和燃料及其他动力销售 | 29868.45 | 22190.30 | 71703.29 |
| 汽车新车零售 | 19327.50 | 16207.02 | 47673.62 |
| 汽车旧车零售 | 181.95 | 137.11 | 473.35 |
| 汽车零配件零售 | 479.41 | 370.07 | 562.05 |
| 摩托车及零配件零售 | 132.18 | 92.23 | 314.82 |
| 机动车燃油零售 | 9214.41 | 5006.29 | 22177.18 |
| 机动车燃气零售 | 235.59 | 213.32 | 391.86 |
| 机动车充电销售 | 297.41 | 164.26 | 110.41 |
| 家用电器及电子产品专门零售 | 4120.17 | 3078.33 | 7095.07 |
| 家用视听设备零售 | 479.68 | 353.16 | 875.12 |
| 日用家电零售 | 1903.64 | 1451.29 | 2295.73 |
| 计算机、软件及辅助设备零售 | 795.02 | 506.57 | 1740.22 |
| 通信设备零售 | 744.16 | 613.65 | 1881.58 |
| 其他电子产品零售 | 197.66 | 153.65 | 302.42 |
| 五金、家具及室内装饰材料专门零售 | 1367.39 | 1053.03 | 1832.20 |
| 五金零售 | 269.01 | 187.30 | 440.02 |
| 灯具零售 | 48.94 | 36.67 | 56.40 |
| 家具零售 | 593.77 | 510.67 | 658.70 |
| 涂料零售 | 22.13 | 14.41 | 52.91 |

1-A-8 续表 2

单位：亿元

| 分　　组 | 资产总计 | 负债合计 | 营业收入 |
|---|---|---|---|
| 卫生洁具零售 | 51.14 | 38.48 | 78.23 |
| 木质装饰材料零售 | 63.45 | 50.58 | 108.82 |
| 陶瓷、石材装饰材料零售 | 82.41 | 49.56 | 141.96 |
| 其他室内装饰材料零售 | 236.53 | 165.36 | 295.17 |
| 货摊、无店铺及其他零售业 | 8203.45 | 6779.59 | 26437.90 |
| 流动货摊零售 | 4.54 | 3.43 | 1.01 |
| 互联网零售 | 7468.16 | 6312.82 | 25439.28 |
| 邮购及电视、电话零售 | 48.38 | 29.02 | 38.92 |
| 自动售货机零售 | 32.97 | 28.94 | 64.27 |
| 旧货零售 | 8.05 | 2.30 | 11.14 |
| 生活用燃料零售 | 386.36 | 218.27 | 532.26 |
| 宠物食品用品零售 | 14.81 | 11.10 | 28.19 |
| 其他未列明零售业 | 240.17 | 173.70 | 322.82 |
| **按登记注册统计类别分组** | | | |
| 内资企业 | 66156.86 | 50005.23 | 124430.41 |
| 有限责任公司 | 56820.74 | 44471.90 | 111438.64 |
| 股份有限公司 | 8152.93 | 5015.43 | 10184.38 |
| 非公司企业法人 | 548.86 | 199.44 | 1066.84 |
| 个人独资企业 | 556.59 | 278.12 | 1533.27 |
| 合伙企业 | 76.65 | 40.09 | 204.52 |
| 其他内资企业 | 1.08 | 0.25 | 2.75 |
| 港澳台投资企业 | 7068.73 | 5418.53 | 11791.38 |
| 外商投资企业 | 8457.99 | 5382.74 | 14792.53 |
| 其他统计类别 | 46.93 | 20.81 | 97.65 |
| **按单位规模分组** | | | |
| 大型 | 27865.40 | 19550.31 | 43214.75 |
| 中型 | 28979.02 | 22315.93 | 56217.40 |
| 小型 | 17772.80 | 13462.16 | 36187.58 |
| 微型 | 7113.30 | 5498.92 | 15492.23 |

## B.地区部分

# 1-B-1　分地区批发业企业法人基本情况

| 地　区 | 法人单位数<br>(个) | 从业人员期末人数<br>(人) |
|---|---|---|
| **全　国** | **5509438** | **29930932** |
| 北　京 | 120053 | 775699 |
| 天　津 | 73423 | 342969 |
| 河　北 | 244542 | 1211113 |
| 山　西 | 103837 | 489955 |
| 内蒙古 | 64404 | 281889 |
| 辽　宁 | 152639 | 564973 |
| 吉　林 | 42546 | 273685 |
| 黑龙江 | 59586 | 302045 |
| 上　海 | 171573 | 1373736 |
| 江　苏 | 549767 | 2815096 |
| 浙　江 | 451659 | 2194987 |
| 安　徽 | 216766 | 1062782 |
| 福　建 | 236122 | 1529095 |
| 江　西 | 108174 | 650383 |
| 山　东 | 553074 | 3066717 |
| 河　南 | 303955 | 1687010 |
| 湖　北 | 185287 | 1240029 |
| 湖　南 | 129290 | 1055937 |
| 广　东 | 851010 | 3977643 |
| 广　西 | 93233 | 449109 |
| 海　南 | 22673 | 112712 |
| 重　庆 | 90334 | 577862 |
| 四　川 | 216191 | 1420836 |
| 贵　州 | 67057 | 343907 |
| 云　南 | 129775 | 775147 |
| 西　藏 | 6822 | 43725 |
| 陕　西 | 115127 | 623466 |
| 甘　肃 | 59506 | 263559 |
| 青　海 | 10514 | 50486 |
| 宁　夏 | 18619 | 89082 |
| 新　疆 | 61880 | 285298 |

# 1-B-2 分地区批发业企业法人基本情况(按国民经济行业分)

(农、林、牧、渔产品批发)

| 地区 | 法人单位数<br>(个) | 从业人员期末人数<br>(人) |
|---|---|---|
| **全国** | **310876** | **1624973** |
| 北京 | 3720 | 17037 |
| 天津 | 1780 | 7905 |
| 河北 | 11217 | 51656 |
| 山西 | 4084 | 14530 |
| 内蒙古 | 6404 | 26022 |
| 辽宁 | 11155 | 39889 |
| 吉林 | 5461 | 38543 |
| 黑龙江 | 8811 | 47986 |
| 上海 | 3099 | 14454 |
| 江苏 | 21832 | 126778 |
| 浙江 | 8153 | 34611 |
| 安徽 | 24220 | 103444 |
| 福建 | 8364 | 53869 |
| 江西 | 6254 | 36472 |
| 山东 | 28871 | 150423 |
| 河南 | 19066 | 106212 |
| 湖北 | 22635 | 133926 |
| 湖南 | 13393 | 97286 |
| 广东 | 17907 | 87440 |
| 广西 | 6412 | 26072 |
| 海南 | 969 | 4740 |
| 重庆 | 6446 | 34561 |
| 四川 | 17733 | 112881 |
| 贵州 | 4138 | 18142 |
| 云南 | 25285 | 125153 |
| 西藏 | 298 | 1345 |
| 陕西 | 10324 | 48663 |
| 甘肃 | 5969 | 21980 |
| 青海 | 477 | 2051 |
| 宁夏 | 1149 | 4594 |
| 新疆 | 5250 | 36308 |

1-B-2　续表 1

(食品、饮料及烟草制品批发)

| 地　区 | 法人单位数(个) | 从业人员期末人数(人) |
|---|---|---|
| **全　国** | **636783** | **4182540** |
| 北　京 | 22829 | 118035 |
| 天　津 | 6797 | 50965 |
| 河　北 | 23210 | 129262 |
| 山　西 | 9545 | 51729 |
| 内蒙古 | 6752 | 34689 |
| 辽　宁 | 22622 | 96456 |
| 吉　林 | 5528 | 38785 |
| 黑龙江 | 7472 | 47617 |
| 上　海 | 16477 | 142121 |
| 江　苏 | 42482 | 258303 |
| 浙　江 | 29569 | 188083 |
| 安　徽 | 28570 | 166756 |
| 福　建 | 34279 | 266368 |
| 江　西 | 10765 | 81408 |
| 山　东 | 67103 | 427802 |
| 河　南 | 33453 | 207166 |
| 湖　北 | 28656 | 214752 |
| 湖　南 | 19704 | 180190 |
| 广　东 | 69525 | 460506 |
| 广　西 | 13709 | 81313 |
| 海　南 | 3606 | 21607 |
| 重　庆 | 14317 | 100479 |
| 四　川 | 39028 | 300749 |
| 贵　州 | 13139 | 94735 |
| 云　南 | 30459 | 210100 |
| 西　藏 | 937 | 6616 |
| 陕　西 | 15401 | 92763 |
| 甘　肃 | 8244 | 47224 |
| 青　海 | 1810 | 8902 |
| 宁　夏 | 2223 | 11992 |
| 新　疆 | 8572 | 45067 |

1-B-2 续表 2

(纺织、服装及家庭用品批发)

| 地 区 | 法人单位数(个) | 从业人员期末人数(人) |
|---|---|---|
| **全 国** | **794980** | **4116926** |
| 北 京 | 14566 | 97777 |
| 天 津 | 5436 | 28066 |
| 河 北 | 26984 | 117952 |
| 山 西 | 5599 | 20289 |
| 内蒙古 | 3023 | 12436 |
| 辽 宁 | 14432 | 53268 |
| 吉 林 | 3241 | 18397 |
| 黑龙江 | 4243 | 24967 |
| 上 海 | 25359 | 259555 |
| 江 苏 | 74466 | 423086 |
| 浙 江 | 125550 | 642954 |
| 安 徽 | 17422 | 94730 |
| 福 建 | 66169 | 398584 |
| 江 西 | 9161 | 54691 |
| 山 东 | 63290 | 336888 |
| 河 南 | 35340 | 170167 |
| 湖 北 | 19388 | 123016 |
| 湖 南 | 12351 | 94957 |
| 广 东 | 205879 | 823199 |
| 广 西 | 7739 | 34897 |
| 海 南 | 1953 | 8275 |
| 重 庆 | 6640 | 38491 |
| 四 川 | 19179 | 110644 |
| 贵 州 | 4149 | 19042 |
| 云 南 | 6404 | 30199 |
| 西 藏 | 397 | 1862 |
| 陕 西 | 8068 | 43720 |
| 甘 肃 | 2825 | 11815 |
| 青 海 | 738 | 2487 |
| 宁 夏 | 1000 | 4558 |
| 新 疆 | 3989 | 15957 |

1-B-2　续表 3

(文化、体育用品及器材批发)

| 地　区 | 法人单位数<br>(个) | 从业人员期末人数<br>(人) |
|---|---|---|
| **全　国** | **199962** | **1022094** |
| 北　京 | 7116 | 46822 |
| 天　津 | 2206 | 9845 |
| 河　北 | 8740 | 35921 |
| 山　西 | 2330 | 8338 |
| 内蒙古 | 1246 | 4021 |
| 辽　宁 | 3851 | 13260 |
| 吉　林 | 1112 | 6568 |
| 黑龙江 | 1344 | 7198 |
| 上　海 | 6848 | 52708 |
| 江　苏 | 18823 | 91912 |
| 浙　江 | 24755 | 119624 |
| 安　徽 | 4561 | 22188 |
| 福　建 | 9367 | 56954 |
| 江　西 | 2346 | 14043 |
| 山　东 | 18190 | 96629 |
| 河　南 | 9806 | 50570 |
| 湖　北 | 5333 | 33196 |
| 湖　南 | 3866 | 31284 |
| 广　东 | 47303 | 217465 |
| 广　西 | 2616 | 11036 |
| 海　南 | 625 | 3052 |
| 重　庆 | 1944 | 15208 |
| 四　川 | 4486 | 24564 |
| 贵　州 | 1498 | 6025 |
| 云　南 | 2244 | 10253 |
| 西　藏 | 401 | 1708 |
| 陕　西 | 2817 | 16189 |
| 甘　肃 | 1576 | 6220 |
| 青　海 | 569 | 1950 |
| 宁　夏 | 457 | 1777 |
| 新　疆 | 1586 | 5566 |

1-B-2 续表 4

(医药及医疗器材批发)

| 地　区 | 法人单位数<br>(个) | 从业人员期末人数<br>(人) |
|---|---|---|
| **全　国** | **249356** | **2131736** |
| 北　京 | 8365 | 94868 |
| 天　津 | 2699 | 25438 |
| 河　北 | 12119 | 83097 |
| 山　西 | 3602 | 33352 |
| 内蒙古 | 2546 | 21820 |
| 辽　宁 | 8116 | 47587 |
| 吉　林 | 4421 | 38345 |
| 黑龙江 | 4748 | 32884 |
| 上　海 | 8933 | 144894 |
| 江　苏 | 20478 | 159127 |
| 浙　江 | 11696 | 91693 |
| 安　徽 | 17026 | 98059 |
| 福　建 | 5022 | 48614 |
| 江　西 | 18008 | 97909 |
| 山　东 | 20596 | 156089 |
| 河　南 | 20809 | 141782 |
| 湖　北 | 7650 | 88943 |
| 湖　南 | 6204 | 78301 |
| 广　东 | 19036 | 194326 |
| 广　西 | 5670 | 43800 |
| 海　南 | 1216 | 18412 |
| 重　庆 | 4789 | 54559 |
| 四　川 | 10830 | 118618 |
| 贵　州 | 3113 | 29389 |
| 云　南 | 6363 | 55918 |
| 西　藏 | 473 | 11860 |
| 陕　西 | 5840 | 53490 |
| 甘　肃 | 4771 | 31047 |
| 青　海 | 502 | 4963 |
| 宁　夏 | 1259 | 9887 |
| 新　疆 | 2456 | 22665 |

1-B-2　续表 5

(矿产品、建材及化工产品批发)

| 地区 | 法人单位数<br>(个) | 从业人员期末人数<br>(人) |
|---|---|---|
| **全　国** | **1569209** | **8365463** |
| 北　京 | 24706 | 135278 |
| 天　津 | 26721 | 107817 |
| 河　北 | 82325 | 427533 |
| 山　西 | 43658 | 228350 |
| 内蒙古 | 26731 | 117524 |
| 辽　宁 | 46789 | 163895 |
| 吉　林 | 11161 | 65862 |
| 黑龙江 | 15774 | 70620 |
| 上　海 | 46563 | 265032 |
| 江　苏 | 158460 | 790262 |
| 浙　江 | 107277 | 474352 |
| 安　徽 | 68444 | 322762 |
| 福　建 | 52920 | 334980 |
| 江　西 | 37078 | 223775 |
| 山　东 | 175543 | 962099 |
| 河　南 | 95724 | 544512 |
| 湖　北 | 57390 | 376024 |
| 湖　南 | 41601 | 335200 |
| 广　东 | 152026 | 798383 |
| 广　西 | 34076 | 154753 |
| 海　南 | 6877 | 34044 |
| 重　庆 | 30871 | 186787 |
| 四　川 | 70303 | 451352 |
| 贵　州 | 24088 | 110534 |
| 云　南 | 36125 | 225953 |
| 西　藏 | 2549 | 10920 |
| 陕　西 | 37628 | 204331 |
| 甘　肃 | 22532 | 93255 |
| 青　海 | 3778 | 19126 |
| 宁　夏 | 7093 | 35833 |
| 新　疆 | 22398 | 94315 |

1-B-2 续表 6

(机械设备、五金产品及电子产品批发)

| 地 区 | 法人单位数(个) | 从业人员期末人数(人) |
|---|---|---|
| **全 国** | **1228121** | **6213067** |
| 北 京 | 31625 | 234230 |
| 天 津 | 19679 | 89833 |
| 河 北 | 55549 | 271276 |
| 山 西 | 27142 | 105537 |
| 内蒙古 | 14352 | 53963 |
| 辽 宁 | 30386 | 108830 |
| 吉 林 | 7521 | 47182 |
| 黑龙江 | 12166 | 51832 |
| 上 海 | 52274 | 436200 |
| 江 苏 | 163221 | 748207 |
| 浙 江 | 84619 | 426171 |
| 安 徽 | 33612 | 160159 |
| 福 建 | 36793 | 231821 |
| 江 西 | 12476 | 75369 |
| 山 东 | 128577 | 664902 |
| 河 南 | 63165 | 327665 |
| 湖 北 | 28648 | 179182 |
| 湖 南 | 20502 | 149119 |
| 广 东 | 251097 | 1089860 |
| 广 西 | 14961 | 68005 |
| 海 南 | 2942 | 13635 |
| 重 庆 | 17249 | 108162 |
| 四 川 | 37376 | 208719 |
| 贵 州 | 10751 | 44356 |
| 云 南 | 14122 | 73105 |
| 西 藏 | 1075 | 6706 |
| 陕 西 | 27024 | 125765 |
| 甘 肃 | 9565 | 38037 |
| 青 海 | 1749 | 7386 |
| 宁 夏 | 4094 | 15738 |
| 新 疆 | 13809 | 52115 |

1-B-2　续表 7

(贸易经纪与代理)

| 地　区 | 法人单位数<br>(个) | 从业人员期末人数<br>(人) |
|---|---|---|
| **全　国** | **80813** | **330864** |
| | | |
| 北　京 | 2053 | 8000 |
| 天　津 | 2532 | 5874 |
| 河　北 | 1692 | 7200 |
| 山　西 | 658 | 1849 |
| 内蒙古 | 409 | 1067 |
| | | |
| 辽　宁 | 3105 | 7686 |
| 吉　林 | 568 | 2568 |
| 黑龙江 | 1523 | 6229 |
| | | |
| 上　海 | 3357 | 17890 |
| 江　苏 | 9610 | 42044 |
| 浙　江 | 7832 | 30429 |
| 安　徽 | 1499 | 5848 |
| 福　建 | 3130 | 16547 |
| 江　西 | 2390 | 14576 |
| 山　东 | 8093 | 42309 |
| | | |
| 河　南 | 1582 | 7899 |
| 湖　北 | 1947 | 10942 |
| 湖　南 | 1743 | 11908 |
| 广　东 | 15958 | 53394 |
| 广　西 | 1551 | 5009 |
| 海　南 | 3154 | 4632 |
| | | |
| 重　庆 | 949 | 4241 |
| 四　川 | 1420 | 7447 |
| 贵　州 | 509 | 1700 |
| 云　南 | 1297 | 5373 |
| 西　藏 | 69 | 257 |
| | | |
| 陕　西 | 987 | 4605 |
| 甘　肃 | 265 | 958 |
| 青　海 | 36 | 114 |
| 宁　夏 | 136 | 483 |
| 新　疆 | 759 | 1786 |

1-B-2 续表 8

(其他批发业)

| 地 区 | 法人单位数(个) | 从业人员期末人数(人) |
|---|---|---|
| **全 国** | **439338** | **1943269** |
| 北 京 | 5073 | 23652 |
| 天 津 | 5573 | 17226 |
| 河 北 | 22706 | 87216 |
| 山 西 | 7219 | 25981 |
| 内蒙古 | 2941 | 10347 |
| 辽 宁 | 12183 | 34102 |
| 吉 林 | 3533 | 17435 |
| 黑龙江 | 3505 | 12712 |
| 上 海 | 8663 | 40882 |
| 江 苏 | 40395 | 175377 |
| 浙 江 | 52208 | 187070 |
| 安 徽 | 21412 | 88836 |
| 福 建 | 20078 | 121358 |
| 江 西 | 9696 | 52140 |
| 山 东 | 42811 | 229576 |
| 河 南 | 25010 | 131037 |
| 湖 北 | 13640 | 80048 |
| 湖 南 | 9926 | 77692 |
| 广 东 | 72279 | 253070 |
| 广 西 | 6499 | 24224 |
| 海 南 | 1331 | 4315 |
| 重 庆 | 7129 | 35374 |
| 四 川 | 15836 | 85862 |
| 贵 州 | 5672 | 19984 |
| 云 南 | 7476 | 39093 |
| 西 藏 | 623 | 2451 |
| 陕 西 | 7038 | 33940 |
| 甘 肃 | 3759 | 13023 |
| 青 海 | 855 | 3507 |
| 宁 夏 | 1208 | 4220 |
| 新 疆 | 3061 | 11519 |

# 1-B-3　分地区批发业企业法人基本情况(按登记注册统计类别分)

(内资企业)

| 地　区 | 法人单位数(个) | 从业人员期末人数(人) |
|---|---|---|
| **全　国** | **5347044** | **28363061** |
| 北　京 | 117728 | 651160 |
| 天　津 | 72317 | 314290 |
| 河　北 | 241360 | 1197050 |
| 山　西 | 102518 | 485969 |
| 内蒙古 | 63295 | 277936 |
| 辽　宁 | 148054 | 541007 |
| 吉　林 | 41769 | 267339 |
| 黑龙江 | 59040 | 300483 |
| 上　海 | 160727 | 908382 |
| 江　苏 | 536279 | 2677052 |
| 浙　江 | 439438 | 2105011 |
| 安　徽 | 207212 | 1039163 |
| 福　建 | 229422 | 1475143 |
| 江　西 | 105413 | 638000 |
| 山　东 | 531898 | 2961936 |
| 河　南 | 303754 | 1679788 |
| 湖　北 | 175249 | 1173853 |
| 湖　南 | 123064 | 1016154 |
| 广　东 | 827204 | 3749613 |
| 广　西 | 91310 | 437970 |
| 海　南 | 22417 | 110271 |
| 重　庆 | 88706 | 565100 |
| 四　川 | 215093 | 1408137 |
| 贵　州 | 66380 | 340473 |
| 云　南 | 120244 | 745428 |
| 西　藏 | 6705 | 42021 |
| 陕　西 | 107525 | 590668 |
| 甘　肃 | 55290 | 251177 |
| 青　海 | 10357 | 49100 |
| 宁　夏 | 18270 | 87817 |
| 新　疆 | 59006 | 275570 |

1-B-3 续表 1

(有限责任公司)

| 地 区 | 法人单位数<br>(个) | 从业人员期末人数<br>(人) |
|---|---|---|
| **全 国** | **5049568** | **26528610** |
| 北 京 | 114803 | 616422 |
| 天 津 | 70624 | 302473 |
| 河 北 | 226738 | 1125401 |
| 山 西 | 97866 | 455427 |
| 内蒙古 | 62176 | 266721 |
| 辽 宁 | 129802 | 479196 |
| 吉 林 | 38769 | 246802 |
| 黑龙江 | 55750 | 276536 |
| 上 海 | 154646 | 863377 |
| 江 苏 | 522950 | 2580823 |
| 浙 江 | 426523 | 2030983 |
| 安 徽 | 187749 | 948086 |
| 福 建 | 223340 | 1429096 |
| 江 西 | 96800 | 589044 |
| 山 东 | 512686 | 2839446 |
| 河 南 | 288869 | 1574498 |
| 湖 北 | 147122 | 992363 |
| 湖 南 | 110097 | 900530 |
| 广 东 | 800723 | 3588940 |
| 广 西 | 83546 | 404328 |
| 海 南 | 22008 | 106549 |
| 重 庆 | 78571 | 505085 |
| 四 川 | 193759 | 1274149 |
| 贵 州 | 60695 | 309910 |
| 云 南 | 93414 | 598337 |
| 西 藏 | 6618 | 38333 |
| 陕 西 | 104673 | 559456 |
| 甘 肃 | 52228 | 235548 |
| 青 海 | 10105 | 44839 |
| 宁 夏 | 18004 | 83196 |
| 新 疆 | 57914 | 262716 |

1-B-3　续表 2

(股份有限公司)

| 地　区 | 法人单位数<br>(个) | 从业人员期末人数<br>(人) |
|---|---|---|
| **全　国** | **11665** | **405711** |
| 北　京 | 387 | 24693 |
| 天　津 | 590 | 6808 |
| 河　北 | 410 | 5741 |
| 山　西 | 343 | 8676 |
| 内蒙古 | 109 | 2809 |
| 辽　宁 | 243 | 5912 |
| 吉　林 | 136 | 3477 |
| 黑龙江 | 141 | 7193 |
| 上　海 | 510 | 32087 |
| 江　苏 | 926 | 34374 |
| 浙　江 | 1172 | 29870 |
| 安　徽 | 278 | 11967 |
| 福　建 | 286 | 6927 |
| 江　西 | 100 | 4717 |
| 山　东 | 852 | 30996 |
| 河　南 | 257 | 11315 |
| 湖　北 | 419 | 12336 |
| 湖　南 | 251 | 14954 |
| 广　东 | 2746 | 82563 |
| 广　西 | 104 | 6905 |
| 海　南 | 67 | 1564 |
| 重　庆 | 94 | 8958 |
| 四　川 | 390 | 17087 |
| 贵　州 | 124 | 1592 |
| 云　南 | 146 | 4795 |
| 西　藏 | 24 | 2893 |
| 陕　西 | 252 | 10439 |
| 甘　肃 | 101 | 2024 |
| 青　海 | 28 | 2199 |
| 宁　夏 | 22 | 2690 |
| 新　疆 | 157 | 7150 |

1-B-3 续表 3

(非公司企业法人)

| 地 区 | 法人单位数 (个) | 从业人员期末人数 (人) |
|---|---|---|
| **全 国** | **19659** | **348461** |
| 北 京 | 1148 | 7818 |
| 天 津 | 276 | 2662 |
| 河 北 | 950 | 16446 |
| 山 西 | 453 | 12054 |
| 内蒙古 | 141 | 5484 |
| 辽 宁 | 1265 | 13658 |
| 吉 林 | 262 | 5649 |
| 黑龙江 | 590 | 9247 |
| 上 海 | 436 | 1935 |
| 江 苏 | 1072 | 15688 |
| 浙 江 | 855 | 13711 |
| 安 徽 | 646 | 13597 |
| 福 建 | 858 | 15837 |
| 江 西 | 732 | 14366 |
| 山 东 | 1285 | 14619 |
| 河 南 | 1520 | 32912 |
| 湖 北 | 988 | 18538 |
| 湖 南 | 444 | 20988 |
| 广 东 | 2182 | 13388 |
| 广 西 | 483 | 10053 |
| 海 南 | 67 | 1625 |
| 重 庆 | 237 | 6643 |
| 四 川 | 785 | 19788 |
| 贵 州 | 331 | 16951 |
| 云 南 | 518 | 20804 |
| 西 藏 | 21 | 687 |
| 陕 西 | 411 | 10096 |
| 甘 肃 | 348 | 6884 |
| 青 海 | 68 | 1332 |
| 宁 夏 | 52 | 1332 |
| 新 疆 | 235 | 3669 |

1-B-3　续表 4

(个人独资企业)

| 地　区 | 法人单位数<br>(个) | 从业人员期末人数<br>(人) |
|---|---|---|
| **全　国** | **257631** | **1045144** |
| 北　京 | 1257 | 2074 |
| 天　津 | 671 | 1900 |
| 河　北 | 12833 | 47650 |
| 山　西 | 3790 | 9620 |
| 内蒙古 | 803 | 2619 |
| 辽　宁 | 16606 | 41919 |
| 吉　林 | 2565 | 11238 |
| 黑龙江 | 2488 | 7099 |
| 上　海 | 4758 | 10167 |
| 江　苏 | 10763 | 44098 |
| 浙　江 | 9758 | 26957 |
| 安　徽 | 18328 | 64569 |
| 福　建 | 4625 | 21563 |
| 江　西 | 7164 | 26894 |
| 山　东 | 16786 | 75366 |
| 河　南 | 12894 | 60097 |
| 湖　北 | 26250 | 148066 |
| 湖　南 | 11881 | 76288 |
| 广　东 | 19897 | 59304 |
| 广　西 | 7041 | 16160 |
| 海　南 | 212 | 395 |
| 重　庆 | 9622 | 43546 |
| 四　川 | 19815 | 94853 |
| 贵　州 | 5141 | 11599 |
| 云　南 | 26094 | 121100 |
| 西　藏 | 38 | 105 |
| 陕　西 | 2057 | 10182 |
| 甘　肃 | 2553 | 6514 |
| 青　海 | 139 | 655 |
| 宁　夏 | 187 | 593 |
| 新　疆 | 615 | 1954 |

1-B-3 续表 5

(合伙企业)

| 地　区 | 法人单位数<br>(个) | 从业人员期末人数<br>(人) |
|---|---|---|
| **全　国** | **8392** | **34540** |
| 北　京 | 132 | 111 |
| 天　津 | 156 | 447 |
| 河　北 | 428 | 1807 |
| 山　西 | 66 | 192 |
| 内蒙古 | 66 | 303 |
| 辽　宁 | 135 | 318 |
| 吉　林 | 37 | 173 |
| 黑龙江 | 71 | 408 |
| 上　海 | 376 | 807 |
| 江　苏 | 568 | 2069 |
| 浙　江 | 1128 | 3486 |
| 安　徽 | 211 | 944 |
| 福　建 | 313 | 1720 |
| 江　西 | 617 | 2979 |
| 山　东 | 287 | 1494 |
| 河　南 | 214 | 966 |
| 湖　北 | 467 | 2534 |
| 湖　南 | 391 | 3394 |
| 广　东 | 1548 | 5028 |
| 广　西 | 136 | 524 |
| 海　南 | 63 | 138 |
| 重　庆 | 182 | 868 |
| 四　川 | 339 | 2177 |
| 贵　州 | 89 | 421 |
| 云　南 | 71 | 390 |
| 西　藏 | 4 | 3 |
| 陕　西 | 132 | 495 |
| 甘　肃 | 59 | 204 |
| 青　海 | 16 | 53 |
| 宁　夏 | 5 | 6 |
| 新　疆 | 85 | 81 |

1-B-3　续表　6

(港澳台投资企业)

| 地　区 | 法人单位数<br>(个) | 从业人员期末人数<br>(人) |
|---|---|---|
| **全　国** | **24122** | **498653** |
| 北　京 | 513 | 45942 |
| 天　津 | 320 | 15994 |
| 河　北 | 64 | 753 |
| 山　西 | 21 | 296 |
| 内蒙古 | 28 | 418 |
| 辽　宁 | 203 | 2498 |
| 吉　林 | 15 | 681 |
| 黑龙江 | 24 | 94 |
| 上　海 | 3521 | 157282 |
| 江　苏 | 2168 | 34361 |
| 浙　江 | 1962 | 30220 |
| 安　徽 | 119 | 2552 |
| 福　建 | 1781 | 20513 |
| 江　西 | 59 | 703 |
| 山　东 | 752 | 10453 |
| 河　南 | 110 | 3288 |
| 湖　北 | 147 | 10742 |
| 湖　南 | 96 | 4289 |
| 广　东 | 11557 | 136822 |
| 广　西 | 100 | 804 |
| 海　南 | 101 | 1684 |
| 重　庆 | 69 | 4539 |
| 四　川 | 171 | 3110 |
| 贵　州 | 30 | 1387 |
| 云　南 | 91 | 3406 |
| 西　藏 | 8 | 1023 |
| 陕　西 | 56 | 4010 |
| 甘　肃 | 9 | 297 |
| 青　海 | 4 | 2 |
| 宁　夏 | 4 | 66 |
| 新　疆 | 19 | 424 |

1-B-3 续表 7

(外商投资企业)

| 地 区 | 法人单位数(个) | 从业人员期末人数(人) |
|---|---|---|
| **全 国** | **29309** | **668240** |
| 北 京 | 1089 | 77995 |
| 天 津 | 661 | 12572 |
| 河 北 | 99 | 2586 |
| 山 西 | 16 | 430 |
| 内蒙古 | 75 | 782 |
| 辽 宁 | 822 | 7241 |
| 吉 林 | 38 | 1298 |
| 黑龙江 | 102 | 621 |
| 上 海 | 7118 | 307314 |
| 江 苏 | 2704 | 61794 |
| 浙 江 | 4697 | 40426 |
| 安 徽 | 103 | 4207 |
| 福 建 | 760 | 8615 |
| 江 西 | 47 | 2277 |
| 山 东 | 2105 | 19810 |
| 河 南 | 87 | 3888 |
| 湖 北 | 162 | 13445 |
| 湖 南 | 81 | 1284 |
| 广 东 | 7816 | 76337 |
| 广 西 | 92 | 4398 |
| 海 南 | 90 | 522 |
| 重 庆 | 98 | 4248 |
| 四 川 | 152 | 5553 |
| 贵 州 | 16 | 52 |
| 云 南 | 111 | 4527 |
| 西 藏 | 4 | 209 |
| 陕 西 | 100 | 1260 |
| 甘 肃 | 8 | 1238 |
| 青 海 | 8 | 1092 |
| 宁 夏 | 5 | 91 |
| 新 疆 | 43 | 2128 |

# 1-B-4　分地区批发业企业法人财务状况

单位：亿元

| 地　区 | 资产总计 | 负债合计 | 营业收入 |
|---|---|---|---|
| **全　国** | **777006.69** | **539587.42** | **1305299.21** |
| 北　京 | 83109.79 | 48923.33 | 76569.86 |
| 天　津 | 20661.32 | 16105.26 | 42964.30 |
| 河　北 | 17621.69 | 11876.00 | 30525.22 |
| 山　西 | 21328.55 | 15598.84 | 25175.15 |
| 内蒙古 | 10317.75 | 6931.67 | 12780.33 |
| 辽　宁 | 15146.05 | 11907.47 | 27588.88 |
| 吉　林 | 5050.69 | 3464.68 | 7149.14 |
| 黑龙江 | 7061.33 | 4960.22 | 11525.73 |
| 上　海 | 76416.07 | 52692.16 | 153722.82 |
| 江　苏 | 74563.90 | 53555.13 | 122170.15 |
| 浙　江 | 73556.16 | 54969.63 | 157970.09 |
| 安　徽 | 15906.66 | 11306.29 | 28948.52 |
| 福　建 | 35528.79 | 23825.56 | 72926.83 |
| 江　西 | 10461.24 | 7023.18 | 17288.81 |
| 山　东 | 57211.51 | 41428.43 | 100095.03 |
| 河　南 | 17032.30 | 10441.90 | 30197.97 |
| 湖　北 | 15172.47 | 9145.73 | 28870.70 |
| 湖　南 | 10324.58 | 6201.60 | 17495.10 |
| 广　东 | 87455.55 | 67819.44 | 151057.05 |
| 广　西 | 12278.11 | 8601.14 | 19551.69 |
| 海　南 | 7350.00 | 5232.05 | 20552.03 |
| 重　庆 | 10050.22 | 6732.59 | 22443.28 |
| 四　川 | 26636.27 | 17116.07 | 35459.97 |
| 贵　州 | 13382.43 | 7869.13 | 11328.35 |
| 云　南 | 12684.48 | 7721.40 | 17857.35 |
| 西　藏 | 1843.58 | 1133.35 | 2089.60 |
| 陕　西 | 14032.42 | 9709.90 | 26243.47 |
| 甘　肃 | 5572.13 | 3488.26 | 11017.15 |
| 青　海 | 2872.36 | 1742.11 | 2346.76 |
| 宁　夏 | 2364.13 | 1992.81 | 2727.89 |
| 新　疆 | 14014.18 | 10072.09 | 18659.97 |

# 1-B-5 分地区批发业企业法人财务状况(按国民经济行业分)

(农、林、牧、渔产品批发) 单位：亿元

| 地区 | 资产总计 | 负债合计 | 营业收入 |
|---|---|---|---|
| **全国** | **34609.34** | **23723.17** | **46695.63** |
| 北京 | 4804.72 | 3401.48 | 3645.95 |
| 天津 | 682.94 | 545.56 | 1474.09 |
| 河北 | 747.13 | 561.26 | 991.29 |
| 山西 | 230.80 | 113.07 | 200.60 |
| 内蒙古 | 700.61 | 489.69 | 744.45 |
| 辽宁 | 1117.40 | 847.55 | 2215.12 |
| 吉林 | 721.72 | 456.09 | 867.97 |
| 黑龙江 | 2025.12 | 1441.50 | 2406.46 |
| 上海 | 1219.09 | 981.18 | 2173.54 |
| 江苏 | 2640.33 | 1859.15 | 4158.41 |
| 浙江 | 1794.36 | 1346.88 | 2281.60 |
| 安徽 | 875.97 | 465.45 | 1288.00 |
| 福建 | 1667.20 | 1243.27 | 3220.96 |
| 江西 | 514.21 | 271.08 | 366.26 |
| 山东 | 2076.45 | 1477.86 | 4145.08 |
| 河南 | 1190.18 | 768.10 | 1750.21 |
| 湖北 | 893.68 | 410.27 | 1592.61 |
| 湖南 | 829.65 | 449.49 | 1002.33 |
| 广东 | 1919.89 | 1222.31 | 3403.29 |
| 广西 | 489.47 | 319.15 | 672.90 |
| 海南 | 276.15 | 198.33 | 634.04 |
| 重庆 | 260.06 | 95.92 | 381.87 |
| 四川 | 1690.00 | 1040.93 | 2144.34 |
| 贵州 | 565.42 | 397.70 | 449.37 |
| 云南 | 866.57 | 327.83 | 930.06 |
| 西藏 | 10.54 | 6.51 | 10.58 |
| 陕西 | 429.39 | 213.30 | 373.94 |
| 甘肃 | 305.32 | 171.91 | 307.28 |
| 青海 | 18.57 | 11.88 | 17.73 |
| 宁夏 | 70.17 | 47.38 | 152.13 |
| 新疆 | 2976.24 | 2541.11 | 2693.16 |

1-B-5　续表 1

(食品、饮料及烟草制品批发)　单位：亿元

| 地　区 | 资产总计 | 负债合计 | 营业收入 |
|---|---|---|---|
| **全　国** | **69060.78** | **43356.36** | **105796.51** |
| 北　京 | 5456.75 | 4317.61 | 5000.83 |
| 天　津 | 1400.08 | 1109.77 | 2772.35 |
| 河　北 | 1311.44 | 631.44 | 2348.55 |
| 山　西 | 923.51 | 541.01 | 1240.55 |
| 内蒙古 | 667.31 | 367.69 | 735.17 |
| 辽　宁 | 1211.24 | 797.69 | 1951.16 |
| 吉　林 | 313.63 | 172.44 | 721.62 |
| 黑龙江 | 1056.87 | 728.89 | 1278.52 |
| 上　海 | 6219.80 | 4377.39 | 10924.73 |
| 江　苏 | 5555.16 | 3569.08 | 7490.81 |
| 浙　江 | 4123.89 | 2871.11 | 6615.07 |
| 安　徽 | 1808.72 | 1025.76 | 3103.69 |
| 福　建 | 3442.71 | 2067.90 | 5613.61 |
| 江　西 | 942.48 | 414.80 | 1465.84 |
| 山　东 | 4029.82 | 2555.49 | 8082.08 |
| 河　南 | 2032.04 | 1059.36 | 3682.39 |
| 湖　北 | 2485.66 | 1333.44 | 3866.81 |
| 湖　南 | 1359.84 | 564.04 | 2894.74 |
| 广　东 | 7910.42 | 5657.39 | 12947.65 |
| 广　西 | 1725.32 | 1217.88 | 2724.03 |
| 海　南 | 479.84 | 352.93 | 885.47 |
| 重　庆 | 970.44 | 394.79 | 2453.84 |
| 四　川 | 4700.57 | 2768.42 | 5845.87 |
| 贵　州 | 3759.81 | 1757.59 | 3647.91 |
| 云　南 | 2241.34 | 953.11 | 3346.78 |
| 西　藏 | 289.01 | 173.13 | 406.54 |
| 陕　西 | 1077.75 | 617.68 | 1510.21 |
| 甘　肃 | 437.41 | 226.53 | 619.19 |
| 青　海 | 154.26 | 93.85 | 230.46 |
| 宁　夏 | 132.58 | 75.80 | 263.70 |
| 新　疆 | 841.07 | 562.33 | 1126.34 |

1-B-5 续表 2

(纺织、服装及家庭用品批发) 单位：亿元

| 地区 | 资产总计 | 负债合计 | 营业收入 |
|---|---|---|---|
| **全国** | **59692.38** | **42116.67** | **92113.43** |
| 北京 | 5824.86 | 4154.65 | 9202.92 |
| 天津 | 603.68 | 513.27 | 815.63 |
| 河北 | 654.94 | 371.72 | 905.98 |
| 山西 | 166.81 | 133.25 | 143.79 |
| 内蒙古 | 115.39 | 88.11 | 102.90 |
| 辽宁 | 401.30 | 302.60 | 608.35 |
| 吉林 | 98.01 | 84.28 | 148.28 |
| 黑龙江 | 182.50 | 87.46 | 158.27 |
| 上海 | 7272.23 | 5028.25 | 9653.13 |
| 江苏 | 9959.88 | 6824.16 | 13398.82 |
| 浙江 | 9779.58 | 7341.71 | 17694.84 |
| 安徽 | 1299.27 | 1096.47 | 2335.70 |
| 福建 | 4648.68 | 2758.26 | 10375.26 |
| 江西 | 356.03 | 227.75 | 605.83 |
| 山东 | 4641.35 | 3210.03 | 5846.23 |
| 河南 | 936.56 | 512.58 | 1412.11 |
| 湖北 | 743.36 | 380.09 | 1214.71 |
| 湖南 | 494.33 | 258.94 | 869.28 |
| 广东 | 7879.94 | 6099.98 | 10565.16 |
| 广西 | 236.94 | 176.17 | 317.24 |
| 海南 | 442.36 | 188.12 | 425.07 |
| 重庆 | 802.65 | 833.34 | 2592.45 |
| 四川 | 751.42 | 487.39 | 1297.95 |
| 贵州 | 130.81 | 99.72 | 138.76 |
| 云南 | 229.95 | 167.03 | 324.81 |
| 西藏 | 153.54 | 87.03 | 72.53 |
| 陕西 | 396.39 | 293.32 | 406.38 |
| 甘肃 | 63.73 | 39.61 | 65.25 |
| 青海 | 77.27 | 34.48 | 17.38 |
| 宁夏 | 44.31 | 22.69 | 40.74 |
| 新疆 | 304.30 | 214.21 | 357.68 |

1-B-5　续表 3

(文化、体育用品及器材批发)　　单位：亿元

| 地　区 | 资产总计 | 负债合计 | 营业收入 |
|---|---|---|---|
| **全　国** | **16583.04** | **10842.08** | **22103.34** |
| 北　京 | 1962.26 | 1182.45 | 1891.20 |
| 天　津 | 293.05 | 176.47 | 347.66 |
| 河　北 | 240.83 | 137.81 | 266.27 |
| 山　西 | 143.45 | 95.65 | 150.17 |
| 内蒙古 | 74.78 | 38.48 | 46.91 |
| 辽　宁 | 182.65 | 92.56 | 182.06 |
| 吉　林 | 52.40 | 26.54 | 76.75 |
| 黑龙江 | 116.49 | 63.84 | 90.49 |
| 上　海 | 3147.81 | 1990.61 | 3381.50 |
| 江　苏 | 1660.13 | 1099.52 | 1827.63 |
| 浙　江 | 1645.38 | 1197.51 | 3078.38 |
| 安　徽 | 393.41 | 251.78 | 547.30 |
| 福　建 | 658.99 | 418.28 | 1697.31 |
| 江　西 | 147.64 | 78.78 | 188.77 |
| 山　东 | 1119.62 | 733.91 | 1824.36 |
| 河　南 | 331.27 | 174.06 | 587.34 |
| 湖　北 | 273.48 | 136.05 | 440.36 |
| 湖　南 | 193.24 | 95.19 | 357.34 |
| 广　东 | 2296.22 | 1740.21 | 3217.92 |
| 广　西 | 171.68 | 112.07 | 151.49 |
| 海　南 | 137.69 | 86.67 | 390.99 |
| 重　庆 | 194.51 | 118.98 | 287.07 |
| 四　川 | 375.37 | 300.91 | 365.85 |
| 贵　州 | 139.26 | 95.12 | 88.97 |
| 云　南 | 127.27 | 76.80 | 105.38 |
| 西　藏 | 130.65 | 83.45 | 58.24 |
| 陕　西 | 182.49 | 113.14 | 253.99 |
| 甘　肃 | 47.58 | 31.22 | 75.13 |
| 青　海 | 19.18 | 14.47 | 9.55 |
| 宁　夏 | 18.12 | 11.13 | 23.72 |
| 新　疆 | 106.13 | 68.40 | 93.24 |

1-B-5 续表 4

(医药及医疗器材批发) 单位：亿元

| 地 区 | 资产总计 | 负债合计 | 营业收入 |
|---|---|---|---|
| **全 国** | **46379.88** | **31993.33** | **57955.29** |
| 北 京 | 4228.54 | 2718.67 | 4261.48 |
| 天 津 | 692.65 | 511.66 | 953.31 |
| 河 北 | 1255.76 | 912.59 | 1869.01 |
| 山 西 | 633.25 | 482.37 | 808.18 |
| 内蒙古 | 348.99 | 257.32 | 407.78 |
| 辽 宁 | 943.70 | 687.76 | 1227.71 |
| 吉 林 | 544.63 | 402.06 | 674.14 |
| 黑龙江 | 622.44 | 476.46 | 789.54 |
| 上 海 | 6099.16 | 4170.44 | 7296.23 |
| 江 苏 | 3064.73 | 2265.04 | 4569.88 |
| 浙 江 | 2333.85 | 1517.98 | 3116.20 |
| 安 徽 | 1453.64 | 1018.87 | 2271.42 |
| 福 建 | 771.93 | 518.86 | 1213.04 |
| 江 西 | 1479.27 | 1017.72 | 2227.50 |
| 山 东 | 3100.80 | 2279.33 | 3785.44 |
| 河 南 | 2048.69 | 1364.53 | 2614.61 |
| 湖 北 | 2161.64 | 1519.37 | 2203.75 |
| 湖 南 | 1164.74 | 810.14 | 1651.28 |
| 广 东 | 4368.75 | 3089.90 | 5620.36 |
| 广 西 | 831.94 | 606.70 | 961.85 |
| 海 南 | 463.78 | 329.58 | 457.52 |
| 重 庆 | 1528.97 | 892.60 | 1848.41 |
| 四 川 | 1915.98 | 1264.03 | 2512.67 |
| 贵 州 | 605.22 | 420.95 | 606.60 |
| 云 南 | 871.86 | 585.11 | 1104.85 |
| 西 藏 | 410.23 | 221.86 | 441.56 |
| 陕 西 | 1013.28 | 785.70 | 1212.31 |
| 甘 肃 | 481.60 | 319.98 | 474.53 |
| 青 海 | 95.39 | 61.86 | 79.48 |
| 宁 夏 | 323.00 | 141.30 | 132.76 |
| 新 疆 | 521.49 | 342.61 | 561.84 |

1-B-5　续表 5

(矿产品、建材及化工产品批发)　　单位：亿元

| 地　区 | 资产总计 | 负债合计 | 营业收入 |
|---|---|---|---|
| **全　国** | **390530.01** | **272903.88** | **748069.11** |
| 北　京 | 41763.87 | 20039.06 | 31811.84 |
| 天　津 | 12498.41 | 10191.48 | 31955.74 |
| 河　北 | 10889.13 | 7837.99 | 20382.76 |
| 山　西 | 17202.29 | 12718.47 | 20435.07 |
| 内蒙古 | 7211.21 | 4765.03 | 9685.33 |
| 辽　宁 | 8297.34 | 7169.42 | 19064.65 |
| 吉　林 | 1903.85 | 1202.91 | 1720.31 |
| 黑龙江 | 2199.42 | 1617.94 | 5586.93 |
| 上　海 | 29845.49 | 20168.74 | 85461.14 |
| 江　苏 | 34626.52 | 25862.50 | 67753.37 |
| 浙　江 | 39699.83 | 30392.23 | 100166.77 |
| 安　徽 | 5817.00 | 4004.82 | 11338.24 |
| 福　建 | 19782.91 | 13863.77 | 42267.16 |
| 江　西 | 5195.78 | 3701.23 | 8517.85 |
| 山　东 | 32050.77 | 24231.22 | 60804.56 |
| 河　南 | 7491.88 | 4578.36 | 14961.52 |
| 湖　北 | 5837.08 | 3468.05 | 14659.93 |
| 湖　南 | 4287.15 | 2727.97 | 7680.60 |
| 广　东 | 35449.51 | 28065.20 | 76112.77 |
| 广　西 | 6928.18 | 4889.39 | 12278.95 |
| 海　南 | 4705.16 | 3387.18 | 16569.10 |
| 重　庆 | 3582.30 | 2391.18 | 9226.19 |
| 四　川 | 14252.04 | 9292.72 | 18457.17 |
| 贵　州 | 7459.66 | 4594.00 | 5576.81 |
| 云　南 | 7469.81 | 5065.51 | 10944.24 |
| 西　藏 | 581.82 | 397.09 | 581.43 |
| 陕　西 | 8362.47 | 5846.60 | 19586.40 |
| 甘　肃 | 3691.32 | 2355.20 | 8675.30 |
| 青　海 | 2351.92 | 1410.25 | 1859.46 |
| 宁　夏 | 1551.27 | 1535.72 | 1786.88 |
| 新　疆 | 7544.62 | 5132.67 | 12160.64 |

1-B-5 续表 6

(机械设备、五金产品及电子产品批发) 单位：亿元

| 地 区 | 资产总计 | 负债合计 | 营业收入 |
|---|---|---|---|
| **全 国** | **128212.65** | **92964.29** | **181630.91** |
| 北 京 | 15841.29 | 10547.73 | 18853.89 |
| 天 津 | 3378.30 | 2219.19 | 3499.40 |
| 河 北 | 1819.61 | 1031.89 | 2626.99 |
| 山 西 | 1637.32 | 1255.43 | 1414.22 |
| 内蒙古 | 948.97 | 742.82 | 692.39 |
| 辽 宁 | 2354.76 | 1640.55 | 1835.14 |
| 吉 林 | 1292.60 | 1065.86 | 2802.72 |
| 黑龙江 | 698.02 | 445.45 | 919.61 |
| 上 海 | 20905.50 | 14845.18 | 32619.67 |
| 江 苏 | 12763.42 | 9023.47 | 15718.28 |
| 浙 江 | 11667.94 | 8534.10 | 19325.41 |
| 安 徽 | 3282.13 | 2741.82 | 5423.98 |
| 福 建 | 3324.40 | 2288.51 | 4840.83 |
| 江 西 | 891.52 | 687.19 | 1434.70 |
| 山 东 | 7541.08 | 5291.25 | 11322.70 |
| 河 南 | 2263.32 | 1673.34 | 3454.91 |
| 湖 北 | 1667.89 | 1187.32 | 3005.88 |
| 湖 南 | 1427.78 | 1004.94 | 2054.14 |
| 广 东 | 22782.82 | 18406.01 | 33847.03 |
| 广 西 | 1303.98 | 859.09 | 991.36 |
| 海 南 | 565.97 | 488.43 | 830.47 |
| 重 庆 | 2389.68 | 1802.86 | 4798.41 |
| 四 川 | 1974.90 | 1325.33 | 3123.48 |
| 贵 州 | 525.79 | 366.93 | 606.47 |
| 云 南 | 598.47 | 394.97 | 727.41 |
| 西 藏 | 198.51 | 141.26 | 496.29 |
| 陕 西 | 2111.76 | 1516.66 | 2396.59 |
| 甘 肃 | 392.83 | 238.17 | 385.22 |
| 青 海 | 86.93 | 68.96 | 73.88 |
| 宁 夏 | 181.78 | 129.45 | 219.19 |
| 新 疆 | 1393.40 | 1000.13 | 1290.22 |

1-B-5　续表 7

(贸易经纪与代理)　单位：亿元

| 地　区 | 资产总计 | 负债合计 | 营业收入 |
|---|---|---|---|
| **全　国** | **8800.01** | **6322.21** | **9021.67** |
| 北　京 | 1964.56 | 1541.14 | 232.51 |
| 天　津 | 191.02 | 134.21 | 161.07 |
| 河　北 | 42.12 | 24.70 | 66.65 |
| 山　西 | 20.97 | 14.99 | 20.28 |
| 内蒙古 | 11.96 | 8.74 | 12.77 |
| 辽　宁 | 319.73 | 135.80 | 103.66 |
| 吉　林 | 13.79 | 6.11 | 30.54 |
| 黑龙江 | 68.87 | 40.70 | 116.42 |
| 上　海 | 840.47 | 543.39 | 1114.70 |
| 江　苏 | 972.56 | 699.38 | 1572.70 |
| 浙　江 | 427.55 | 305.16 | 687.82 |
| 安　徽 | 86.47 | 62.14 | 73.59 |
| 福　建 | 301.51 | 112.29 | 365.07 |
| 江　西 | 268.53 | 158.44 | 272.51 |
| 山　东 | 475.22 | 351.62 | 725.45 |
| 河　南 | 49.49 | 25.63 | 79.16 |
| 湖　北 | 78.79 | 42.73 | 162.06 |
| 湖　南 | 187.04 | 142.90 | 321.72 |
| 广　东 | 1831.99 | 1482.83 | 2210.24 |
| 广　西 | 120.45 | 110.54 | 113.33 |
| 海　南 | 104.88 | 80.21 | 31.39 |
| 重　庆 | 57.46 | 46.27 | 150.60 |
| 四　川 | 114.34 | 77.15 | 113.09 |
| 贵　州 | 46.12 | 37.09 | 66.65 |
| 云　南 | 84.06 | 53.23 | 57.30 |
| 西　藏 | 3.80 | 3.66 | 0.72 |
| 陕　西 | 54.44 | 34.16 | 55.97 |
| 甘　肃 | 17.66 | 14.99 | 40.61 |
| 青　海 | 5.68 | 4.98 | 0.22 |
| 宁　夏 | 4.02 | 1.79 | 5.34 |
| 新　疆 | 34.45 | 25.25 | 57.55 |

1-B-5 续表 8

(其他批发业) 单位：亿元

| 地 区 | 资产总计 | 负债合计 | 营业收入 |
|---|---|---|---|
| **全 国** | **23138.59** | **15365.44** | **41913.33** |
| 北 京 | 1262.94 | 1020.54 | 1669.25 |
| 天 津 | 921.19 | 703.66 | 985.04 |
| 河 北 | 660.72 | 366.60 | 1067.72 |
| 山 西 | 370.14 | 244.58 | 762.28 |
| 内蒙古 | 238.53 | 173.78 | 352.63 |
| 辽 宁 | 317.94 | 233.55 | 401.04 |
| 吉 林 | 110.05 | 48.39 | 106.80 |
| 黑龙江 | 91.60 | 57.99 | 179.50 |
| 上 海 | 866.52 | 586.97 | 1098.18 |
| 江 苏 | 3321.17 | 2352.83 | 5680.23 |
| 浙 江 | 2083.77 | 1462.96 | 5004.02 |
| 安 徽 | 890.05 | 639.18 | 2566.60 |
| 福 建 | 930.46 | 554.41 | 3333.59 |
| 江 西 | 665.77 | 466.19 | 2209.57 |
| 山 东 | 2176.39 | 1297.72 | 3559.14 |
| 河 南 | 688.86 | 285.93 | 1655.72 |
| 湖 北 | 1030.89 | 668.41 | 1724.59 |
| 湖 南 | 380.82 | 148.01 | 663.65 |
| 广 东 | 3016.00 | 2055.62 | 3132.63 |
| 广 西 | 470.14 | 310.15 | 1340.53 |
| 海 南 | 174.17 | 120.59 | 327.98 |
| 重 庆 | 264.16 | 156.63 | 704.44 |
| 四 川 | 861.65 | 559.20 | 1599.55 |
| 贵 州 | 150.35 | 100.03 | 146.80 |
| 云 南 | 195.15 | 97.81 | 316.51 |
| 西 藏 | 65.50 | 19.38 | 21.70 |
| 陕 西 | 404.45 | 289.36 | 447.67 |
| 甘 肃 | 134.69 | 90.67 | 374.63 |
| 青 海 | 63.15 | 41.40 | 58.60 |
| 宁 夏 | 38.88 | 27.55 | 103.43 |
| 新 疆 | 292.47 | 185.38 | 319.30 |

# 1-B-6　分地区批发业企业法人财务状况(按登记注册统计类别分)

(内资企业)　　　　单位：亿元

| 地　区 | 资产总计 | 负债合计 | 营业收入 |
|---|---|---|---|
| **全　国** | **693252.18** | **485042.74** | **1174694.65** |
| 北　京 | 67849.82 | 39203.03 | 56725.20 |
| 天　津 | 18540.18 | 14327.82 | 36703.58 |
| 河　北 | 17108.91 | 11544.87 | 29992.43 |
| 山　西 | 21077.63 | 15461.06 | 24815.58 |
| 内蒙古 | 10194.34 | 6882.53 | 12542.11 |
| 辽　宁 | 13219.18 | 10596.60 | 26617.50 |
| 吉　林 | 4846.06 | 3339.41 | 7052.32 |
| 黑龙江 | 6986.43 | 4915.76 | 11214.52 |
| 上　海 | 49502.67 | 34799.14 | 102418.30 |
| 江　苏 | 67794.62 | 49274.52 | 113295.85 |
| 浙　江 | 68566.24 | 52082.48 | 150357.14 |
| 安　徽 | 14635.42 | 10173.79 | 27134.60 |
| 福　建 | 33674.81 | 22719.05 | 70555.02 |
| 江　西 | 10222.27 | 6880.04 | 17080.69 |
| 山　东 | 52722.47 | 38601.01 | 95286.34 |
| 河　南 | 16784.20 | 10316.61 | 29579.17 |
| 湖　北 | 13304.80 | 7863.84 | 24959.14 |
| 湖　南 | 10099.67 | 6097.49 | 17073.56 |
| 广　东 | 77265.62 | 61321.88 | 138260.73 |
| 广　西 | 11990.38 | 8421.17 | 18711.65 |
| 海　南 | 6752.65 | 4849.71 | 17992.88 |
| 重　庆 | 9267.10 | 6176.99 | 21181.11 |
| 四　川 | 25875.33 | 16621.77 | 34625.79 |
| 贵　州 | 13291.66 | 7781.38 | 11263.68 |
| 云　南 | 12173.42 | 7513.29 | 17110.40 |
| 西　藏 | 1716.15 | 1108.69 | 2026.47 |
| 陕　西 | 13455.71 | 9204.18 | 25825.60 |
| 甘　肃 | 5495.03 | 3460.60 | 10928.45 |
| 青　海 | 2599.80 | 1570.51 | 2233.32 |
| 宁　夏 | 2355.43 | 1989.26 | 2713.50 |
| 新　疆 | 13884.19 | 9944.25 | 18418.02 |

1-B-6 续表 1

(有限责任公司) 单位：亿元

| 地 区 | 资产总计 | 负债合计 | 营业收入 |
|---|---|---|---|
| **全 国** | **628299.51** | **452255.52** | **1097728.79** |
| 北 京 | 62058.76 | 36263.53 | 52467.00 |
| 天 津 | 17189.53 | 13769.38 | 35843.89 |
| 河 北 | 14655.21 | 10357.20 | 28316.92 |
| 山 西 | 19668.90 | 14464.32 | 23516.76 |
| 内蒙古 | 9390.38 | 6523.10 | 11730.42 |
| 辽 宁 | 12127.46 | 9996.11 | 18363.14 |
| 吉 林 | 4490.63 | 3157.66 | 6499.87 |
| 黑龙江 | 5936.83 | 4391.66 | 10322.39 |
| 上 海 | 42188.12 | 31902.84 | 97536.79 |
| 江 苏 | 62186.52 | 46187.01 | 108605.15 |
| 浙 江 | 62660.42 | 49302.01 | 142863.42 |
| 安 徽 | 12803.34 | 9220.51 | 25040.87 |
| 福 建 | 30592.27 | 21126.78 | 67416.16 |
| 江 西 | 9467.03 | 6617.98 | 15999.80 |
| 山 东 | 48542.00 | 35473.11 | 92534.18 |
| 河 南 | 15013.73 | 9349.50 | 27168.67 |
| 湖 北 | 12070.26 | 7413.26 | 22681.60 |
| 湖 南 | 8857.36 | 5684.93 | 15102.00 |
| 广 东 | 70188.88 | 57485.46 | 131706.42 |
| 广 西 | 11076.41 | 8136.46 | 17553.70 |
| 海 南 | 6420.55 | 4731.41 | 17479.44 |
| 重 庆 | 7694.03 | 5367.97 | 18692.24 |
| 四 川 | 24090.90 | 15836.12 | 31724.30 |
| 贵 州 | 12604.02 | 7541.36 | 10371.42 |
| 云 南 | 10643.23 | 7010.02 | 14384.33 |
| 西 藏 | 1545.76 | 999.85 | 1673.30 |
| 陕 西 | 12563.03 | 8678.95 | 23617.40 |
| 甘 肃 | 5124.41 | 3229.29 | 9730.62 |
| 青 海 | 2277.73 | 1406.78 | 1724.95 |
| 宁 夏 | 2232.98 | 1740.81 | 2309.77 |
| 新 疆 | 11938.83 | 8890.14 | 14751.89 |

1-B-6　续表 2

(股份有限公司)　　单位：亿元

| 地　区 | 资产总计 | 负债合计 | 营业收入 |
|---|---|---|---|
| **全　国** | **50099.24** | **27616.53** | **44572.02** |
| 北　京 | 5263.83 | 2625.26 | 3323.16 |
| 天　津 | 1146.08 | 463.80 | 610.07 |
| 河　北 | 1865.48 | 1004.55 | 580.90 |
| 山　西 | 1046.10 | 764.18 | 711.98 |
| 内蒙古 | 555.26 | 246.74 | 439.93 |
| 辽　宁 | 454.31 | 244.42 | 3265.65 |
| 吉　林 | 231.06 | 151.55 | 216.24 |
| 黑龙江 | 770.46 | 430.09 | 513.69 |
| 上　海 | 7083.84 | 2717.54 | 4694.44 |
| 江　苏 | 4238.97 | 2645.64 | 2244.80 |
| 浙　江 | 4677.29 | 2490.19 | 5845.04 |
| 安　徽 | 1357.03 | 875.60 | 872.10 |
| 福　建 | 2586.57 | 1463.92 | 1907.27 |
| 江　西 | 254.25 | 125.85 | 211.42 |
| 山　东 | 3747.97 | 2943.34 | 1787.06 |
| 河　南 | 849.56 | 617.25 | 801.22 |
| 湖　北 | 261.89 | 138.01 | 380.49 |
| 湖　南 | 644.59 | 308.85 | 451.70 |
| 广　东 | 6337.79 | 3404.58 | 5380.32 |
| 广　西 | 703.22 | 209.06 | 490.69 |
| 海　南 | 229.56 | 90.64 | 175.55 |
| 重　庆 | 1107.52 | 675.72 | 1284.03 |
| 四　川 | 1014.13 | 560.53 | 1264.56 |
| 贵　州 | 126.75 | 87.76 | 117.94 |
| 云　南 | 430.86 | 274.06 | 879.78 |
| 西　藏 | 148.11 | 104.14 | 301.90 |
| 陕　西 | 664.01 | 444.32 | 1537.08 |
| 甘　肃 | 204.06 | 159.89 | 446.61 |
| 青　海 | 265.50 | 146.64 | 379.34 |
| 宁　夏 | 59.38 | 226.26 | 253.88 |
| 新　疆 | 1773.83 | 976.15 | 3203.17 |

1-B-6 续表 3

(非公司企业法人) 单位：亿元

| 地区 | 资产总计 | 负债合计 | 营业收入 |
|---|---|---|---|
| **全国** | **10573.02** | **3624.23** | **24703.08** |
| 北京 | 498.23 | 291.31 | 897.55 |
| 天津 | 163.84 | 70.47 | 218.29 |
| 河北 | 438.63 | 131.25 | 832.23 |
| 山西 | 303.98 | 194.80 | 524.48 |
| 内蒙古 | 222.97 | 92.98 | 309.53 |
| 辽宁 | 485.57 | 292.91 | 4735.77 |
| 吉林 | 83.55 | 19.89 | 267.15 |
| 黑龙江 | 246.35 | 82.74 | 332.49 |
| 上海 | 65.29 | 55.39 | 22.63 |
| 江苏 | 1125.73 | 348.10 | 2068.05 |
| 浙江 | 1039.00 | 180.68 | 1336.78 |
| 安徽 | 278.25 | 30.73 | 767.57 |
| 福建 | 354.82 | 81.50 | 767.08 |
| 江西 | 379.56 | 83.42 | 682.67 |
| 山东 | 136.67 | 86.51 | 230.24 |
| 河南 | 687.46 | 310.33 | 1191.04 |
| 湖北 | 364.81 | 157.24 | 830.96 |
| 湖南 | 291.97 | 36.95 | 1068.50 |
| 广东 | 406.76 | 206.16 | 616.58 |
| 广西 | 158.62 | 47.27 | 532.35 |
| 海南 | 90.62 | 18.24 | 315.21 |
| 重庆 | 326.90 | 112.78 | 894.96 |
| 四川 | 489.98 | 141.61 | 1136.27 |
| 贵州 | 525.32 | 136.53 | 723.07 |
| 云南 | 805.97 | 195.67 | 1308.28 |
| 西藏 | 21.41 | 4.25 | 50.23 |
| 陕西 | 187.90 | 69.74 | 610.95 |
| 甘肃 | 133.87 | 52.55 | 720.74 |
| 青海 | 46.11 | 9.47 | 124.54 |
| 宁夏 | 59.09 | 19.29 | 144.09 |
| 新疆 | 153.81 | 63.46 | 442.79 |

1-B-6　续表 4

(个人独资企业)　　单位：亿元

| 地　区 | 资产总计 | 负债合计 | 营业收入 |
|---|---|---|---|
| **全　国** | **3846.50** | **1286.43** | **7089.37** |
| 北　京 | 26.63 | 21.52 | 36.42 |
| 天　津 | 14.62 | 11.42 | 19.65 |
| 河　北 | 139.88 | 47.10 | 246.49 |
| 山　西 | 43.45 | 23.94 | 54.39 |
| 内蒙古 | 19.53 | 14.48 | 43.85 |
| 辽　宁 | 138.35 | 50.19 | 249.04 |
| 吉　林 | 40.34 | 10.12 | 68.03 |
| 黑龙江 | 29.87 | 9.82 | 43.28 |
| 上　海 | 129.50 | 99.07 | 121.38 |
| 江　苏 | 224.14 | 84.32 | 360.93 |
| 浙　江 | 154.59 | 88.20 | 244.11 |
| 安　徽 | 190.28 | 43.26 | 442.51 |
| 福　建 | 128.89 | 40.15 | 438.43 |
| 江　西 | 102.95 | 41.45 | 158.19 |
| 山　东 | 284.58 | 93.50 | 675.45 |
| 河　南 | 211.50 | 37.67 | 411.40 |
| 湖　北 | 588.32 | 145.00 | 1032.16 |
| 湖　南 | 290.79 | 60.75 | 430.70 |
| 广　东 | 244.80 | 157.39 | 400.17 |
| 广　西 | 38.74 | 16.09 | 132.43 |
| 海　南 | 1.72 | 1.67 | 3.39 |
| 重　庆 | 120.15 | 19.99 | 303.66 |
| 四　川 | 260.62 | 71.40 | 475.10 |
| 贵　州 | 33.70 | 14.79 | 49.82 |
| 云　南 | 292.06 | 33.29 | 536.04 |
| 西　藏 | 0.80 | 0.45 | 1.04 |
| 陕　西 | 38.00 | 10.10 | 57.24 |
| 甘　肃 | 30.88 | 17.65 | 28.64 |
| 青　海 | 6.46 | 4.91 | 4.15 |
| 宁　夏 | 3.93 | 2.88 | 5.73 |
| 新　疆 | 16.45 | 13.86 | 15.54 |

1-B-6 续表 5

(合伙企业) 单位：亿元

| 地 区 | 资产总计 | 负债合计 | 营业收入 |
|---|---|---|---|
| **全 国** | **429.61** | **255.45** | **598.53** |
| 北 京 | 2.36 | 1.41 | 1.05 |
| 天 津 | 26.11 | 12.74 | 11.67 |
| 河 北 | 9.68 | 4.77 | 15.87 |
| 山 西 | 15.21 | 13.82 | 7.97 |
| 内蒙古 | 6.22 | 5.22 | 18.38 |
| 辽 宁 | 13.45 | 12.96 | 3.89 |
| 吉 林 | 0.48 | 0.18 | 1.03 |
| 黑龙江 | 2.93 | 1.46 | 2.67 |
| 上 海 | 35.66 | 24.13 | 42.98 |
| 江 苏 | 19.26 | 9.46 | 16.92 |
| 浙 江 | 34.94 | 21.40 | 67.79 |
| 安 徽 | 6.51 | 3.68 | 11.54 |
| 福 建 | 12.26 | 6.70 | 26.09 |
| 江 西 | 18.48 | 11.34 | 28.61 |
| 山 东 | 11.18 | 4.51 | 59.20 |
| 河 南 | 21.96 | 1.87 | 6.84 |
| 湖 北 | 19.50 | 10.14 | 33.92 |
| 湖 南 | 14.96 | 6.00 | 20.66 |
| 广 东 | 84.09 | 64.32 | 155.36 |
| 广 西 | 13.39 | 12.29 | 2.48 |
| 海 南 | 10.20 | 7.75 | 19.30 |
| 重 庆 | 18.50 | 0.53 | 6.23 |
| 四 川 | 19.33 | 12.10 | 25.12 |
| 贵 州 | 1.86 | 0.94 | 1.42 |
| 云 南 | 1.30 | 0.26 | 1.92 |
| 西 藏 | 0.06 | | |
| 陕 西 | 2.78 | 1.08 | 2.93 |
| 甘 肃 | 1.79 | 1.22 | 1.82 |
| 青 海 | 3.81 | 2.54 | 0.20 |
| 宁 夏 | 0.05 | 0.02 | 0.02 |
| 新 疆 | 1.26 | 0.64 | 4.63 |

1-B-6　续表 6

(港澳台投资企业)　单位：亿元

| 地　区 | 资产总计 | 负债合计 | 营业收入 |
|---|---|---|---|
| **全　国** | **37869.70** | **25623.18** | **48665.69** |
| 北　京 | 7152.57 | 5420.75 | 10439.97 |
| 天　津 | 1343.44 | 1226.07 | 1143.17 |
| 河　北 | 203.65 | 134.74 | 112.23 |
| 山　西 | 125.96 | 53.28 | 25.27 |
| 内蒙古 | 83.35 | 55.11 | 159.13 |
| 辽　宁 | 1089.47 | 769.70 | 206.43 |
| 吉　林 | 3.92 | 33.54 | 0.97 |
| 黑龙江 | 21.41 | 5.49 | 4.38 |
| 上　海 | 10007.29 | 6552.94 | 13860.26 |
| 江　苏 | 3043.02 | 1948.66 | 3420.63 |
| 浙　江 | 2371.32 | 1413.32 | 3282.21 |
| 安　徽 | 723.11 | 648.91 | 1093.18 |
| 福　建 | 1092.09 | 677.71 | 1562.44 |
| 江　西 | 22.62 | 16.27 | 39.11 |
| 山　东 | 2217.97 | 1270.15 | 2319.57 |
| 河　南 | 115.77 | 82.77 | 353.01 |
| 湖　北 | 522.93 | 404.37 | 432.61 |
| 湖　南 | 76.90 | 47.37 | 205.50 |
| 广　东 | 6327.84 | 4000.63 | 6560.46 |
| 广　西 | 75.56 | 54.66 | 162.22 |
| 海　南 | 495.90 | 331.65 | 2162.90 |
| 重　庆 | 206.60 | 127.03 | 357.64 |
| 四　川 | 234.54 | 164.13 | 467.99 |
| 贵　州 | 75.35 | 78.50 | 37.13 |
| 云　南 | 109.34 | 43.99 | 86.13 |
| 西　藏 | 50.08 | 17.81 | 44.33 |
| 陕　西 | 51.27 | 24.88 | 84.77 |
| 甘　肃 | 12.17 | 8.79 | 9.08 |
| 青　海 | 0.44 | 0.23 | 6.09 |
| 宁　夏 | 1.00 | 0.19 | 3.92 |
| 新　疆 | 12.82 | 9.53 | 22.96 |

1-B-6 续表 7

(外商投资企业) 单位：亿元

| 地 区 | 资产总计 | 负债合计 | 营业收入 |
|---|---|---|---|
| **全 国** | **44305.91** | **28425.75** | **79276.90** |
| 北 京 | 8099.91 | 4295.77 | 9398.18 |
| 天 津 | 776.07 | 550.25 | 5117.06 |
| 河 北 | 275.56 | 190.28 | 365.10 |
| 山 西 | 112.68 | 79.92 | 319.14 |
| 内蒙古 | 23.40 | -11.95 | 57.65 |
| 辽 宁 | 806.47 | 535.94 | 709.92 |
| 吉 林 | 166.48 | 91.16 | 70.64 |
| 黑龙江 | 46.62 | 36.63 | 297.97 |
| 上 海 | 16900.59 | 11337.22 | 37439.20 |
| 江 苏 | 3460.98 | 2204.42 | 4955.05 |
| 浙 江 | 2512.80 | 1417.51 | 4207.11 |
| 安 徽 | 490.36 | 472.42 | 602.06 |
| 福 建 | 687.19 | 414.87 | 653.96 |
| 江 西 | 190.04 | 121.81 | 132.91 |
| 山 东 | 2019.42 | 1473.07 | 1889.23 |
| 河 南 | 131.80 | 42.14 | 264.62 |
| 湖 北 | 1185.03 | 841.83 | 3175.72 |
| 湖 南 | 40.34 | 35.21 | 44.09 |
| 广 东 | 3822.05 | 2485.34 | 6170.25 |
| 广 西 | 197.47 | 120.76 | 660.55 |
| 海 南 | 100.10 | 50.03 | 394.33 |
| 重 庆 | 565.13 | 427.06 | 879.05 |
| 四 川 | 513.32 | 327.15 | 341.26 |
| 贵 州 | 4.77 | 2.45 | 18.87 |
| 云 南 | 325.06 | 151.95 | 539.40 |
| 西 藏 | 75.76 | 6.20 | 18.24 |
| 陕 西 | 419.52 | 459.93 | 237.98 |
| 甘 肃 | 20.53 | 9.41 | 40.18 |
| 青 海 | 271.15 | 171.09 | 106.80 |
| 宁 夏 | 0.59 | 0.07 | 0.82 |
| 新 疆 | 64.72 | 85.81 | 169.54 |

# 1-B-7　分地区零售业企业法人基本情况

| 地　区 | 法人单位数<br>(个) | 从业人员<br>期末人数<br>(人) | 年末零售<br>营业面积<br>(万平方米) |
|---|---|---|---|
| **全　国** | **4687528** | **23323961** | **91628.85** |
| 北　京 | 173395 | 582846 | 1753.08 |
| 天　津 | 38675 | 182184 | 739.76 |
| 河　北 | 204046 | 1020803 | 4771.73 |
| 山　西 | 101762 | 432452 | 1992.29 |
| 内蒙古 | 52442 | 225873 | 1331.88 |
| 辽　宁 | 119181 | 475879 | 2379.39 |
| 吉　林 | 56263 | 286825 | 1280.80 |
| 黑龙江 | 43258 | 224020 | 1050.62 |
| 上　海 | 74180 | 591972 | 1881.62 |
| 江　苏 | 307315 | 1593847 | 6992.55 |
| 浙　江 | 345348 | 1461187 | 4487.94 |
| 安　徽 | 184636 | 874690 | 3962.78 |
| 福　建 | 254451 | 1291662 | 3571.18 |
| 江　西 | 116012 | 661193 | 2556.95 |
| 山　东 | 339370 | 1872361 | 8445.55 |
| 河　南 | 368289 | 1981920 | 7871.84 |
| 湖　北 | 230504 | 1361594 | 5663.95 |
| 湖　南 | 135076 | 994640 | 3812.94 |
| 广　东 | 663192 | 2554320 | 7211.52 |
| 广　西 | 81902 | 410057 | 1696.58 |
| 海　南 | 16301 | 96246 | 434.72 |
| 重　庆 | 142706 | 789505 | 2872.81 |
| 四　川 | 192489 | 1158659 | 4280.29 |
| 贵　州 | 84669 | 357422 | 1905.17 |
| 云　南 | 119216 | 622222 | 2939.00 |
| 西　藏 | 11609 | 50195 | 224.27 |
| 陕　西 | 116880 | 628367 | 2476.33 |
| 甘　肃 | 49781 | 229704 | 1222.11 |
| 青　海 | 11953 | 53929 | 310.39 |
| 宁　夏 | 12968 | 65415 | 359.71 |
| 新　疆 | 39659 | 191972 | 1149.12 |

# 1-B-8 分地区零售业企业法人基本情况(按国民经济行业分)

(综合零售)

| 地 区 | 法人单位数(个) | 从业人员期末人数(人) | 年末零售营业面积(万平方米) |
|---|---|---|---|
| **全 国** | **436555** | **3430322** | **20465.08** |
| 北 京 | 11173 | 74662 | 503.81 |
| 天 津 | 2939 | 24611 | 166.91 |
| 河 北 | 24080 | 213724 | 1177.10 |
| 山 西 | 12077 | 70893 | 387.21 |
| 内蒙古 | 4850 | 32666 | 275.75 |
| 辽 宁 | 8774 | 66258 | 618.63 |
| 吉 林 | 4351 | 35980 | 377.79 |
| 黑龙江 | 2941 | 37736 | 290.45 |
| 上 海 | 4554 | 79829 | 492.89 |
| 江 苏 | 22588 | 201188 | 1428.65 |
| 浙 江 | 8887 | 102696 | 873.17 |
| 安 徽 | 20622 | 144608 | 833.62 |
| 福 建 | 10721 | 95449 | 490.83 |
| 江 西 | 8271 | 90621 | 491.89 |
| 山 东 | 43449 | 348680 | 2278.27 |
| 河 南 | 72884 | 436379 | 1951.96 |
| 湖 北 | 31047 | 247701 | 1219.39 |
| 湖 南 | 15564 | 169045 | 734.33 |
| 广 东 | 31199 | 201216 | 1391.52 |
| 广 西 | 6105 | 57894 | 399.25 |
| 海 南 | 1374 | 24594 | 134.29 |
| 重 庆 | 12653 | 119808 | 734.93 |
| 四 川 | 18955 | 181166 | 913.39 |
| 贵 州 | 9956 | 56003 | 336.09 |
| 云 南 | 17275 | 101328 | 497.46 |
| 西 藏 | 2748 | 11910 | 43.77 |
| 陕 西 | 13090 | 106096 | 636.25 |
| 甘 肃 | 6845 | 45846 | 298.94 |
| 青 海 | 1451 | 9624 | 60.83 |
| 宁 夏 | 946 | 11130 | 85.16 |
| 新 疆 | 4186 | 30981 | 340.57 |

1-B-8　续表 1

(食品、饮料及烟草制品专门零售)

| 地　区 | 法人单位数(个) | 从业人员期末人数(人) | 年末零售营业面积(万平方米) |
|---|---|---|---|
| **全　国** | **658790** | **2763000** | **8928.35** |
| 北　京 | 36926 | 86203 | 193.75 |
| 天　津 | 4823 | 15721 | 36.56 |
| 河　北 | 23005 | 85310 | 295.01 |
| 山　西 | 14974 | 48339 | 205.94 |
| 内蒙古 | 6772 | 20629 | 81.03 |
| 辽　宁 | 19860 | 58759 | 172.49 |
| 吉　林 | 7874 | 31235 | 91.17 |
| 黑龙江 | 5742 | 21711 | 63.16 |
| 上　海 | 10742 | 56374 | 88.93 |
| 江　苏 | 39493 | 173217 | 675.52 |
| 浙　江 | 26768 | 106220 | 310.22 |
| 安　徽 | 32790 | 119196 | 478.74 |
| 福　建 | 30945 | 149435 | 350.82 |
| 江　西 | 14027 | 74628 | 262.16 |
| 山　东 | 47099 | 209232 | 688.57 |
| 河　南 | 46954 | 223739 | 772.65 |
| 湖　北 | 39927 | 211316 | 855.63 |
| 湖　南 | 23906 | 145425 | 425.36 |
| 广　东 | 61302 | 227611 | 483.10 |
| 广　西 | 13518 | 53404 | 167.05 |
| 海　南 | 2775 | 9994 | 25.13 |
| 重　庆 | 25240 | 114400 | 350.38 |
| 四　川 | 34492 | 175658 | 466.39 |
| 贵　州 | 19103 | 66441 | 222.34 |
| 云　南 | 32510 | 130738 | 624.47 |
| 西　藏 | 2069 | 8501 | 25.34 |
| 陕　西 | 18061 | 81354 | 288.57 |
| 甘　肃 | 7636 | 25325 | 90.22 |
| 青　海 | 2238 | 7657 | 35.23 |
| 宁　夏 | 1797 | 7001 | 31.23 |
| 新　疆 | 5422 | 18227 | 71.18 |

1-B-8 续表 2

(纺织、服装及日用品专门零售)

| 地区 | 法人单位数(个) | 从业人员期末人数(人) | 年末零售营业面积(万平方米) |
|---|---|---|---|
| **全国** | **601092** | **2594318** | **7655.73** |
| 北京 | 31472 | 81319 | 228.79 |
| 天津 | 4138 | 37099 | 135.26 |
| 河北 | 27738 | 103606 | 332.89 |
| 山西 | 8419 | 30027 | 137.14 |
| 内蒙古 | 4224 | 14259 | 60.28 |
| 辽宁 | 12963 | 42732 | 149.74 |
| 吉林 | 4865 | 19760 | 49.57 |
| 黑龙江 | 3014 | 12914 | 45.83 |
| 上海 | 12046 | 188086 | 575.82 |
| 江苏 | 34976 | 153572 | 542.13 |
| 浙江 | 47637 | 186554 | 471.84 |
| 安徽 | 18988 | 76335 | 271.03 |
| 福建 | 47380 | 235134 | 556.25 |
| 江西 | 11055 | 57420 | 201.97 |
| 山东 | 39157 | 174212 | 566.82 |
| 河南 | 46137 | 213181 | 724.14 |
| 湖北 | 24715 | 122817 | 551.15 |
| 湖南 | 14880 | 84771 | 254.74 |
| 广东 | 128591 | 413467 | 709.90 |
| 广西 | 6921 | 26465 | 71.00 |
| 海南 | 1698 | 7230 | 16.69 |
| 重庆 | 13160 | 66610 | 193.56 |
| 四川 | 23149 | 109947 | 320.38 |
| 贵州 | 6323 | 19989 | 80.81 |
| 云南 | 8944 | 38726 | 144.42 |
| 西藏 | 798 | 2894 | 7.85 |
| 陕西 | 9869 | 43875 | 132.28 |
| 甘肃 | 3385 | 13193 | 49.73 |
| 青海 | 848 | 3630 | 18.14 |
| 宁夏 | 845 | 3349 | 13.13 |
| 新疆 | 2757 | 11145 | 42.46 |

1-B-8　续表 3

(文化、体育用品及器材专门零售)

| 地　区 | 法人单位数(个) | 从业人员期末人数(人) | 年末零售营业面积(万平方米) |
| --- | --- | --- | --- |
| **全　国** | **274877** | **1201592** | **3216.00** |
| 北　京 | 17755 | 57112 | 109.62 |
| 天　津 | 2567 | 8069 | 22.34 |
| 河　北 | 12766 | 52980 | 150.03 |
| 山　西 | 5689 | 20260 | 53.03 |
| 内蒙古 | 2681 | 9885 | 40.95 |
| 辽　宁 | 6432 | 21633 | 57.72 |
| 吉　林 | 2414 | 11802 | 28.37 |
| 黑龙江 | 1472 | 7267 | 22.09 |
| 上　海 | 5629 | 39340 | 123.79 |
| 江　苏 | 24490 | 111785 | 327.57 |
| 浙　江 | 17983 | 68375 | 187.18 |
| 安　徽 | 8701 | 37094 | 107.16 |
| 福　建 | 11264 | 51983 | 128.76 |
| 江　西 | 4756 | 28244 | 77.70 |
| 山　东 | 19344 | 89785 | 274.63 |
| 河　南 | 22201 | 110592 | 327.55 |
| 湖　北 | 14129 | 74306 | 221.78 |
| 湖　南 | 6530 | 48688 | 132.84 |
| 广　东 | 45010 | 152776 | 275.12 |
| 广　西 | 4430 | 18678 | 51.26 |
| 海　南 | 928 | 3875 | 8.10 |
| 重　庆 | 6389 | 35003 | 76.97 |
| 四　川 | 7690 | 43191 | 110.29 |
| 贵　州 | 3083 | 11627 | 35.33 |
| 云　南 | 5759 | 27093 | 100.19 |
| 西　藏 | 1345 | 4289 | 8.93 |
| 陕　西 | 6523 | 27741 | 70.07 |
| 甘　肃 | 3243 | 13880 | 35.16 |
| 青　海 | 1136 | 4334 | 11.99 |
| 宁　夏 | 793 | 2615 | 9.73 |
| 新　疆 | 1745 | 7290 | 29.76 |

1-B-8 续表 4

(医药及医疗器材专门零售)

| 地 区 | 法人单位数(个) | 从业人员期末人数(人) | 年末零售营业面积(万平方米) |
|---|---|---|---|
| **全 国** | **382404** | **2258395** | **6197.64** |
| 北 京 | 6048 | 26436 | 56.48 |
| 天 津 | 3807 | 14642 | 35.86 |
| 河 北 | 19240 | 109903 | 345.81 |
| 山 西 | 9352 | 56930 | 142.15 |
| 内蒙古 | 10221 | 46893 | 162.59 |
| 辽 宁 | 18190 | 90640 | 283.04 |
| 吉 林 | 12788 | 61911 | 197.81 |
| 黑龙江 | 12742 | 60803 | 152.76 |
| 上 海 | 3702 | 27554 | 45.03 |
| 江 苏 | 19130 | 130340 | 383.52 |
| 浙 江 | 15948 | 85927 | 230.09 |
| 安 徽 | 12099 | 72836 | 237.23 |
| 福 建 | 8693 | 61552 | 137.30 |
| 江 西 | 9194 | 56503 | 143.70 |
| 山 东 | 21163 | 165761 | 481.71 |
| 河 南 | 26024 | 164958 | 494.45 |
| 湖 北 | 15654 | 108503 | 371.30 |
| 湖 南 | 15493 | 123248 | 340.59 |
| 广 东 | 37027 | 194514 | 379.03 |
| 广 西 | 11151 | 62831 | 145.29 |
| 海 南 | 3059 | 11147 | 22.45 |
| 重 庆 | 14236 | 76904 | 210.91 |
| 四 川 | 27435 | 150194 | 376.41 |
| 贵 州 | 11725 | 46394 | 138.83 |
| 云 南 | 12847 | 89625 | 262.90 |
| 西 藏 | 652 | 2444 | 5.61 |
| 陕 西 | 10230 | 71366 | 155.70 |
| 甘 肃 | 5862 | 35094 | 91.25 |
| 青 海 | 953 | 5386 | 13.16 |
| 宁 夏 | 1636 | 10067 | 48.52 |
| 新 疆 | 6103 | 37089 | 106.17 |

1-B-8　续表 5

(汽车、摩托车、零配件和燃料及其他动力销售)

| 地　区 | 法人单位数<br>(个) | 从业人员<br>期末人数<br>(人) | 年末零售<br>营业面积<br>(万平方米) |
|---|---|---|---|
| **全　国** | **420874** | **3268096** | **24229.68** |
| 北　京 | 8356 | 70400 | 320.43 |
| 天　津 | 4337 | 33413 | 231.98 |
| 河　北 | 25631 | 178284 | 1363.38 |
| 山　西 | 11134 | 77679 | 655.73 |
| 内蒙古 | 8095 | 50518 | 537.01 |
| 辽　宁 | 14476 | 82351 | 739.86 |
| 吉　林 | 7867 | 55683 | 355.17 |
| 黑龙江 | 6761 | 44998 | 339.86 |
| 上　海 | 5117 | 58742 | 309.39 |
| 江　苏 | 25653 | 216643 | 1758.12 |
| 浙　江 | 22039 | 183004 | 1281.06 |
| 安　徽 | 16831 | 114747 | 1013.06 |
| 福　建 | 12596 | 107691 | 693.69 |
| 江　西 | 9479 | 82010 | 560.74 |
| 山　东 | 38387 | 281014 | 2230.57 |
| 河　南 | 33712 | 250325 | 1626.94 |
| 湖　北 | 19405 | 156645 | 1022.35 |
| 湖　南 | 14091 | 143188 | 1052.69 |
| 广　东 | 42669 | 344048 | 2224.35 |
| 广　西 | 10551 | 71038 | 510.29 |
| 海　南 | 1306 | 19290 | 185.17 |
| 重　庆 | 12227 | 96774 | 539.27 |
| 四　川 | 18088 | 171612 | 1220.94 |
| 贵　州 | 11972 | 78515 | 817.57 |
| 云　南 | 14036 | 101860 | 858.68 |
| 西　藏 | 787 | 6667 | 97.86 |
| 陕　西 | 9558 | 84385 | 620.72 |
| 甘　肃 | 5647 | 38980 | 430.97 |
| 青　海 | 1402 | 9547 | 121.34 |
| 宁　夏 | 1993 | 13028 | 96.87 |
| 新　疆 | 6671 | 45017 | 413.63 |

1-B-8 续表 6

(家用电器及电子产品专门零售)

| 地 区 | 法人单位数<br>(个) | 从业人员<br>期末人数<br>(人) | 年末零售<br>营业面积<br>(万平方米) |
|---|---|---|---|
| **全 国** | **468011** | **1977509** | **5140.49** |
| 北 京 | 21851 | 70035 | 125.23 |
| 天 津 | 3645 | 12907 | 32.48 |
| 河 北 | 17209 | 72334 | 212.67 |
| 山 西 | 10281 | 36168 | 105.00 |
| 内蒙古 | 5323 | 19454 | 64.04 |
| 辽 宁 | 10027 | 34331 | 107.33 |
| 吉 林 | 4608 | 21624 | 53.30 |
| 黑龙江 | 3561 | 14957 | 51.77 |
| 上 海 | 7424 | 33297 | 62.88 |
| 江 苏 | 34508 | 157091 | 482.28 |
| 浙 江 | 20442 | 89835 | 229.84 |
| 安 徽 | 17740 | 77569 | 236.89 |
| 福 建 | 13109 | 63737 | 149.09 |
| 江 西 | 8367 | 47334 | 121.38 |
| 山 东 | 32317 | 153952 | 480.09 |
| 河 南 | 37736 | 182349 | 543.03 |
| 湖 北 | 20121 | 112439 | 357.89 |
| 湖 南 | 11280 | 72552 | 222.06 |
| 广 东 | 103546 | 304635 | 452.35 |
| 广 西 | 9195 | 43185 | 99.69 |
| 海 南 | 1680 | 7673 | 16.56 |
| 重 庆 | 13812 | 70685 | 205.25 |
| 四 川 | 17535 | 98075 | 254.57 |
| 贵 州 | 7326 | 28144 | 84.88 |
| 云 南 | 7605 | 40431 | 109.56 |
| 西 藏 | 989 | 4258 | 8.60 |
| 陕 西 | 14706 | 63401 | 138.56 |
| 甘 肃 | 5145 | 18063 | 50.32 |
| 青 海 | 1231 | 4725 | 10.88 |
| 宁 夏 | 1758 | 7333 | 27.90 |
| 新 疆 | 3934 | 14936 | 44.12 |

1－B－8　续表 7

(五金、家具及室内装饰材料专门零售)

| 地　区 | 法人单位数(个) | 从业人员期末人数(人) | 年末零售营业面积(万平方米) |
|---|---|---|---|
| **全　国** | **672673** | **2686192** | **8526.43** |
| 北　京 | 25662 | 65275 | 155.93 |
| 天　津 | 6479 | 17817 | 51.75 |
| 河　北 | 32180 | 124531 | 445.49 |
| 山　西 | 18853 | 58795 | 210.11 |
| 内蒙古 | 7391 | 21720 | 68.02 |
| 辽　宁 | 14973 | 41365 | 126.60 |
| 吉　林 | 6054 | 26326 | 67.78 |
| 黑龙江 | 3738 | 11487 | 40.13 |
| 上　海 | 15237 | 49940 | 138.04 |
| 江　苏 | 48341 | 191740 | 633.84 |
| 浙　江 | 33319 | 113235 | 335.32 |
| 安　徽 | 25117 | 98230 | 370.23 |
| 福　建 | 25412 | 119586 | 343.58 |
| 江　西 | 20606 | 101732 | 372.68 |
| 山　东 | 49449 | 218042 | 760.96 |
| 河　南 | 52673 | 251524 | 914.00 |
| 湖　北 | 34725 | 173315 | 576.13 |
| 湖　南 | 17520 | 103668 | 359.81 |
| 广　东 | 99319 | 335283 | 748.07 |
| 广　西 | 11030 | 41567 | 135.89 |
| 海　南 | 2148 | 7192 | 16.44 |
| 重　庆 | 30143 | 137023 | 384.46 |
| 四　川 | 28330 | 136444 | 409.09 |
| 贵　州 | 9671 | 31893 | 134.16 |
| 云　南 | 12356 | 57630 | 218.06 |
| 西　藏 | 1449 | 5710 | 13.71 |
| 陕　西 | 22488 | 89978 | 272.27 |
| 甘　肃 | 8350 | 26235 | 112.30 |
| 青　海 | 1686 | 5650 | 26.14 |
| 宁　夏 | 2061 | 6432 | 29.77 |
| 新　疆 | 5913 | 16827 | 55.68 |

1-B-8 续表 8

(货摊无店铺及其他零售业)

| 地 区 | 法人单位数(个) | 从业人员期末人数(人) | 年末零售营业面积(万平方米) |
|---|---|---|---|
| **全 国** | **772252** | **3144537** | **7269.45** |
| 北 京 | 14152 | 51404 | 59.05 |
| 天 津 | 5940 | 17905 | 26.62 |
| 河 北 | 22197 | 80131 | 449.36 |
| 山 西 | 10983 | 33361 | 95.98 |
| 内蒙古 | 2885 | 9849 | 42.21 |
| 辽 宁 | 13486 | 37810 | 123.98 |
| 吉 林 | 5442 | 22504 | 59.84 |
| 黑龙江 | 3287 | 12147 | 44.58 |
| 上 海 | 9729 | 58810 | 44.86 |
| 江 苏 | 58136 | 258271 | 760.93 |
| 浙 江 | 152325 | 525341 | 569.21 |
| 安 徽 | 31748 | 134075 | 414.81 |
| 福 建 | 94331 | 407095 | 720.85 |
| 江 西 | 30257 | 122701 | 324.74 |
| 山 东 | 49005 | 231683 | 683.94 |
| 河 南 | 29968 | 148873 | 517.11 |
| 湖 北 | 30781 | 154552 | 488.34 |
| 湖 南 | 15812 | 104055 | 290.53 |
| 广 东 | 114529 | 380770 | 548.07 |
| 广 西 | 9001 | 34995 | 116.87 |
| 海 南 | 1333 | 5251 | 9.88 |
| 重 庆 | 14846 | 72298 | 177.08 |
| 四 川 | 16815 | 92372 | 208.81 |
| 贵 州 | 5510 | 18416 | 55.16 |
| 云 南 | 7884 | 34791 | 123.26 |
| 西 藏 | 772 | 3522 | 12.61 |
| 陕 西 | 12355 | 60171 | 161.90 |
| 甘 肃 | 3668 | 13088 | 63.21 |
| 青 海 | 1008 | 3376 | 12.68 |
| 宁 夏 | 1139 | 4460 | 17.40 |
| 新 疆 | 2928 | 10460 | 45.56 |

# 1-B-9 分地区零售业企业法人基本情况(按登记注册统计类别分)

(内资企业)

| 地 区 | 法人单位数(个) | 从业人员期末人数(人) | 年末零售营业面积(万平方米) |
|---|---|---|---|
| **全 国** | **4632619** | **22369154** | **84988.60** |
| 北 京 | 171979 | 539890 | 1542.65 |
| 天 津 | 38366 | 147630 | 557.42 |
| 河 北 | 203463 | 1008276 | 4551.78 |
| 山 西 | 100915 | 428510 | 1953.30 |
| 内蒙古 | 52215 | 223511 | 1275.15 |
| 辽 宁 | 117982 | 456573 | 2234.15 |
| 吉 林 | 56110 | 283016 | 1254.04 |
| 黑龙江 | 43134 | 219064 | 996.91 |
| 上 海 | 72388 | 395347 | 1112.17 |
| 江 苏 | 303204 | 1506043 | 6242.88 |
| 浙 江 | 341207 | 1410414 | 3952.93 |
| 安 徽 | 181236 | 850129 | 3748.83 |
| 福 建 | 251391 | 1249741 | 3299.75 |
| 江 西 | 114217 | 647975 | 2460.20 |
| 山 东 | 334570 | 1831202 | 8121.14 |
| 河 南 | 368101 | 1962580 | 7660.78 |
| 湖 北 | 226076 | 1318280 | 5421.62 |
| 湖 南 | 134585 | 957642 | 3537.40 |
| 广 东 | 654228 | 2407165 | 6320.26 |
| 广 西 | 81406 | 402596 | 1638.15 |
| 海 南 | 16187 | 92237 | 332.51 |
| 重 庆 | 141284 | 775281 | 2753.19 |
| 四 川 | 192052 | 1122513 | 4003.31 |
| 贵 州 | 84273 | 347788 | 1709.34 |
| 云 南 | 114581 | 600568 | 2789.00 |
| 西 藏 | 10993 | 47139 | 215.57 |
| 陕 西 | 114716 | 605290 | 2335.80 |
| 甘 肃 | 48843 | 226555 | 1181.35 |
| 青 海 | 11627 | 52727 | 303.97 |
| 宁 夏 | 12875 | 64931 | 353.53 |
| 新 疆 | 38415 | 188541 | 1129.53 |

1-B-9 续表 1

(有限责任公司)

| 地 区 | 法人单位数(个) | 从业人员期末人数(人) | 年末零售营业面积(万平方米) |
|---|---|---|---|
| **全 国** | **4064706** | **19855682** | **72750.64** |
| 北 京 | 163636 | 509691 | 1439.59 |
| 天 津 | 36203 | 139204 | 517.35 |
| 河 北 | 177877 | 893459 | 3789.84 |
| 山 西 | 90082 | 380879 | 1572.58 |
| 内蒙古 | 47950 | 203315 | 1027.41 |
| 辽 宁 | 92415 | 376301 | 1634.99 |
| 吉 林 | 47170 | 244867 | 1047.13 |
| 黑龙江 | 36900 | 193857 | 856.49 |
| 上 海 | 65599 | 373586 | 1038.85 |
| 江 苏 | 287554 | 1428460 | 5796.66 |
| 浙 江 | 320130 | 1337307 | 3674.64 |
| 安 徽 | 161289 | 774489 | 3241.65 |
| 福 建 | 231350 | 1170472 | 3060.40 |
| 江 西 | 99150 | 574820 | 2131.99 |
| 山 东 | 308946 | 1679827 | 7218.69 |
| 河 南 | 332961 | 1766214 | 6656.80 |
| 湖 北 | 168629 | 1050049 | 4354.54 |
| 湖 南 | 95947 | 708302 | 2604.71 |
| 广 东 | 602831 | 2216664 | 5596.05 |
| 广 西 | 67375 | 356502 | 1448.92 |
| 海 南 | 13288 | 85422 | 318.56 |
| 重 庆 | 105511 | 622978 | 2064.57 |
| 四 川 | 147988 | 922042 | 3260.85 |
| 贵 州 | 61982 | 290516 | 1361.62 |
| 云 南 | 80688 | 449439 | 2088.42 |
| 西 藏 | 10530 | 43773 | 151.44 |
| 陕 西 | 108922 | 572654 | 2169.08 |
| 甘 肃 | 43490 | 205359 | 1034.69 |
| 青 海 | 10812 | 48490 | 268.12 |
| 宁 夏 | 11884 | 61043 | 326.40 |
| 新 疆 | 35617 | 175701 | 997.59 |

1-B-9　续表 2

(股份有限公司)

| 地　区 | 法人单位数<br>(个) | 从业人员<br>期末人数<br>(人) | 年末零售<br>营业面积<br>(万平方米) |
|---|---|---|---|
| **全　国** | **7128** | **422430** | **3674.73** |
| 北　京 | 196 | 14004 | 51.96 |
| 天　津 | 349 | 3142 | 20.35 |
| 河　北 | 240 | 15880 | 222.93 |
| 山　西 | 309 | 14295 | 190.64 |
| 内蒙古 | 82 | 9105 | 164.01 |
| 辽　宁 | 133 | 12403 | 283.57 |
| 吉　林 | 138 | 9760 | 72.26 |
| 黑龙江 | 73 | 6537 | 50.53 |
| 上　海 | 81 | 5884 | 36.26 |
| 江　苏 | 352 | 15889 | 154.07 |
| 浙　江 | 672 | 16310 | 87.27 |
| 安　徽 | 122 | 12991 | 168.50 |
| 福　建 | 138 | 15041 | 46.39 |
| 江　西 | 83 | 12917 | 87.39 |
| 山　东 | 447 | 33880 | 326.29 |
| 河　南 | 225 | 20854 | 168.17 |
| 湖　北 | 380 | 23357 | 123.96 |
| 湖　南 | 175 | 42578 | 234.38 |
| 广　东 | 1756 | 37409 | 218.06 |
| 广　西 | 61 | 3683 | 41.66 |
| 海　南 | 25 | 371 | 0.29 |
| 重　庆 | 102 | 22504 | 281.35 |
| 四　川 | 315 | 27325 | 233.57 |
| 贵　州 | 134 | 4736 | 67.92 |
| 云　南 | 90 | 25750 | 158.33 |
| 西　藏 | 17 | 1015 | 31.20 |
| 陕　西 | 259 | 3217 | 12.80 |
| 甘　肃 | 80 | 5055 | 36.11 |
| 青　海 | 28 | 984 | 13.30 |
| 宁　夏 | 11 | 1256 | 10.05 |
| 新　疆 | 55 | 4298 | 81.16 |

1-B-9 续表 3

(非公司企业法人)

| 地 区 | 法人单位数(个) | 从业人员期末人数(人) | 年末零售营业面积(万平方米) |
|---|---|---|---|
| **全 国** | **19909** | **137950** | **761.96** |
| 北 京 | 2390 | 7893 | 28.10 |
| 天 津 | 250 | 1478 | 7.38 |
| 河 北 | 884 | 6589 | 37.44 |
| 山 西 | 592 | 4965 | 21.07 |
| 内蒙古 | 80 | 306 | 1.88 |
| 辽 宁 | 1059 | 4640 | 25.22 |
| 吉 林 | 229 | 1206 | 6.79 |
| 黑龙江 | 717 | 3611 | 18.52 |
| 上 海 | 526 | 2242 | 7.34 |
| 江 苏 | 1010 | 6325 | 32.47 |
| 浙 江 | 644 | 4779 | 19.43 |
| 安 徽 | 434 | 2945 | 12.99 |
| 福 建 | 620 | 3663 | 11.32 |
| 江 西 | 473 | 3740 | 33.20 |
| 山 东 | 1221 | 13802 | 66.76 |
| 河 南 | 1755 | 15331 | 66.55 |
| 湖 北 | 990 | 10910 | 56.62 |
| 湖 南 | 434 | 5525 | 23.67 |
| 广 东 | 1803 | 13488 | 112.22 |
| 广 西 | 484 | 3030 | 13.11 |
| 海 南 | 75 | 704 | 1.13 |
| 重 庆 | 354 | 1818 | 14.49 |
| 四 川 | 659 | 4540 | 14.42 |
| 贵 州 | 378 | 1922 | 18.21 |
| 云 南 | 511 | 3172 | 21.32 |
| 西 藏 | 97 | 866 | 19.26 |
| 陕 西 | 670 | 5328 | 27.43 |
| 甘 肃 | 362 | 2193 | 32.83 |
| 青 海 | 76 | 362 | 3.23 |
| 宁 夏 | 29 | 85 | 0.90 |
| 新 疆 | 103 | 492 | 6.68 |

1-B-9　续表 4

(个人独资企业)

| 地　区 | 法人单位数(个) | 从业人员期末人数(人) | 年末零售营业面积(万平方米) |
|---|---|---|---|
| **全　国** | **527847** | **1890691** | **7463.63** |
| 北　京 | 5454 | 7877 | 22.14 |
| 天　津 | 1450 | 3460 | 11.28 |
| 河　北 | 23545 | 87778 | 462.50 |
| 山　西 | 9815 | 27678 | 160.95 |
| 内蒙古 | 4044 | 10433 | 79.49 |
| 辽　宁 | 24219 | 62805 | 288.53 |
| 吉　林 | 8524 | 26993 | 125.65 |
| 黑龙江 | 5325 | 14458 | 68.21 |
| 上　海 | 5932 | 13113 | 28.46 |
| 江　苏 | 13696 | 52785 | 247.14 |
| 浙　江 | 18747 | 48267 | 157.38 |
| 安　徽 | 19012 | 57882 | 312.51 |
| 福　建 | 18759 | 57620 | 172.49 |
| 江　西 | 13045 | 49384 | 173.94 |
| 山　东 | 23680 | 102309 | 499.59 |
| 河　南 | 32761 | 158060 | 758.09 |
| 湖　北 | 55091 | 229488 | 862.78 |
| 湖　南 | 36578 | 190943 | 626.64 |
| 广　东 | 46242 | 134116 | 366.42 |
| 广　西 | 13236 | 37519 | 125.81 |
| 海　南 | 2771 | 5671 | 12.28 |
| 重　庆 | 34832 | 126032 | 386.27 |
| 四　川 | 42588 | 165999 | 482.49 |
| 贵　州 | 21456 | 48626 | 242.41 |
| 云　南 | 33086 | 121030 | 512.51 |
| 西　藏 | 338 | 1453 | 13.32 |
| 陕　西 | 4570 | 22281 | 116.34 |
| 甘　肃 | 4846 | 13782 | 75.52 |
| 青　海 | 678 | 2756 | 17.97 |
| 宁　夏 | 941 | 2470 | 15.96 |
| 新　疆 | 2586 | 7623 | 38.57 |

1-B-9 续表 5

(合伙企业)

| 地 区 | 法人单位数<br>(个) | 从业人员<br>期末人数<br>(人) | 年末零售<br>营业面积<br>(万平方米) |
|---|---|---|---|
| **全 国** | **12884** | **61822** | **335.54** |
| 北 京 | 302 | 425 | 0.81 |
| 天 津 | 114 | 346 | 1.05 |
| 河 北 | 916 | 4464 | 38.57 |
| 山 西 | 117 | 693 | 8.05 |
| 内蒙古 | 59 | 352 | 2.35 |
| 辽 宁 | 152 | 417 | 1.53 |
| 吉 林 | 47 | 170 | 2.17 |
| 黑龙江 | 118 | 599 | 3.16 |
| 上 海 | 250 | 522 | 1.26 |
| 江 苏 | 591 | 2578 | 12.54 |
| 浙 江 | 1014 | 3751 | 14.20 |
| 安 徽 | 377 | 1816 | 13.17 |
| 福 建 | 524 | 2945 | 9.14 |
| 江 西 | 1464 | 7104 | 33.57 |
| 山 东 | 272 | 1360 | 9.63 |
| 河 南 | 399 | 2121 | 11.18 |
| 湖 北 | 983 | 4462 | 23.70 |
| 湖 南 | 1449 | 10282 | 47.97 |
| 广 东 | 1487 | 5181 | 26.93 |
| 广 西 | 250 | 1862 | 8.64 |
| 海 南 | 28 | 69 | 0.25 |
| 重 庆 | 485 | 1949 | 6.52 |
| 四 川 | 501 | 2593 | 11.97 |
| 贵 州 | 321 | 1966 | 19.13 |
| 云 南 | 204 | 1172 | 8.31 |
| 西 藏 | 11 | 32 | 0.35 |
| 陕 西 | 291 | 1795 | 10.09 |
| 甘 肃 | 61 | 157 | 2.18 |
| 青 海 | 33 | 135 | 1.35 |
| 宁 夏 | 10 | 77 | 0.22 |
| 新 疆 | 54 | 427 | 5.54 |

1-B-9　续表 6

(港澳台投资企业)

| 地　区 | 法人单位数<br>(个) | 从业人员期末人数<br>(人) | 年末零售营业面积<br>(万平方米) |
|---|---|---|---|
| 全　国 | 10022 | 470622 | 2699.97 |
| 北　京 | 313 | 17740 | 99.61 |
| 天　津 | 92 | 28053 | 122.64 |
| 河　北 | 40 | 2326 | 19.33 |
| 山　西 | 18 | 1140 | 16.10 |
| 内蒙古 | 22 | 1165 | 7.01 |
| 辽　宁 | 107 | 10119 | 73.59 |
| 吉　林 | 37 | 3325 | 22.71 |
| 黑龙江 | 40 | 3211 | 24.88 |
| 上　海 | 809 | 101443 | 405.86 |
| 江　苏 | 621 | 48546 | 264.72 |
| 浙　江 | 417 | 24587 | 189.73 |
| 安　徽 | 89 | 10868 | 78.13 |
| 福　建 | 863 | 17772 | 80.92 |
| 江　西 | 67 | 4522 | 29.37 |
| 山　东 | 267 | 14094 | 106.44 |
| 河　南 | 108 | 12535 | 164.40 |
| 湖　北 | 163 | 12941 | 55.04 |
| 湖　南 | 114 | 25047 | 96.01 |
| 广　东 | 5260 | 87087 | 515.99 |
| 广　西 | 74 | 4837 | 43.04 |
| 海　南 | 45 | 1447 | 6.06 |
| 重　庆 | 95 | 6977 | 61.53 |
| 四　川 | 145 | 16835 | 97.39 |
| 贵　州 | 44 | 2412 | 29.70 |
| 云　南 | 76 | 4106 | 25.41 |
| 西　藏 | 5 | 72 | 0.40 |
| 陕　西 | 61 | 5369 | 46.44 |
| 甘　肃 | 9 | 855 | 7.86 |
| 青　海 | 5 | 265 | 2.87 |
| 宁　夏 | 8 | 323 | 2.34 |
| 新　疆 | 8 | 603 | 4.46 |

1-B-9 续表 7

(外商投资企业)

| 地　区 | 法人单位数（个） | 从业人员期末人数（人） | 年末零售营业面积（万平方米） |
|---|---|---|---|
| **全　国** | **6155** | **373642** | **3440.38** |
| 北　京 | 362 | 24646 | 109.15 |
| 天　津 | 192 | 6491 | 59.67 |
| 河　北 | 53 | 8946 | 192.68 |
| 山　西 | 16 | 993 | 3.71 |
| 内蒙古 | 14 | 791 | 46.03 |
| 辽　宁 | 241 | 6605 | 64.33 |
| 吉　林 | 24 | 360 | 3.50 |
| 黑龙江 | 34 | 1616 | 28.63 |
| 上　海 | 778 | 94752 | 362.92 |
| 江　苏 | 530 | 27067 | 409.37 |
| 浙　江 | 531 | 17687 | 298.78 |
| 安　徽 | 45 | 7636 | 107.85 |
| 福　建 | 229 | 15903 | 167.55 |
| 江　西 | 27 | 4095 | 48.00 |
| 山　东 | 582 | 14270 | 169.31 |
| 河　南 | 80 | 6805 | 46.66 |
| 湖　北 | 110 | 15280 | 119.96 |
| 湖　南 | 58 | 10326 | 173.07 |
| 广　东 | 1637 | 55412 | 359.45 |
| 广　西 | 43 | 1686 | 12.94 |
| 海　南 | 38 | 2403 | 95.82 |
| 重　庆 | 87 | 4283 | 43.21 |
| 四　川 | 122 | 18624 | 178.09 |
| 贵　州 | 27 | 6286 | 161.65 |
| 云　南 | 168 | 8937 | 79.68 |
| 西　藏 | 9 | 32 | 0.05 |
| 陕　西 | 74 | 10780 | 70.73 |
| 甘　肃 | 15 | 528 | 25.88 |
| 青　海 | NA | 5 | |
| 宁　夏 | NA | 2 | 0.01 |
| 新　疆 | 26 | 395 | 1.71 |

# 1-B-10　分地区零售业企业法人财务状况

单位：亿元

| 地　区 | 资产总计 | 负债合计 | 营业收入 |
|---|---|---|---|
| **全　国** | **151996.54** | **100254.65** | **232173.65** |
| | | | |
| 北　京 | 9338.51 | 7549.91 | 11930.51 |
| 天　津 | 2340.80 | 1864.17 | 2804.80 |
| 河　北 | 4546.57 | 2677.02 | 7033.84 |
| 山　西 | 2980.13 | 2248.66 | 3536.18 |
| 内蒙古 | 1571.18 | 1215.22 | 2218.38 |
| | | | |
| 辽　宁 | 4003.44 | 2828.74 | 4582.10 |
| 吉　林 | 2011.16 | 1237.07 | 2352.24 |
| 黑龙江 | 1584.24 | 1212.59 | 2305.05 |
| | | | |
| 上　海 | 9018.63 | 7297.87 | 14028.40 |
| 江　苏 | 13611.74 | 8878.56 | 20282.08 |
| 浙　江 | 10022.36 | 7204.33 | 18256.30 |
| 安　徽 | 4529.78 | 2728.39 | 7527.80 |
| 福　建 | 5941.20 | 3245.78 | 11836.17 |
| 江　西 | 3402.64 | 1988.17 | 5680.97 |
| 山　东 | 10497.57 | 6865.48 | 16719.93 |
| | | | |
| 河　南 | 7657.11 | 3506.13 | 12506.47 |
| 湖　北 | 7810.09 | 4067.59 | 12566.50 |
| 湖　南 | 5287.52 | 2665.68 | 8492.76 |
| 广　东 | 16587.79 | 12500.78 | 24230.54 |
| 广　西 | 2222.03 | 1536.97 | 2864.43 |
| 海　南 | 1241.32 | 880.32 | 1681.40 |
| | | | |
| 重　庆 | 4151.97 | 2354.12 | 7647.01 |
| 四　川 | 6432.61 | 3878.51 | 11583.44 |
| 贵　州 | 2881.84 | 1753.99 | 3645.95 |
| 云　南 | 3317.65 | 1820.90 | 4771.80 |
| 西　藏 | 666.93 | 474.31 | 742.90 |
| | | | |
| 陕　西 | 4377.36 | 3011.47 | 5489.20 |
| 甘　肃 | 1334.44 | 792.93 | 1785.02 |
| 青　海 | 397.81 | 299.84 | 384.45 |
| 宁　夏 | 493.80 | 352.73 | 518.93 |
| 新　疆 | 1736.32 | 1316.42 | 2168.09 |

# 1-B-11 分地区零售业企业法人财务状况(按国民经济行业分)

(综合零售) 单位：亿元

| 地 区 | 资产总计 | 负债合计 | 营业收入 |
|---|---|---|---|
| **全 国** | **26244.18** | **18472.60** | **27619.64** |
| 北 京 | 1757.21 | 1285.91 | 1318.69 |
| 天 津 | 322.96 | 372.51 | 219.31 |
| 河 北 | 994.54 | 697.68 | 1125.68 |
| 山 西 | 410.24 | 318.92 | 467.55 |
| 内蒙古 | 262.72 | 216.65 | 182.28 |
| 辽 宁 | 969.87 | 710.23 | 476.78 |
| 吉 林 | 571.61 | 428.87 | 261.13 |
| 黑龙江 | 349.93 | 295.43 | 319.94 |
| 上 海 | 1652.11 | 1385.27 | 1817.06 |
| 江 苏 | 2406.07 | 1643.04 | 2298.49 |
| 浙 江 | 1434.06 | 1045.42 | 1390.25 |
| 安 徽 | 746.73 | 547.34 | 904.28 |
| 福 建 | 504.74 | 355.58 | 943.10 |
| 江 西 | 385.69 | 272.49 | 711.47 |
| 山 东 | 2673.42 | 1932.27 | 2602.28 |
| 河 南 | 1547.91 | 726.37 | 2178.38 |
| 湖 北 | 1503.64 | 879.52 | 1913.05 |
| 湖 南 | 1058.16 | 585.59 | 985.79 |
| 广 东 | 1958.41 | 1519.88 | 1746.77 |
| 广 西 | 262.70 | 192.63 | 294.58 |
| 海 南 | 545.88 | 350.52 | 519.48 |
| 重 庆 | 765.58 | 499.83 | 1115.22 |
| 四 川 | 890.09 | 630.84 | 1461.68 |
| 贵 州 | 304.62 | 209.98 | 311.27 |
| 云 南 | 406.50 | 212.33 | 501.60 |
| 西 藏 | 99.93 | 76.41 | 194.23 |
| 陕 西 | 684.55 | 489.29 | 757.38 |
| 甘 肃 | 279.40 | 183.34 | 232.57 |
| 青 海 | 58.82 | 54.58 | 41.85 |
| 宁 夏 | 128.89 | 91.85 | 70.18 |
| 新 疆 | 307.20 | 262.05 | 257.34 |

1-B-11 续表 1

(食品、饮料及烟草制品专门零售) 单位：亿元

| 地 区 | 资产总计 | 负债合计 | 营业收入 |
|---|---|---|---|
| **全 国** | **14202.35** | **8068.95** | **16851.03** |
| 北 京 | 890.10 | 725.64 | 637.20 |
| 天 津 | 150.31 | 104.58 | 101.34 |
| 河 北 | 277.39 | 134.84 | 353.03 |
| 山 西 | 252.29 | 161.98 | 232.32 |
| 内蒙古 | 139.81 | 110.35 | 111.77 |
| 辽 宁 | 296.60 | 196.69 | 308.32 |
| 吉 林 | 157.14 | 84.12 | 145.05 |
| 黑龙江 | 117.42 | 74.03 | 153.64 |
| 上 海 | 503.30 | 428.68 | 553.91 |
| 江 苏 | 1354.58 | 823.77 | 1541.32 |
| 浙 江 | 692.69 | 479.88 | 745.73 |
| 安 徽 | 418.02 | 178.07 | 624.78 |
| 福 建 | 599.51 | 242.63 | 1001.37 |
| 江 西 | 283.51 | 128.60 | 440.37 |
| 山 东 | 879.31 | 446.06 | 1281.19 |
| 河 南 | 735.27 | 265.15 | 1057.77 |
| 湖 北 | 922.83 | 382.27 | 1428.19 |
| 湖 南 | 495.89 | 186.96 | 815.49 |
| 广 东 | 1218.33 | 813.25 | 1193.48 |
| 广 西 | 327.36 | 203.29 | 273.39 |
| 海 南 | 80.36 | 73.23 | 63.37 |
| 重 庆 | 389.50 | 157.59 | 721.75 |
| 四 川 | 867.74 | 436.52 | 982.37 |
| 贵 州 | 614.10 | 343.92 | 706.08 |
| 云 南 | 628.66 | 302.13 | 598.56 |
| 西 藏 | 124.12 | 78.62 | 89.86 |
| 陕 西 | 385.02 | 256.00 | 366.94 |
| 甘 肃 | 120.39 | 67.61 | 117.47 |
| 青 海 | 53.10 | 29.76 | 30.06 |
| 宁 夏 | 37.97 | 24.28 | 39.71 |
| 新 疆 | 189.73 | 128.46 | 135.18 |

1-B-11 续表 2

(纺织、服装及日用品专门零售) 单位：亿元

| 地 区 | 资产总计 | 负债合计 | 营业收入 |
|---|---|---|---|
| **全 国** | **12880.19** | **8260.93** | **16267.35** |
| 北 京 | 826.87 | 789.44 | 511.48 |
| 天 津 | 177.70 | 101.32 | 229.50 |
| 河 北 | 259.95 | 130.36 | 352.33 |
| 山 西 | 165.67 | 109.46 | 129.62 |
| 内蒙古 | 75.46 | 55.66 | 63.67 |
| 辽 宁 | 358.20 | 226.51 | 215.44 |
| 吉 林 | 55.67 | 20.42 | 77.17 |
| 黑龙江 | 58.56 | 40.91 | 83.24 |
| 上 海 | 2494.43 | 1872.92 | 3796.71 |
| 江 苏 | 895.25 | 619.68 | 1065.46 |
| 浙 江 | 890.62 | 632.08 | 1181.09 |
| 安 徽 | 244.27 | 141.03 | 378.84 |
| 福 建 | 838.24 | 429.42 | 1513.59 |
| 江 西 | 255.81 | 130.30 | 276.68 |
| 山 东 | 674.81 | 347.66 | 1013.07 |
| 河 南 | 603.29 | 209.17 | 946.94 |
| 湖 北 | 879.33 | 223.32 | 734.50 |
| 湖 南 | 262.43 | 96.00 | 435.08 |
| 广 东 | 1519.86 | 1237.32 | 1706.66 |
| 广 西 | 80.16 | 59.26 | 84.51 |
| 海 南 | 33.45 | 27.47 | 27.06 |
| 重 庆 | 260.57 | 151.45 | 371.36 |
| 四 川 | 356.30 | 210.44 | 543.65 |
| 贵 州 | 74.30 | 44.19 | 66.11 |
| 云 南 | 160.68 | 96.31 | 162.62 |
| 西 藏 | 30.84 | 15.29 | 16.96 |
| 陕 西 | 206.86 | 131.33 | 175.75 |
| 甘 肃 | 49.55 | 26.65 | 37.90 |
| 青 海 | 16.77 | 18.25 | 12.31 |
| 宁 夏 | 16.62 | 14.70 | 11.34 |
| 新 疆 | 57.69 | 52.61 | 46.72 |

1-B-11　续表 3

(文化、体育用品及器材专门零售)　　单位：亿元

| 地　区 | 资产总计 | 负债合计 | 营业收入 |
|---|---|---|---|
| **全　国** | **8425.44** | **4982.90** | **8164.73** |
| 北　京 | 846.82 | 619.90 | 761.15 |
| 天　津 | 88.53 | 71.43 | 55.34 |
| 河　北 | 212.55 | 97.91 | 212.65 |
| 山　西 | 151.19 | 100.90 | 88.92 |
| 内蒙古 | 91.01 | 63.99 | 54.59 |
| 辽　宁 | 190.83 | 130.77 | 137.59 |
| 吉　林 | 51.79 | 31.69 | 59.05 |
| 黑龙江 | 53.64 | 33.29 | 53.19 |
| 上　海 | 549.01 | 444.90 | 657.80 |
| 江　苏 | 1134.17 | 615.29 | 985.68 |
| 浙　江 | 411.32 | 273.95 | 463.52 |
| 安　徽 | 180.85 | 92.43 | 227.52 |
| 福　建 | 319.81 | 167.92 | 360.65 |
| 江　西 | 249.85 | 101.68 | 243.31 |
| 山　东 | 385.28 | 201.53 | 582.10 |
| 河　南 | 370.70 | 124.37 | 541.95 |
| 湖　北 | 532.06 | 332.75 | 553.69 |
| 湖　南 | 249.08 | 121.27 | 316.93 |
| 广　东 | 804.38 | 548.96 | 660.41 |
| 广　西 | 126.23 | 50.73 | 102.84 |
| 海　南 | 38.39 | 30.76 | 17.39 |
| 重　庆 | 232.96 | 99.02 | 210.35 |
| 四　川 | 418.37 | 219.06 | 281.29 |
| 贵　州 | 133.63 | 81.47 | 62.97 |
| 云　南 | 147.85 | 73.44 | 126.49 |
| 西　藏 | 46.70 | 28.07 | 55.88 |
| 陕　西 | 187.16 | 108.03 | 143.87 |
| 甘　肃 | 91.36 | 39.07 | 65.16 |
| 青　海 | 22.29 | 13.22 | 10.31 |
| 宁　夏 | 18.12 | 10.75 | 11.05 |
| 新　疆 | 89.52 | 54.36 | 61.11 |

1-B-11 续表 4

(医药及医疗器材专门零售) 单位：亿元

| 地 区 | 资产总计 | 负债合计 | 营业收入 |
|---|---|---|---|
| **全 国** | **8228.78** | **5016.53** | **11225.36** |
| 北 京 | 233.03 | 194.46 | 220.60 |
| 天 津 | 67.87 | 44.74 | 66.41 |
| 河 北 | 307.84 | 175.96 | 433.78 |
| 山 西 | 167.08 | 115.06 | 195.87 |
| 内蒙古 | 127.13 | 91.37 | 165.25 |
| 辽 宁 | 268.89 | 176.33 | 360.09 |
| 吉 林 | 206.76 | 116.23 | 245.21 |
| 黑龙江 | 158.76 | 101.74 | 233.78 |
| 上 海 | 193.29 | 145.38 | 251.43 |
| 江 苏 | 579.80 | 374.92 | 865.12 |
| 浙 江 | 331.62 | 237.73 | 600.22 |
| 安 徽 | 221.81 | 133.07 | 307.04 |
| 福 建 | 177.36 | 91.03 | 350.36 |
| 江 西 | 212.37 | 129.53 | 331.68 |
| 山 东 | 605.33 | 382.78 | 922.14 |
| 河 南 | 497.10 | 213.67 | 748.90 |
| 湖 北 | 409.83 | 201.45 | 660.86 |
| 湖 南 | 787.71 | 454.67 | 653.27 |
| 广 东 | 673.16 | 489.06 | 920.12 |
| 广 西 | 160.42 | 101.57 | 199.98 |
| 海 南 | 31.28 | 22.36 | 29.40 |
| 重 庆 | 238.99 | 117.84 | 463.30 |
| 四 川 | 471.82 | 230.04 | 746.74 |
| 贵 州 | 165.08 | 114.05 | 156.02 |
| 云 南 | 317.58 | 142.47 | 393.39 |
| 西 藏 | 25.23 | 15.05 | 16.87 |
| 陕 西 | 322.97 | 214.96 | 342.10 |
| 甘 肃 | 88.42 | 50.69 | 109.70 |
| 青 海 | 20.60 | 13.77 | 24.55 |
| 宁 夏 | 31.45 | 24.54 | 33.91 |
| 新 疆 | 128.21 | 99.99 | 177.28 |

1-B-11　续表 5

(汽车、摩托车、零配件和燃料及其他动力销售)　　单位：亿元

| 地　区 | 资产总计 | 负债合计 | 营业收入 |
|---|---|---|---|
| **全　国** | **38240.48** | **26756.30** | **81201.37** |
| 北　京 | 1373.72 | 1158.64 | 2630.87 |
| 天　津 | 709.85 | 533.42 | 1280.63 |
| 河　北 | 1445.32 | 882.18 | 3022.94 |
| 山　西 | 831.02 | 757.14 | 1588.59 |
| 内蒙古 | 498.25 | 429.94 | 1323.42 |
| 辽　宁 | 995.08 | 756.58 | 2015.86 |
| 吉　林 | 684.51 | 425.79 | 1210.38 |
| 黑龙江 | 494.90 | 386.88 | 1138.83 |
| 上　海 | 1226.27 | 966.97 | 2792.90 |
| 江　苏 | 3083.97 | 2023.63 | 6957.83 |
| 浙　江 | 2783.26 | 2082.30 | 6502.05 |
| 安　徽 | 1325.90 | 770.40 | 2848.62 |
| 福　建 | 1254.50 | 807.60 | 2807.65 |
| 江　西 | 955.09 | 659.38 | 1844.18 |
| 山　东 | 2448.76 | 2044.13 | 5391.57 |
| 河　南 | 1921.28 | 1190.14 | 4053.81 |
| 湖　北 | 1636.04 | 1096.29 | 3325.55 |
| 湖　南 | 1368.99 | 757.07 | 3358.19 |
| 广　东 | 4637.79 | 3221.93 | 9119.66 |
| 广　西 | 756.86 | 568.39 | 1322.49 |
| 海　南 | 254.74 | 180.17 | 679.76 |
| 重　庆 | 1087.19 | 786.72 | 2448.26 |
| 四　川 | 1952.72 | 1266.38 | 4616.48 |
| 贵　州 | 1026.25 | 630.37 | 1868.29 |
| 云　南 | 1071.78 | 671.10 | 2269.91 |
| 西　藏 | 113.01 | 69.32 | 224.00 |
| 陕　西 | 1074.41 | 769.85 | 1973.41 |
| 甘　肃 | 393.18 | 261.33 | 972.08 |
| 青　海 | 114.14 | 81.85 | 189.79 |
| 宁　夏 | 146.18 | 108.43 | 249.38 |
| 新　疆 | 575.52 | 411.99 | 1173.99 |

1-B-11 续表 6

(家用电器及电子产品专门零售) 单位：亿元

| 地 区 | 资产总计 | 负债合计 | 营业收入 |
|---|---|---|---|
| **全 国** | **12121.63** | **8134.78** | **15377.22** |
| | | | |
| 北 京 | 1183.65 | 835.18 | 1420.78 |
| 天 津 | 249.24 | 180.89 | 127.16 |
| 河 北 | 321.79 | 189.39 | 382.69 |
| 山 西 | 265.35 | 179.95 | 243.33 |
| 内蒙古 | 135.38 | 96.54 | 136.94 |
| | | | |
| 辽 宁 | 217.42 | 138.22 | 257.42 |
| 吉 林 | 96.84 | 45.67 | 127.26 |
| 黑龙江 | 93.77 | 59.22 | 127.32 |
| | | | |
| 上 海 | 514.83 | 414.29 | 739.87 |
| 江 苏 | 1364.24 | 962.75 | 1548.16 |
| 浙 江 | 655.15 | 481.17 | 833.43 |
| 安 徽 | 389.92 | 269.40 | 555.81 |
| 福 建 | 297.79 | 161.38 | 504.61 |
| 江 西 | 204.13 | 113.94 | 337.49 |
| 山 东 | 782.20 | 459.19 | 1177.86 |
| | | | |
| 河 南 | 681.18 | 310.51 | 979.99 |
| 湖 北 | 539.42 | 291.82 | 902.05 |
| 湖 南 | 280.50 | 138.20 | 542.64 |
| 广 东 | 1694.54 | 1425.90 | 1729.52 |
| 广 西 | 199.66 | 146.08 | 211.83 |
| 海 南 | 70.30 | 59.38 | 51.97 |
| | | | |
| 重 庆 | 284.50 | 142.36 | 601.03 |
| 四 川 | 416.67 | 239.15 | 719.61 |
| 贵 州 | 203.77 | 110.30 | 157.75 |
| 云 南 | 188.27 | 123.35 | 249.23 |
| 西 藏 | 53.45 | 52.45 | 50.37 |
| | | | |
| 陕 西 | 440.76 | 313.65 | 377.70 |
| 甘 肃 | 91.71 | 47.98 | 94.15 |
| 青 海 | 38.51 | 28.19 | 32.31 |
| 宁 夏 | 48.12 | 32.48 | 48.83 |
| 新 疆 | 118.57 | 85.81 | 108.11 |

1-B-11　续表 7

(五金、家具及室内装饰材料专门零售)　　单位：亿元

| 地　区 | 资产总计 | 负债合计 | 营业收入 |
|---|---|---|---|
| **全　国** | **13547.09** | **8286.52** | **14627.93** |
| 北　京 | 846.81 | 667.67 | 375.91 |
| 天　津 | 201.32 | 160.25 | 101.82 |
| 河　北 | 473.49 | 243.57 | 519.33 |
| 山　西 | 491.04 | 331.10 | 294.93 |
| 内蒙古 | 175.25 | 103.83 | 100.31 |
| 辽　宁 | 433.42 | 317.87 | 234.70 |
| 吉　林 | 100.36 | 43.77 | 102.87 |
| 黑龙江 | 67.42 | 47.44 | 60.22 |
| 上　海 | 525.88 | 451.41 | 509.33 |
| 江　苏 | 1252.08 | 826.86 | 1400.20 |
| 浙　江 | 709.96 | 517.39 | 763.59 |
| 安　徽 | 383.63 | 218.75 | 503.00 |
| 福　建 | 503.31 | 245.42 | 771.36 |
| 江　西 | 393.70 | 197.87 | 548.24 |
| 山　东 | 940.64 | 452.06 | 1294.72 |
| 河　南 | 820.02 | 282.79 | 1124.27 |
| 湖　北 | 700.86 | 301.20 | 1075.00 |
| 湖　南 | 357.57 | 143.33 | 541.36 |
| 广　东 | 1453.06 | 1124.48 | 1387.13 |
| 广　西 | 172.00 | 123.80 | 142.15 |
| 海　南 | 65.70 | 37.57 | 26.45 |
| 重　庆 | 518.96 | 216.90 | 829.98 |
| 四　川 | 471.98 | 239.68 | 653.23 |
| 贵　州 | 161.26 | 105.63 | 139.59 |
| 云　南 | 247.89 | 130.80 | 289.38 |
| 西　藏 | 99.34 | 81.77 | 41.23 |
| 陕　西 | 607.03 | 404.33 | 538.21 |
| 甘　肃 | 147.22 | 81.06 | 94.93 |
| 青　海 | 42.72 | 38.91 | 26.54 |
| 宁　夏 | 40.31 | 28.48 | 29.92 |
| 新　疆 | 142.88 | 120.54 | 108.05 |

1-B-11 续表 8

(货摊、无店铺及其他零售业) 单位：亿元

| 地 区 | 资产总计 | 负债合计 | 营业收入 |
|---|---|---|---|
| **全 国** | **18106.41** | **12275.13** | **40839.03** |
| 北 京 | 1380.30 | 1273.07 | 4053.84 |
| 天 津 | 373.02 | 295.05 | 623.31 |
| 河 北 | 253.71 | 125.12 | 631.40 |
| 山 西 | 246.25 | 174.14 | 295.04 |
| 内蒙古 | 66.17 | 46.90 | 80.16 |
| 辽 宁 | 273.12 | 175.54 | 575.91 |
| 吉 林 | 86.49 | 40.51 | 124.12 |
| 黑龙江 | 189.84 | 173.65 | 134.90 |
| 上 海 | 1359.52 | 1188.05 | 2909.39 |
| 江 苏 | 1541.60 | 988.63 | 3619.82 |
| 浙 江 | 2113.67 | 1454.41 | 5776.41 |
| 安 徽 | 618.67 | 377.90 | 1177.91 |
| 福 建 | 1445.95 | 744.80 | 3583.50 |
| 江 西 | 462.50 | 254.37 | 947.57 |
| 山 东 | 1107.82 | 599.80 | 2455.01 |
| 河 南 | 480.36 | 183.96 | 874.45 |
| 湖 北 | 686.09 | 358.97 | 1973.62 |
| 湖 南 | 427.19 | 182.61 | 844.00 |
| 广 东 | 2628.26 | 2119.99 | 5766.79 |
| 广 西 | 136.64 | 91.22 | 232.66 |
| 海 南 | 121.22 | 98.86 | 266.53 |
| 重 庆 | 373.73 | 182.41 | 885.77 |
| 四 川 | 586.92 | 406.40 | 1578.39 |
| 贵 州 | 198.82 | 114.07 | 177.88 |
| 云 南 | 148.44 | 68.97 | 180.61 |
| 西 藏 | 74.31 | 57.33 | 53.49 |
| 陕 西 | 468.59 | 324.04 | 813.83 |
| 甘 肃 | 73.23 | 35.22 | 61.05 |
| 青 海 | 30.85 | 21.31 | 16.72 |
| 宁 夏 | 26.14 | 17.21 | 24.60 |
| 新 疆 | 127.01 | 100.61 | 100.32 |

# 1-B-12　分地区零售业企业法人财务状况(按登记注册统计类别分)

(内资企业)　　单位：亿元

| 地　区 | 资产总计 | 负债合计 | 营业收入 |
|---|---|---|---|
| **全　国** | **134931.04** | **88567.20** | **204521.35** |
| 北　京 | 7973.06 | 6579.40 | 9786.70 |
| 天　津 | 1892.15 | 1533.70 | 2206.98 |
| 河　北 | 4357.77 | 2692.04 | 6517.21 |
| 山　西 | 2942.61 | 2216.05 | 3447.96 |
| 内蒙古 | 1541.82 | 1197.42 | 2123.29 |
| 辽　宁 | 3567.61 | 2490.72 | 4260.55 |
| 吉　林 | 1935.35 | 1164.07 | 2269.24 |
| 黑龙江 | 1505.41 | 1156.39 | 2154.55 |
| 上　海 | 5457.30 | 4576.71 | 8437.25 |
| 江　苏 | 11850.66 | 7813.85 | 17468.93 |
| 浙　江 | 9072.55 | 6579.88 | 16418.96 |
| 安　徽 | 4135.89 | 2546.70 | 6751.36 |
| 福　建 | 5310.77 | 2877.20 | 10794.06 |
| 江　西 | 3054.33 | 1689.16 | 5336.96 |
| 山　东 | 9895.00 | 6320.25 | 15559.55 |
| 河　南 | 7250.33 | 3331.37 | 11845.58 |
| 湖　北 | 7350.11 | 3733.10 | 11511.75 |
| 湖　南 | 4510.19 | 2157.37 | 7455.99 |
| 广　东 | 14136.48 | 10689.97 | 20812.61 |
| 广　西 | 2159.90 | 1493.10 | 2763.72 |
| 海　南 | 1173.62 | 840.42 | 1424.94 |
| 重　庆 | 3877.76 | 2170.02 | 7289.27 |
| 四　川 | 5915.50 | 3550.67 | 10568.07 |
| 贵　州 | 2563.12 | 1596.02 | 3024.41 |
| 云　南 | 3011.53 | 1648.76 | 4171.10 |
| 西　藏 | 653.92 | 471.34 | 735.96 |
| 陕　西 | 3935.02 | 2735.67 | 4653.13 |
| 甘　肃 | 1310.68 | 768.91 | 1737.80 |
| 青　海 | 393.94 | 298.40 | 378.11 |
| 宁　夏 | 489.23 | 349.67 | 504.60 |
| 新　疆 | 1707.42 | 1298.86 | 2110.76 |

1-B-12 续表 1

(有限责任公司) 单位：亿元

| 地 区 | 资产总计 | 负债合计 | 营业收入 |
|---|---|---|---|
| **全 国** | **119245.87** | **81005.32** | **183427.44** |
| 北 京 | 7190.79 | 6217.43 | 9311.51 |
| 天 津 | 1801.51 | 1458.23 | 2106.47 |
| 河 北 | 3873.10 | 2425.62 | 5887.04 |
| 山 西 | 2670.32 | 1930.26 | 2895.59 |
| 内蒙古 | 1438.15 | 1092.74 | 1609.54 |
| 辽 宁 | 3087.34 | 2263.41 | 3543.24 |
| 吉 林 | 1543.59 | 923.94 | 1838.77 |
| 黑龙江 | 1238.21 | 898.83 | 1812.38 |
| 上 海 | 5108.29 | 4443.38 | 8177.32 |
| 江 苏 | 10911.28 | 7417.22 | 16522.80 |
| 浙 江 | 8585.51 | 6353.12 | 15797.35 |
| 安 徽 | 3729.72 | 2395.45 | 6088.81 |
| 福 建 | 4892.89 | 2710.09 | 10001.34 |
| 江 西 | 2714.41 | 1544.57 | 4870.25 |
| 山 东 | 8370.40 | 5136.38 | 14244.79 |
| 河 南 | 6584.39 | 3012.99 | 10720.49 |
| 湖 北 | 5552.53 | 3162.90 | 9685.60 |
| 湖 南 | 3171.24 | 1633.73 | 5905.60 |
| 广 东 | 12721.22 | 10161.36 | 18446.36 |
| 广 西 | 2030.50 | 1425.95 | 2611.99 |
| 海 南 | 1159.01 | 831.17 | 1412.97 |
| 重 庆 | 3067.75 | 1731.76 | 5767.89 |
| 四 川 | 5042.93 | 3214.60 | 8797.89 |
| 贵 州 | 2260.22 | 1475.00 | 2662.94 |
| 云 南 | 2491.34 | 1508.41 | 3245.29 |
| 西 藏 | 610.13 | 443.85 | 629.37 |
| 陕 西 | 3794.43 | 2670.17 | 4475.33 |
| 甘 肃 | 1222.62 | 730.58 | 1501.72 |
| 青 海 | 368.68 | 281.28 | 357.38 |
| 宁 夏 | 425.71 | 308.03 | 489.04 |
| 新 疆 | 1587.68 | 1202.88 | 2010.38 |

1-B-12　续表 2

(股份有限公司)　　单位：亿元

| 地　区 | 资产总计 | 负债合计 | 营业收入 |
|---|---|---|---|
| **全　国** | **9315.91** | **5544.59** | **10398.94** |
| 北　京 | 655.98 | 263.81 | 352.64 |
| 天　津 | 63.71 | 57.58 | 72.45 |
| 河　北 | 237.16 | 184.79 | 235.34 |
| 山　西 | 179.27 | 235.52 | 422.20 |
| 内蒙古 | 68.45 | 88.83 | 467.43 |
| 辽　宁 | 298.77 | 156.75 | 496.86 |
| 吉　林 | 305.87 | 220.38 | 323.64 |
| 黑龙江 | 214.99 | 237.39 | 275.12 |
| 上　海 | 258.48 | 75.94 | 193.61 |
| 江　苏 | 664.93 | 285.47 | 480.14 |
| 浙　江 | 309.92 | 140.32 | 315.58 |
| 安　徽 | 230.81 | 110.88 | 347.75 |
| 福　建 | 211.53 | 107.66 | 353.38 |
| 江　西 | 158.62 | 91.87 | 147.12 |
| 山　东 | 1031.56 | 951.81 | 588.28 |
| 河　南 | 134.60 | 219.21 | 250.21 |
| 湖　北 | 1023.50 | 358.85 | 371.37 |
| 湖　南 | 679.77 | 370.05 | 429.12 |
| 广　东 | 954.70 | 408.94 | 1429.02 |
| 广　西 | 51.40 | 37.22 | 41.78 |
| 海　南 | 4.75 | 3.03 | 1.32 |
| 重　庆 | 519.76 | 395.89 | 854.09 |
| 四　川 | 454.05 | 219.52 | 1022.23 |
| 贵　州 | 154.36 | 65.60 | 132.50 |
| 云　南 | 207.64 | 88.13 | 441.09 |
| 西　藏 | 15.38 | 11.66 | 79.07 |
| 陕　西 | 28.55 | 14.92 | 25.33 |
| 甘　肃 | 32.24 | 15.26 | 166.01 |
| 青　海 | 12.70 | 11.44 | 11.05 |
| 宁　夏 | 58.02 | 38.54 | 9.06 |
| 新　疆 | 94.44 | 77.35 | 64.15 |

1-B-12 续表 3

(非公司企业法人) 单位：亿元

| 地区 | 资产总计 | 负债合计 | 营业收入 |
|---|---|---|---|
| **全国** | **1040.88** | **490.67** | **1437.50** |
| 北京 | 87.69 | 66.11 | 102.21 |
| 天津 | 17.50 | 9.97 | 17.06 |
| 河北 | 28.75 | 16.22 | 21.04 |
| 山西 | 17.41 | 12.70 | 14.13 |
| 内蒙古 | 1.37 | 0.51 | 2.17 |
| 辽宁 | 30.54 | 19.04 | 19.09 |
| 吉林 | 6.82 | 4.66 | 6.48 |
| 黑龙江 | 13.26 | 8.54 | 13.37 |
| 上海 | 45.45 | 23.19 | 25.75 |
| 江苏 | 58.95 | 30.99 | 84.09 |
| 浙江 | 38.66 | 18.72 | 65.56 |
| 安徽 | 13.08 | 8.08 | 17.58 |
| 福建 | 19.57 | 6.81 | 19.09 |
| 江西 | 31.62 | 11.42 | 73.22 |
| 山东 | 166.50 | 124.37 | 92.76 |
| 河南 | 44.48 | 17.99 | 97.32 |
| 湖北 | 57.85 | 25.10 | 136.85 |
| 湖南 | 18.76 | 7.91 | 42.78 |
| 广东 | 168.11 | -24.34 | 353.76 |
| 广西 | 14.31 | 9.32 | 12.23 |
| 海南 | 3.49 | 2.11 | 2.80 |
| 重庆 | 14.23 | 2.57 | 21.05 |
| 四川 | 29.26 | 14.10 | 29.14 |
| 贵州 | 23.57 | 19.96 | 58.14 |
| 云南 | 14.38 | 6.42 | 16.64 |
| 西藏 | 19.03 | 11.35 | 18.09 |
| 陕西 | 31.43 | 24.03 | 30.15 |
| 甘肃 | 15.29 | 6.23 | 33.48 |
| 青海 | 2.10 | 0.89 | 0.75 |
| 宁夏 | 0.85 | 0.41 | 0.38 |
| 新疆 | 6.55 | 5.27 | 10.37 |

1-B-12　续表 4

(个人独资企业)　　单位：亿元

| 地　区 | 资产总计 | 负债合计 | 营业收入 |
|---|---|---|---|
| **全　国** | **5059.96** | **1416.48** | **8820.53** |
| 北　京 | 36.10 | 30.10 | 19.53 |
| 天　津 | 8.03 | 6.87 | 9.10 |
| 河　北 | 202.91 | 57.98 | 347.03 |
| 山　西 | 72.79 | 35.89 | 112.12 |
| 内蒙古 | 32.64 | 14.52 | 42.65 |
| 辽　宁 | 149.96 | 51.06 | 200.26 |
| 吉　林 | 76.57 | 14.61 | 98.81 |
| 黑龙江 | 37.39 | 10.74 | 46.21 |
| 上　海 | 39.97 | 31.46 | 37.88 |
| 江　苏 | 200.91 | 72.98 | 354.81 |
| 浙　江 | 124.84 | 61.27 | 214.76 |
| 安　徽 | 155.12 | 30.32 | 283.07 |
| 福　建 | 177.96 | 49.11 | 400.02 |
| 江　西 | 127.32 | 35.88 | 208.05 |
| 山　东 | 317.41 | 104.33 | 624.36 |
| 河　南 | 478.63 | 78.15 | 764.60 |
| 湖　北 | 699.34 | 181.20 | 1284.89 |
| 湖　南 | 594.01 | 132.51 | 995.72 |
| 广　东 | 267.67 | 126.41 | 540.72 |
| 广　西 | 58.19 | 18.19 | 85.76 |
| 海　南 | 6.00 | 3.82 | 7.08 |
| 重　庆 | 271.30 | 38.49 | 635.70 |
| 四　川 | 367.94 | 93.62 | 697.81 |
| 贵　州 | 111.48 | 28.59 | 152.75 |
| 云　南 | 292.02 | 43.86 | 462.36 |
| 西　藏 | 9.18 | 4.33 | 9.35 |
| 陕　西 | 73.21 | 24.03 | 111.55 |
| 甘　肃 | 39.86 | 16.69 | 36.05 |
| 青　海 | 9.91 | 4.70 | 8.60 |
| 宁　夏 | 4.47 | 2.62 | 5.88 |
| 新　疆 | 16.84 | 12.14 | 23.04 |

1-B-12 续表 5

(合伙企业) 单位：亿元

| 地 区 | 资产总计 | 负债合计 | 营业收入 |
|---|---|---|---|
| **全 国** | **266.16** | **107.36** | **433.32** |
| 北 京 | 2.51 | 1.95 | 0.81 |
| 天 津 | 1.41 | 1.06 | 1.90 |
| 河 北 | 15.59 | 7.19 | 25.68 |
| 山 西 | 2.82 | 1.68 | 3.92 |
| 内蒙古 | 1.22 | 0.83 | 1.51 |
| 辽 宁 | 0.99 | 0.45 | 1.09 |
| 吉 林 | 2.43 | 0.39 | 1.52 |
| 黑龙江 | 1.56 | 0.89 | 7.47 |
| 上 海 | 5.11 | 2.75 | 2.69 |
| 江 苏 | 14.58 | 7.18 | 27.07 |
| 浙 江 | 13.63 | 6.46 | 25.71 |
| 安 徽 | 7.16 | 1.97 | 14.15 |
| 福 建 | 8.82 | 3.52 | 20.23 |
| 江 西 | 22.27 | 5.42 | 38.22 |
| 山 东 | 9.05 | 3.33 | 9.24 |
| 河 南 | 8.24 | 3.02 | 12.96 |
| 湖 北 | 16.86 | 5.05 | 33.03 |
| 湖 南 | 46.41 | 13.18 | 82.73 |
| 广 东 | 23.20 | 15.27 | 40.88 |
| 广 西 | 5.49 | 2.42 | 11.96 |
| 海 南 | 0.38 | 0.29 | 0.78 |
| 重 庆 | 4.73 | 1.31 | 10.53 |
| 四 川 | 21.30 | 8.80 | 20.97 |
| 贵 州 | 13.45 | 6.88 | 17.89 |
| 云 南 | 6.10 | 1.92 | 5.68 |
| 西 藏 | 0.19 | 0.16 | 0.07 |
| 陕 西 | 7.35 | 2.49 | 10.69 |
| 甘 肃 | 0.65 | 0.13 | 0.54 |
| 青 海 | 0.55 | 0.09 | 0.33 |
| 宁 夏 | 0.19 | 0.06 | 0.24 |
| 新 疆 | 1.92 | 1.23 | 2.82 |

1-B-12　续表 6

(港澳台投资企业)　单位：亿元

| 地　区 | 资产总计 | 负债合计 | 营业收入 |
|---|---|---|---|
| **全　国** | **7853.03** | **5968.03** | **12111.82** |
| 北　京 | 394.06 | 297.03 | 578.53 |
| 天　津 | 229.32 | 166.15 | 295.87 |
| 河　北 | 24.02 | 11.98 | 90.17 |
| 山　西 | 13.25 | 8.24 | 37.50 |
| 内蒙古 | 6.93 | 4.75 | 28.12 |
| 辽　宁 | 309.37 | 255.00 | 183.40 |
| 吉　林 | 63.38 | 62.61 | 63.66 |
| 黑龙江 | 45.61 | 44.90 | 45.77 |
| 上　海 | 2108.48 | 1747.42 | 3279.59 |
| 江　苏 | 710.01 | 520.14 | 1181.23 |
| 浙　江 | 512.30 | 359.68 | 1003.92 |
| 安　徽 | 131.55 | 88.90 | 241.64 |
| 福　建 | 222.96 | 129.13 | 330.54 |
| 江　西 | 47.15 | 62.79 | 126.35 |
| 山　东 | 269.23 | 200.14 | 495.06 |
| 河　南 | 238.11 | 202.00 | 291.53 |
| 湖　北 | 113.17 | 72.22 | 322.72 |
| 湖　南 | 476.88 | 349.37 | 235.12 |
| 广　东 | 1191.22 | 898.18 | 1941.61 |
| 广　西 | 38.88 | 23.09 | 76.44 |
| 海　南 | 15.21 | 8.49 | 42.10 |
| 重　庆 | 187.76 | 132.88 | 165.36 |
| 四　川 | 158.96 | 109.88 | 337.69 |
| 贵　州 | 45.15 | 29.60 | 46.94 |
| 云　南 | 64.08 | 37.57 | 98.03 |
| 西　藏 | 5.10 | 2.48 | 5.01 |
| 陕　西 | 207.17 | 127.67 | 489.95 |
| 甘　肃 | 5.13 | 3.21 | 24.62 |
| 青　海 | 1.16 | 0.81 | 5.55 |
| 宁　夏 | 3.49 | 2.37 | 13.30 |
| 新　疆 | 13.92 | 9.35 | 34.51 |

1-B-12 续表 7

(外商投资企业) 单位：亿元

| 地 区 | 资产总计 | 负债合计 | 营业收入 |
|---|---|---|---|
| **全 国** | **8820.67** | **5609.83** | **15071.15** |
| 北 京 | 965.61 | 670.69 | 1562.41 |
| 天 津 | 219.29 | 164.29 | 301.95 |
| 河 北 | 162.04 | -27.64 | 422.75 |
| 山 西 | 17.36 | 22.58 | 40.68 |
| 内蒙古 | 21.13 | 12.67 | 65.46 |
| 辽 宁 | 120.69 | 81.98 | 130.43 |
| 吉 林 | 11.63 | 10.32 | 18.90 |
| 黑龙江 | 32.00 | 10.58 | 101.45 |
| 上 海 | 1447.66 | 972.23 | 2308.33 |
| 江 苏 | 968.10 | 514.21 | 1539.17 |
| 浙 江 | 410.04 | 252.22 | 802.58 |
| 安 徽 | 245.53 | 89.90 | 510.97 |
| 福 建 | 388.79 | 236.73 | 675.72 |
| 江 西 | 290.91 | 234.11 | 202.81 |
| 山 东 | 287.04 | 329.35 | 600.91 |
| 河 南 | 168.67 | -27.24 | 369.36 |
| 湖 北 | 298.92 | 251.80 | 663.54 |
| 湖 南 | 296.56 | 158.35 | 796.18 |
| 广 东 | 1248.70 | 909.16 | 1463.39 |
| 广 西 | 21.48 | 20.58 | 22.94 |
| 海 南 | 52.35 | 31.34 | 214.27 |
| 重 庆 | 79.18 | 50.74 | 179.62 |
| 四 川 | 356.08 | 217.00 | 674.41 |
| 贵 州 | 271.52 | 127.63 | 571.52 |
| 云 南 | 200.21 | 127.76 | 464.47 |
| 西 藏 | 0.21 | 0.08 | 0.05 |
| 陕 西 | 217.18 | 144.12 | 329.59 |
| 甘 肃 | 13.28 | 19.86 | 19.58 |
| 青 海 |  | 0.01 |  |
| 宁 夏 | 0.01 | 0.01 |  |
| 新 疆 | 8.50 | 4.39 | 17.70 |

# 第2篇

# 住宿和餐饮业企业基本情况及财务状况篇

## A.行业部分

# 2-A-1　住宿业企业法人基本情况

| 分　组 | 法人单位数<br>(个) | 从业人员期末人数<br>(人) |
|---|---|---|
| **住宿业** | **191408** | **2794459** |
| **按国民经济行业分组** | | |
| 旅游饭店 | 37832 | 1348199 |
| 一般旅馆 | 123320 | 1255684 |
| 经济型连锁酒店 | 18458 | 285087 |
| 其他一般旅馆 | 104862 | 970597 |
| 民宿服务 | 20799 | 87581 |
| 露营地服务 | 1856 | 7814 |
| 其他住宿业 | 7601 | 95181 |
| **按登记注册统计类别分组** | | |
| 内资企业 | 189505 | 2663972 |
| 有限责任公司 | 157401 | 2405974 |
| 股份有限公司 | 412 | 19570 |
| 非公司企业法人 | 2404 | 78755 |
| 个人独资企业 | 27705 | 145006 |
| 合伙企业 | 1578 | 14578 |
| 其他内资企业 | 5 | 89 |
| 港澳台投资企业 | 914 | 86096 |
| 外商投资企业 | 370 | 42156 |
| 其他统计类别 | 619 | 2235 |

# 2-A-2 限额以上住宿业企业法人基本情况

| 分 组 | 法人单位数<br>(个) | 从业人员期末人数<br>(人) |
| --- | --- | --- |
| **住宿业** | **36317** | **1785144** |
| **按国民经济行业分组** | | |
| 旅游饭店 | 14902 | 1156897 |
| 一般旅馆 | 19313 | 564909 |
| 经济型连锁酒店 | 6468 | 183148 |
| 其他一般旅馆 | 12845 | 381761 |
| 民宿服务 | 751 | 12338 |
| 露营地服务 | 37 | 764 |
| 其他住宿业 | 1314 | 50236 |
| **按登记注册统计类别分组** | | |
| 内资企业 | 35575 | 1664216 |
| 有限责任公司 | 33179 | 1546007 |
| 股份有限公司 | 148 | 17099 |
| 非公司企业法人 | 628 | 62863 |
| 个人独资企业 | 1403 | 31717 |
| 合伙企业 | 215 | 6466 |
| 其他内资企业 | NA | 64 |
| 港澳台投资企业 | 508 | 81174 |
| 外商投资企业 | 230 | 39681 |
| 其他统计类别 | 4 | 73 |

注：NA表示单位个数小于或等于3，下表同。

# 2-A-3　住宿业企业法人财务状况

单位：亿元

| 分　　组 | 资产总计 | 负债合计 | 营业收入 |
|---|---|---|---|
| **住宿业** | **23532.74** | **18169.65** | **7119.31** |
| **按国民经济行业分组** | | | |
| 旅游饭店 | 15659.48 | 12466.09 | 3776.07 |
| 一般旅馆 | 6653.11 | 4963.88 | 2934.19 |
| 经济型连锁酒店 | 1758.16 | 1476.47 | 817.93 |
| 其他一般旅馆 | 4894.95 | 3487.40 | 2116.26 |
| 民宿服务 | 448.75 | 185.73 | 174.08 |
| 露营地服务 | 53.76 | 28.51 | 14.09 |
| 其他住宿业 | 717.64 | 525.45 | 220.88 |
| **按登记注册统计类别分组** | | | |
| 内资企业 | 20218.07 | 15779.03 | 6599.54 |
| 有限责任公司 | 18833.57 | 15096.30 | 6023.72 |
| 股份有限公司 | 340.63 | 155.29 | 53.53 |
| 非公司企业法人 | 529.77 | 354.71 | 177.09 |
| 个人独资企业 | 456.56 | 147.18 | 312.90 |
| 合伙企业 | 57.43 | 25.48 | 32.19 |
| 其他内资企业 | 0.12 | 0.06 | 0.12 |
| 港澳台投资企业 | 1932.94 | 1564.48 | 328.90 |
| 外商投资企业 | 1369.57 | 823.91 | 186.90 |
| 其他统计类别 | 12.15 | 2.23 | 3.96 |

# 2-A-4　限额以上住宿业企业法人财务状况

单位：亿元

| 分　　组 | 资产总计 | 负债合计 | 营业收入 |
| --- | --- | --- | --- |
| **住宿业** | **17937.54** | **14537.96** | **5127.01** |
| **按国民经济行业分组** | | | |
| 旅游饭店 | 13719.15 | 11004.69 | 3378.17 |
| 一般旅馆 | 3654.16 | 3109.67 | 1582.31 |
| 经济型连锁酒店 | 1185.32 | 1065.80 | 582.81 |
| 其他一般旅馆 | 2468.84 | 2043.87 | 999.50 |
| 民宿服务 | 104.54 | 56.47 | 32.49 |
| 露营地服务 | 18.80 | 12.36 | 1.91 |
| 其他住宿业 | 440.88 | 354.77 | 132.13 |
| **按登记注册统计类别分组** | | | |
| 内资企业 | 14939.87 | 12401.74 | 4644.68 |
| 有限责任公司 | 14053.53 | 11899.02 | 4347.11 |
| 股份有限公司 | 298.23 | 123.43 | 48.37 |
| 非公司企业法人 | 446.63 | 295.15 | 149.56 |
| 个人独资企业 | 116.74 | 67.69 | 83.79 |
| 合伙企业 | 24.66 | 16.38 | 15.76 |
| 其他内资企业 | 0.08 | 0.06 | 0.09 |
| 港澳台投资企业 | 1725.75 | 1384.85 | 313.38 |
| 外商投资企业 | 1271.78 | 751.34 | 168.84 |
| 其他统计类别 | 0.13 | 0.04 | 0.12 |

# 2-A-5 餐饮业企业法人基本情况

| 分 组 | 法人单位数(个) | 从业人员期末人数(人) | 年末餐饮营业面积(万平方米) |
|---|---|---|---|
| **餐饮业** | **520340** | **6142023** | **22120.99** |
| **按国民经济行业分组** | | | |
| 正餐服务 | 415145 | 4415014 | 18718.60 |
| 快餐服务 | 34279 | 879108 | 1547.55 |
| 饮料及冷饮服务 | 21188 | 257192 | 636.27 |
| 茶馆服务 | 3632 | 15962 | 72.38 |
| 咖啡馆服务 | 5698 | 125808 | 288.77 |
| 酒吧服务 | 4943 | 37954 | 137.43 |
| 其他饮料及冷饮服务 | 6915 | 77468 | 137.69 |
| 餐饮配送及外卖送餐服务 | 12204 | 271206 | 432.66 |
| 餐饮配送服务 | 10651 | 253228 | 414.77 |
| 外卖送餐服务 | 1553 | 17978 | 17.89 |
| 其他餐饮业 | 37524 | 319503 | 785.91 |
| 小吃服务 | 28958 | 120231 | 330.00 |
| 其他未列明餐饮业 | 8566 | 199272 | 455.91 |
| **按登记注册统计类别分组** | | | |
| 内资企业 | 515141 | 5280990 | 20935.44 |
| 有限责任公司 | 433015 | 4766240 | 18542.26 |
| 股份有限公司 | 848 | 61809 | 266.83 |
| 非公司企业法人 | 1836 | 26151 | 128.79 |
| 个人独资企业 | 74969 | 383804 | 1861.94 |
| 合伙企业 | 4447 | 42744 | 134.84 |
| 其他内资企业 | 26 | 242 | 0.77 |
| 港澳台投资企业 | 2543 | 439147 | 660.06 |
| 外商投资企业 | 1927 | 418689 | 494.73 |
| 其他统计类别 | 729 | 3197 | 30.76 |

# 2-A-6 限额以上餐饮业企业法人基本情况

| 分　组 | 法人单位数(个) | 从业人员期末人数(人) | 年末餐饮营业面积(万平方米) |
|---|---|---|---|
| **餐饮业** | **61654** | **3502009** | **11520.30** |
| **按国民经济行业分组** | | | |
| 正餐服务 | 53687 | 2220018 | 9451.14 |
| 快餐服务 | 2762 | 736051 | 1098.49 |
| 饮料及冷饮服务 | 1384 | 168902 | 344.71 |
| 茶馆服务 | 63 | 1478 | 5.19 |
| 咖啡馆服务 | 244 | 106786 | 231.20 |
| 酒吧服务 | 225 | 7046 | 20.99 |
| 其他饮料及冷饮服务 | 852 | 53592 | 87.34 |
| 餐饮配送及外卖送餐服务 | 2410 | 204394 | 279.28 |
| 餐饮配送服务 | 2309 | 195531 | 274.38 |
| 外卖送餐服务 | 101 | 8863 | 4.91 |
| 其他餐饮业 | 1411 | 172644 | 346.68 |
| 小吃服务 | 519 | 19682 | 41.60 |
| 其他未列明餐饮业 | 892 | 152962 | 305.08 |
| **按登记注册统计类别分组** | | | |
| 内资企业 | 60496 | 2665542 | 10426.99 |
| 有限责任公司 | 54360 | 2483889 | 9580.39 |
| 股份有限公司 | 195 | 57492 | 248.01 |
| 非公司企业法人 | 271 | 15286 | 74.62 |
| 个人独资企业 | 4770 | 89057 | 461.46 |
| 合伙企业 | 897 | 19730 | 62.18 |
| 其他内资企业 | NA | 88 | 0.32 |
| 港澳台投资企业 | 767 | 426355 | 620.87 |
| 外商投资企业 | 380 | 409722 | 471.56 |
| 其他统计类别 | 11 | 390 | 0.89 |
| **按单位规模分组** | | | |
| 大型 | 702 | 1398913 | 2127.95 |
| 中型 | 3555 | 672564 | 2276.69 |
| 小型 | 42247 | 1345870 | 6343.07 |
| 微型 | 15150 | 84662 | 772.59 |

# 2-A-7　餐饮业企业法人财务状况

单位：亿元

| 分　　组 | 资产总计 | 负债合计 | 营业收入 |
|---|---|---|---|
| **餐饮业** | **13460.67** | **9600.52** | **15197.19** |
| **按国民经济行业分组** | | | |
| 正餐服务 | 10275.71 | 7375.85 | 10654.06 |
| 快餐服务 | 1390.70 | 1008.06 | 2099.85 |
| 饮料及冷饮服务 | 705.96 | 476.54 | 883.71 |
| 茶馆服务 | 30.70 | 21.88 | 30.06 |
| 咖啡馆服务 | 428.94 | 273.35 | 490.15 |
| 酒吧服务 | 55.54 | 34.29 | 77.90 |
| 其他饮料及冷饮服务 | 190.78 | 147.02 | 285.61 |
| 餐饮配送及外卖送餐服务 | 520.88 | 363.67 | 772.42 |
| 餐饮配送服务 | 504.70 | 352.57 | 734.26 |
| 外卖送餐服务 | 16.18 | 11.10 | 38.16 |
| 其他餐饮业 | 567.41 | 376.39 | 787.14 |
| 小吃服务 | 171.16 | 105.57 | 270.23 |
| 其他未列明餐饮业 | 396.25 | 270.82 | 516.91 |
| **按登记注册统计类别分组** | | | |
| 内资企业 | 11653.12 | 8374.74 | 13076.75 |
| 有限责任公司 | 10502.91 | 7898.14 | 11763.32 |
| 股份有限公司 | 367.25 | 194.98 | 244.64 |
| 非公司企业法人 | 87.30 | 69.97 | 63.10 |
| 个人独资企业 | 639.36 | 180.61 | 897.76 |
| 合伙企业 | 56.13 | 30.80 | 107.51 |
| 其他内资企业 | 0.16 | 0.24 | 0.44 |
| 港澳台投资企业 | 1020.13 | 689.14 | 1095.75 |
| 外商投资企业 | 775.52 | 531.90 | 1019.45 |
| 其他统计类别 | 11.91 | 4.73 | 5.24 |

# 2-A-8 限额以上餐饮业企业法人财务状况

单位：亿元

| 分组 | 资产总计 | 负债合计 | 营业收入 |
|---|---|---|---|
| **餐饮业** | **8811.28** | **6721.21** | **10124.28** |
| **按国民经济行业分组** | | | |
| 正餐服务 | 6357.93 | 4990.87 | 6476.20 |
| 快餐服务 | 1172.22 | 854.95 | 1820.52 |
| 饮料及冷饮服务 | 546.39 | 348.85 | 710.97 |
| 茶馆服务 | 4.71 | 2.95 | 4.59 |
| 咖啡馆服务 | 378.38 | 222.99 | 454.02 |
| 酒吧服务 | 13.11 | 8.07 | 22.47 |
| 其他饮料及冷饮服务 | 150.19 | 114.85 | 229.89 |
| 餐饮配送及外卖送餐服务 | 390.16 | 279.54 | 616.18 |
| 餐饮配送服务 | 383.23 | 274.19 | 593.86 |
| 外卖送餐服务 | 6.93 | 5.34 | 22.32 |
| 其他餐饮业 | 344.59 | 247.00 | 500.42 |
| 小吃服务 | 43.05 | 33.65 | 72.57 |
| 其他未列明餐饮业 | 301.54 | 213.36 | 427.86 |
| **按登记注册统计类别分组** | | | |
| 内资企业 | 7103.32 | 5583.31 | 8064.39 |
| 有限责任公司 | 6490.56 | 5251.18 | 7446.47 |
| 股份有限公司 | 353.78 | 185.73 | 236.81 |
| 非公司企业法人 | 56.54 | 45.06 | 43.82 |
| 个人独资企业 | 176.51 | 84.53 | 278.29 |
| 合伙企业 | 25.90 | 16.75 | 58.79 |
| 其他内资企业 | 0.04 | 0.06 | 0.20 |
| 港澳台投资企业 | 951.16 | 624.53 | 1059.85 |
| 外商投资企业 | 754.69 | 512.45 | 998.93 |
| 其他统计类别 | 2.12 | 0.92 | 1.12 |
| **按单位规模分组** | | | |
| 大型 | 2766.89 | 1909.01 | 3735.51 |
| 中型 | 2263.51 | 1811.52 | 1933.14 |
| 小型 | 3350.27 | 2671.22 | 3902.04 |
| 微型 | 430.61 | 329.47 | 553.59 |

## B.地区部分

# 2-B-1　分地区住宿业企业法人基本情况

| 地　区 | 法人单位数（个） | 从业人员期末人数（人） |
|---|---|---|
| **全　国** | **191408** | **2794459** |
| 北　京 | 7098 | 119756 |
| 天　津 | 1518 | 23510 |
| 河　北 | 6079 | 86666 |
| 山　西 | 4197 | 63654 |
| 内蒙古 | 2413 | 36535 |
| 辽　宁 | 4710 | 49414 |
| 吉　林 | 1507 | 26103 |
| 黑龙江 | 1432 | 23542 |
| 上　海 | 5455 | 99795 |
| 江　苏 | 10224 | 163054 |
| 浙　江 | 12928 | 203216 |
| 安　徽 | 6505 | 86412 |
| 福　建 | 6369 | 121284 |
| 江　西 | 4869 | 78700 |
| 山　东 | 10807 | 153178 |
| 河　南 | 10339 | 137399 |
| 湖　北 | 9643 | 104569 |
| 湖　南 | 7124 | 107002 |
| 广　东 | 20747 | 317038 |
| 广　西 | 4748 | 78600 |
| 海　南 | 2265 | 56933 |
| 重　庆 | 7068 | 68999 |
| 四　川 | 11685 | 164640 |
| 贵　州 | 6865 | 69046 |
| 云　南 | 10060 | 112947 |
| 西　藏 | 1121 | 13528 |
| 陕　西 | 5925 | 111498 |
| 甘　肃 | 3550 | 48917 |
| 青　海 | 1143 | 14158 |
| 宁　夏 | 697 | 10513 |
| 新　疆 | 2317 | 43853 |

# 2-B-2 分地区住宿业企业法人基本情况(按国民经济行业分)

(旅游饭店)

| 地 区 | 法人单位数<br>(个) | 从业人员期末人数<br>(人) |
|---|---|---|
| **全 国** | **37832** | **1348199** |
| 北 京 | 1405 | 67302 |
| 天 津 | 263 | 9484 |
| 河 北 | 1059 | 34405 |
| 山 西 | 587 | 22576 |
| 内蒙古 | 573 | 16407 |
| 辽 宁 | 675 | 22574 |
| 吉 林 | 364 | 13420 |
| 黑龙江 | 341 | 11579 |
| 上 海 | 757 | 51371 |
| 江 苏 | 1829 | 82611 |
| 浙 江 | 2526 | 120879 |
| 安 徽 | 957 | 36419 |
| 福 建 | 2073 | 78427 |
| 江 西 | 929 | 31436 |
| 山 东 | 2246 | 75767 |
| 河 南 | 1612 | 48767 |
| 湖 北 | 1545 | 36798 |
| 湖 南 | 1348 | 45474 |
| 广 东 | 4517 | 169887 |
| 广 西 | 1256 | 37307 |
| 海 南 | 611 | 42031 |
| 重 庆 | 1557 | 29580 |
| 四 川 | 2871 | 75757 |
| 贵 州 | 1203 | 32242 |
| 云 南 | 1355 | 39780 |
| 西 藏 | 276 | 4680 |
| 陕 西 | 1251 | 52891 |
| 甘 肃 | 754 | 23058 |
| 青 海 | 267 | 5813 |
| 宁 夏 | 168 | 5287 |
| 新 疆 | 657 | 24190 |

2-B-2　续表 1

(一般旅馆)

| 地　区 | 法人单位数<br>(个) | 从业人员期末人数<br>(人) |
|---|---|---|
| **全　国** | **123320** | **1255684** |
| 北　京 | 4152 | 46094 |
| 天　津 | 1059 | 12625 |
| 河　北 | 4261 | 46487 |
| 山　西 | 3109 | 37013 |
| 内蒙古 | 1622 | 18304 |
| 辽　宁 | 3312 | 22736 |
| 吉　林 | 967 | 11299 |
| 黑龙江 | 843 | 10507 |
| 上　海 | 4021 | 45962 |
| 江　苏 | 7263 | 72121 |
| 浙　江 | 7660 | 71344 |
| 安　徽 | 4743 | 44664 |
| 福　建 | 3159 | 36698 |
| 江　西 | 3311 | 38728 |
| 山　东 | 7055 | 66087 |
| 河　南 | 7782 | 80031 |
| 湖　北 | 6289 | 56406 |
| 湖　南 | 4406 | 50277 |
| 广　东 | 12561 | 127290 |
| 广　西 | 2872 | 37746 |
| 海　南 | 1256 | 11980 |
| 重　庆 | 4345 | 33532 |
| 四　川 | 7160 | 77597 |
| 贵　州 | 4758 | 32045 |
| 云　南 | 5933 | 58194 |
| 西　藏 | 697 | 7459 |
| 陕　西 | 3835 | 50751 |
| 甘　肃 | 2392 | 22928 |
| 青　海 | 771 | 7148 |
| 宁　夏 | 439 | 4800 |
| 新　疆 | 1287 | 16831 |

2-B-2 续表 2

(民宿服务)

| 地 区 | 法人单位数<br>(个) | 从业人员期末人数<br>(人) |
|---|---|---|
| **全 国** | **20799** | **87581** |
| 北 京 | 1109 | 2175 |
| 天 津 | 104 | 328 |
| 河 北 | 571 | 2846 |
| 山 西 | 257 | 1081 |
| 内蒙古 | 85 | 280 |
| 辽 宁 | 478 | 1122 |
| 吉 林 | 79 | 387 |
| 黑龙江 | 152 | 414 |
| 上 海 | 532 | 1396 |
| 江 苏 | 572 | 2407 |
| 浙 江 | 2288 | 8759 |
| 安 徽 | 525 | 2534 |
| 福 建 | 965 | 4134 |
| 江 西 | 297 | 1769 |
| 山 东 | 1001 | 4548 |
| 河 南 | 539 | 3131 |
| 湖 北 | 1345 | 5664 |
| 湖 南 | 868 | 4985 |
| 广 东 | 2311 | 9043 |
| 广 西 | 422 | 1624 |
| 海 南 | 180 | 769 |
| 重 庆 | 882 | 3797 |
| 四 川 | 1212 | 6150 |
| 贵 州 | 661 | 2598 |
| 云 南 | 2445 | 10727 |
| 西 藏 | 46 | 275 |
| 陕 西 | 447 | 2496 |
| 甘 肃 | 168 | 730 |
| 青 海 | 29 | 213 |
| 宁 夏 | 49 | 202 |
| 新 疆 | 180 | 997 |

2-B-2　续表 3

(露营地服务)

| 地　区 | 法人单位数(个) | 从业人员期末人数(人) |
|---|---|---|
| **全　国** | **1856** | **7814** |
| 北　京 | 96 | 180 |
| 天　津 | 16 | 38 |
| 河　北 | 28 | 95 |
| 山　西 | 28 | 191 |
| 内蒙古 | 27 | 125 |
| 辽　宁 | 40 | 73 |
| 吉　林 | 20 | 66 |
| 黑龙江 | 14 | 25 |
| 上　海 | 34 | 108 |
| 江　苏 | 60 | 239 |
| 浙　江 | 243 | 965 |
| 安　徽 | 42 | 232 |
| 福　建 | 69 | 302 |
| 江　西 | 20 | 128 |
| 山　东 | 55 | 225 |
| 河　南 | 67 | 410 |
| 湖　北 | 65 | 442 |
| 湖　南 | 65 | 312 |
| 广　东 | 245 | 838 |
| 广　西 | 47 | 237 |
| 海　南 | 19 | 31 |
| 重　庆 | 74 | 328 |
| 四　川 | 137 | 666 |
| 贵　州 | 83 | 405 |
| 云　南 | 73 | 348 |
| 西　藏 | NA | 55 |
| 陕　西 | 93 | 399 |
| 甘　肃 | 28 | 127 |
| 青　海 | 9 | 31 |
| 宁　夏 | 26 | 93 |
| 新　疆 | 30 | 100 |

2-B-2 续表 4

(其他住宿业)

| 地 区 | 法人单位数<br>(个) | 从业人员期末人数<br>(人) |
|---|---|---|
| **全 国** | **7601** | **95181** |
| 北 京 | 336 | 4005 |
| 天 津 | 76 | 1035 |
| 河 北 | 160 | 2833 |
| 山 西 | 216 | 2793 |
| 内蒙古 | 106 | 1419 |
| 辽 宁 | 205 | 2909 |
| 吉 林 | 77 | 931 |
| 黑龙江 | 82 | 1017 |
| 上 海 | 111 | 958 |
| 江 苏 | 500 | 5676 |
| 浙 江 | 211 | 1269 |
| 安 徽 | 238 | 2563 |
| 福 建 | 103 | 1723 |
| 江 西 | 312 | 6639 |
| 山 东 | 450 | 6551 |
| 河 南 | 339 | 5060 |
| 湖 北 | 399 | 5259 |
| 湖 南 | 437 | 5954 |
| 广 东 | 1113 | 9980 |
| 广 西 | 151 | 1686 |
| 海 南 | 199 | 2122 |
| 重 庆 | 210 | 1762 |
| 四 川 | 305 | 4470 |
| 贵 州 | 160 | 1756 |
| 云 南 | 254 | 3898 |
| 西 藏 | 99 | 1059 |
| 陕 西 | 299 | 4961 |
| 甘 肃 | 208 | 2074 |
| 青 海 | 67 | 953 |
| 宁 夏 | 15 | 131 |
| 新 疆 | 163 | 1735 |

# 2-B-3　分地区住宿业企业法人基本情况(按登记注册统计类别分)

(内资企业)

| 地　区 | 法人单位数<br>(个) | 从业人员期末人数<br>(人) |
|---|---|---|
| **全　国** | **189505** | **2663972** |
| | | |
| 北　京 | 6929 | 106209 |
| 天　津 | 1501 | 22159 |
| 河　北 | 6022 | 85864 |
| 山　西 | 4191 | 63602 |
| 内蒙古 | 2401 | 35724 |
| | | |
| 辽　宁 | 4663 | 45980 |
| 吉　林 | 1491 | 25313 |
| 黑龙江 | 1424 | 22098 |
| | | |
| 上　海 | 5354 | 87096 |
| 江　苏 | 10113 | 156100 |
| 浙　江 | 12809 | 190876 |
| 安　徽 | 6488 | 84825 |
| 福　建 | 6214 | 108707 |
| 江　西 | 4835 | 77606 |
| 山　东 | 10753 | 149781 |
| | | |
| 河　南 | 10325 | 135785 |
| 湖　北 | 9585 | 102382 |
| 湖　南 | 7091 | 104412 |
| 广　东 | 20350 | 286490 |
| 广　西 | 4716 | 75452 |
| 海　南 | 2228 | 50162 |
| | | |
| 重　庆 | 7025 | 66774 |
| 四　川 | 11609 | 162363 |
| 贵　州 | 6839 | 68868 |
| 云　南 | 9975 | 110304 |
| 西　藏 | 1055 | 12616 |
| | | |
| 陕　西 | 5908 | 110091 |
| 甘　肃 | 3500 | 48314 |
| 青　海 | 1141 | 14085 |
| 宁　夏 | 693 | 10490 |
| 新　疆 | 2277 | 43444 |

2-B-3 续表 1

(有限责任公司)

| 地 区 | 法人单位数<br>(个) | 从业人员期末人数<br>(人) |
|---|---|---|
| **全 国** | **157401** | **2405974** |
| 北 京 | 6093 | 90884 |
| 天 津 | 1388 | 21234 |
| 河 北 | 5311 | 76359 |
| 山 西 | 3631 | 54455 |
| 内蒙古 | 2233 | 33924 |
| 辽 宁 | 3284 | 38127 |
| 吉 林 | 1236 | 20891 |
| 黑龙江 | 1259 | 18586 |
| 上 海 | 4356 | 82406 |
| 江 苏 | 9218 | 148046 |
| 浙 江 | 10521 | 173535 |
| 安 徽 | 5924 | 80936 |
| 福 建 | 4787 | 96437 |
| 江 西 | 4152 | 69273 |
| 山 东 | 9932 | 135887 |
| 河 南 | 9471 | 124326 |
| 湖 北 | 7119 | 89978 |
| 湖 南 | 5980 | 93783 |
| 广 东 | 16681 | 256127 |
| 广 西 | 4338 | 71734 |
| 海 南 | 2161 | 49059 |
| 重 庆 | 4760 | 57276 |
| 四 川 | 9831 | 149091 |
| 贵 州 | 4390 | 61009 |
| 云 南 | 6173 | 90671 |
| 西 藏 | 910 | 11581 |
| 陕 西 | 5490 | 104392 |
| 甘 肃 | 3003 | 44167 |
| 青 海 | 973 | 12701 |
| 宁 夏 | 659 | 9436 |
| 新 疆 | 2137 | 39663 |

2-B-3　续表 2

(股份有限公司)

| 地　区 | 法人单位数<br>(个) | 从业人员期末人数<br>(人) |
|---|---|---|
| **全　国** | **412** | **19570** |
| 北　京 | 6 | 192 |
| 天　津 | 27 | 229 |
| 河　北 | 9 | 66 |
| 山　西 | 9 | 241 |
| 内蒙古 | 6 | 135 |
| 辽　宁 | 5 | 342 |
| 吉　林 | 8 | 132 |
| 黑龙江 | 11 | 525 |
| 上　海 | 5 | 539 |
| 江　苏 | 10 | 1404 |
| 浙　江 | 53 | 3550 |
| 安　徽 | 12 | 735 |
| 福　建 | 11 | 800 |
| 江　西 | 9 | 179 |
| 山　东 | 17 | 667 |
| 河　南 | 12 | 961 |
| 湖　北 | 21 | 521 |
| 湖　南 | 11 | 252 |
| 广　东 | 81 | 4447 |
| 广　西 | NA | 226 |
| 海　南 | 7 | 326 |
| 重　庆 | 7 | 497 |
| 四　川 | 21 | 399 |
| 贵　州 | NA | 129 |
| 云　南 | 10 | 907 |
| 西　藏 | NA | 50 |
| 陕　西 | 11 | 157 |
| 甘　肃 | 13 | 203 |
| 青　海 | 4 | 112 |
| 宁　夏 | NA | 88 |
| 新　疆 | 7 | 559 |

2-B-3 续表 3

(非公司企业法人)

| 地 区 | 法人单位数<br>(个) | 从业人员期末人数<br>(人) |
|---|---|---|
| **全 国** | **2404** | **78755** |
| 北 京 | 377 | 12861 |
| 天 津 | 16 | 172 |
| 河 北 | 103 | 5274 |
| 山 西 | 58 | 5627 |
| 内蒙古 | 21 | 525 |
| 辽 宁 | 120 | 1787 |
| 吉 林 | 48 | 3235 |
| 黑龙江 | 53 | 2211 |
| 上 海 | 66 | 635 |
| 江 苏 | 85 | 1881 |
| 浙 江 | 136 | 3153 |
| 安 徽 | 41 | 504 |
| 福 建 | 93 | 2186 |
| 江 西 | 70 | 3408 |
| 山 东 | 121 | 9400 |
| 河 南 | 148 | 4949 |
| 湖 北 | 94 | 1357 |
| 湖 南 | 45 | 2142 |
| 广 东 | 180 | 3979 |
| 广 西 | 61 | 802 |
| 海 南 | 15 | 419 |
| 重 庆 | 22 | 402 |
| 四 川 | 104 | 1946 |
| 贵 州 | 33 | 583 |
| 云 南 | 83 | 2933 |
| 西 藏 | 35 | 454 |
| 陕 西 | 74 | 1830 |
| 甘 肃 | 41 | 943 |
| 青 海 | 23 | 290 |
| 宁 夏 | NA | 687 |
| 新 疆 | 35 | 2180 |

2-B-3　续表 4

(个人独资企业)

| 地　区 | 法人单位数<br>(个) | 从业人员期末人数<br>(人) |
|---|---|---|
| **全　国** | **27705** | **145006** |
| 北　京 | 384 | 1960 |
| 天　津 | 61 | 409 |
| 河　北 | 565 | 3990 |
| 山　西 | 486 | 3203 |
| 内蒙古 | 134 | 1033 |
| 辽　宁 | 1243 | 5654 |
| 吉　林 | 195 | 969 |
| 黑龙江 | 97 | 647 |
| 上　海 | 865 | 3244 |
| 江　苏 | 738 | 4311 |
| 浙　江 | 1815 | 8526 |
| 安　徽 | 467 | 2173 |
| 福　建 | 1219 | 7657 |
| 江　西 | 450 | 3437 |
| 山　东 | 663 | 3714 |
| 河　南 | 660 | 5221 |
| 湖　北 | 2267 | 9869 |
| 湖　南 | 962 | 6981 |
| 广　东 | 3221 | 19906 |
| 广　西 | 278 | 2291 |
| 海　南 | 40 | 330 |
| 重　庆 | 2204 | 8431 |
| 四　川 | 1549 | 9955 |
| 贵　州 | 2371 | 6732 |
| 云　南 | 3682 | 15494 |
| 西　藏 | 104 | 529 |
| 陕　西 | 301 | 3256 |
| 甘　肃 | 430 | 2917 |
| 青　海 | 133 | 882 |
| 宁　夏 | 27 | 263 |
| 新　疆 | 94 | 1022 |

2-B-3 续表 5

(合伙企业)

| 地 区 | 法人单位数(个) | 从业人员期末人数(人) |
|---|---|---|
| **全 国** | **1578** | **14578** |
| 北 京 | 69 | 312 |
| 天 津 | 9 | 115 |
| 河 北 | 34 | 175 |
| 山 西 | 7 | 76 |
| 内蒙古 | 6 | 88 |
| 辽 宁 | 11 | 70 |
| 吉 林 | 4 | 86 |
| 黑龙江 | 4 | 129 |
| 上 海 | 61 | 245 |
| 江 苏 | 62 | 458 |
| 浙 江 | 284 | 2112 |
| 安 徽 | 44 | 477 |
| 福 建 | 104 | 1627 |
| 江 西 | 154 | 1309 |
| 山 东 | 20 | 113 |
| 河 南 | 34 | 328 |
| 湖 北 | 84 | 657 |
| 湖 南 | 93 | 1254 |
| 广 东 | 186 | 2028 |
| 广 西 | 36 | 399 |
| 海 南 | 5 | 28 |
| 重 庆 | 32 | 168 |
| 四 川 | 103 | 935 |
| 贵 州 | 44 | 415 |
| 云 南 | 27 | 299 |
| 西 藏 | NA | 2 |
| 陕 西 | 32 | 456 |
| 甘 肃 | 12 | 81 |
| 青 海 | 8 | 100 |
| 宁 夏 | NA | 16 |
| 新 疆 | 4 | 20 |

2-B-3　续表 6

(港澳台投资企业)

| 地　区 | 法人单位数(个) | 从业人员期末人数(人) |
|---|---|---|
| **全　国** | **914** | **86096** |
| 北　京 | 34 | 9344 |
| 天　津 | 9 | 412 |
| 河　北 | 8 | 680 |
| 山　西 | | |
| 内蒙古 | NA | 640 |
| 辽　宁 | 23 | 2394 |
| 吉　林 | 7 | 166 |
| 黑龙江 | 5 | 894 |
| 上　海 | 42 | 5101 |
| 江　苏 | 65 | 4392 |
| 浙　江 | 76 | 8748 |
| 安　徽 | 9 | 1382 |
| 福　建 | 115 | 9659 |
| 江　西 | 16 | 828 |
| 山　东 | 24 | 1973 |
| 河　南 | 10 | 1172 |
| 湖　北 | 16 | 1829 |
| 湖　南 | 16 | 2073 |
| 广　东 | 317 | 21547 |
| 广　西 | 19 | 2583 |
| 海　南 | 23 | 5322 |
| 重　庆 | 12 | 1217 |
| 四　川 | 19 | 846 |
| 贵　州 | 6 | 96 |
| 云　南 | 29 | 1870 |
| 西　藏 | NA | 197 |
| 陕　西 | 8 | 589 |
| 甘　肃 | NA | 142 |
| 青　海 | | |
| 宁　夏 | | |
| 新　疆 | | |

2-B-3 续表 7

(外商投资企业)

| 地 区 | 法人单位数<br>(个) | 从业人员期末人数<br>(人) |
|---|---|---|
| **全 国** | **370** | **42156** |
| 北 京 | 22 | 4131 |
| 天 津 | 8 | 939 |
| 河 北 | | |
| 山 西 | | |
| 内蒙古 | NA | 143 |
| 辽 宁 | 24 | 1040 |
| 吉 林 | NA | 595 |
| 黑龙江 | NA | 550 |
| 上 海 | 28 | 7480 |
| 江 苏 | 33 | 2519 |
| 浙 江 | 40 | 3574 |
| 安 徽 | NA | 183 |
| 福 建 | 27 | 2880 |
| 江 西 | 5 | 190 |
| 山 东 | 14 | 1344 |
| 河 南 | 4 | 442 |
| 湖 北 | 6 | 229 |
| 湖 南 | 7 | 444 |
| 广 东 | 64 | 8977 |
| 广 西 | 7 | 458 |
| 海 南 | 9 | 1393 |
| 重 庆 | 10 | 908 |
| 四 川 | 15 | 1289 |
| 贵 州 | NA | 3 |
| 云 南 | 27 | 682 |
| 西 藏 | 5 | 489 |
| 陕 西 | 4 | 800 |
| 甘 肃 | NA | 237 |
| 青 海 | NA | 68 |
| 宁 夏 | | |
| 新 疆 | NA | 169 |

# 2-B-4　分地区住宿业企业法人财务状况

单位：亿元

| 地　区 | 资产总计 | 负债合计 | 营业收入 |
|---|---|---|---|
| **全　国** | **23532.74** | **18169.65** | **7119.31** |
| 北　京 | 2003.06 | 1537.80 | 540.97 |
| 天　津 | 368.00 | 351.49 | 61.33 |
| 河　北 | 561.66 | 516.95 | 159.11 |
| 山　西 | 384.73 | 322.58 | 97.47 |
| 内蒙古 | 230.61 | 185.48 | 70.18 |
| 辽　宁 | 412.95 | 381.07 | 112.21 |
| 吉　林 | 210.01 | 167.53 | 50.97 |
| 黑龙江 | 167.31 | 137.53 | 47.92 |
| 上　海 | 1713.02 | 1374.57 | 468.61 |
| 江　苏 | 1616.46 | 1231.51 | 471.66 |
| 浙　江 | 2023.87 | 1607.14 | 578.09 |
| 安　徽 | 511.81 | 330.58 | 183.51 |
| 福　建 | 1142.64 | 675.33 | 372.38 |
| 江　西 | 480.98 | 337.79 | 180.49 |
| 山　东 | 934.39 | 756.53 | 388.55 |
| 河　南 | 635.68 | 407.41 | 246.21 |
| 湖　北 | 607.77 | 383.80 | 290.59 |
| 湖　南 | 566.54 | 390.70 | 272.78 |
| 广　东 | 2641.47 | 2406.11 | 800.08 |
| 广　西 | 482.55 | 366.89 | 134.69 |
| 海　南 | 904.15 | 837.29 | 167.98 |
| 重　庆 | 487.49 | 333.03 | 180.76 |
| 四　川 | 1162.51 | 898.10 | 379.15 |
| 贵　州 | 618.65 | 376.70 | 129.02 |
| 云　南 | 847.00 | 521.80 | 243.74 |
| 西　藏 | 141.69 | 68.06 | 28.30 |
| 陕　西 | 828.40 | 696.43 | 241.02 |
| 甘　肃 | 320.76 | 194.07 | 85.46 |
| 青　海 | 109.69 | 71.05 | 23.29 |
| 宁　夏 | 62.59 | 43.92 | 18.51 |
| 新　疆 | 354.30 | 260.44 | 94.28 |

# 2-B-5 分地区住宿业企业法人财务状况(按国民经济行业分)

(旅游饭店) 单位：亿元

| 地 区 | 资产总计 | 负债合计 | 营业收入 |
|---|---|---|---|
| **全 国** | **15659.48** | **12466.09** | **3776.07** |
| 北 京 | 1473.35 | 1060.19 | 319.11 |
| 天 津 | 273.97 | 248.02 | 29.80 |
| 河 北 | 322.54 | 308.63 | 71.68 |
| 山 西 | 175.11 | 171.54 | 39.36 |
| 内蒙古 | 108.19 | 82.88 | 33.94 |
| 辽 宁 | 247.84 | 251.49 | 53.23 |
| 吉 林 | 132.69 | 109.75 | 29.27 |
| 黑龙江 | 108.35 | 85.70 | 23.68 |
| 上 海 | 1294.36 | 1006.07 | 264.41 |
| 江 苏 | 1051.30 | 776.42 | 253.84 |
| 浙 江 | 1516.91 | 1200.70 | 365.17 |
| 安 徽 | 295.36 | 212.39 | 81.25 |
| 福 建 | 939.01 | 561.45 | 253.23 |
| 江 西 | 268.85 | 217.00 | 80.02 |
| 山 东 | 583.48 | 492.44 | 197.23 |
| 河 南 | 301.47 | 239.78 | 91.40 |
| 湖 北 | 298.26 | 225.30 | 99.68 |
| 湖 南 | 305.58 | 249.58 | 122.53 |
| 广 东 | 1924.19 | 1760.11 | 469.50 |
| 广 西 | 314.55 | 234.50 | 73.14 |
| 海 南 | 829.06 | 759.92 | 145.29 |
| 重 庆 | 331.38 | 241.49 | 83.70 |
| 四 川 | 725.02 | 584.80 | 187.74 |
| 贵 州 | 331.51 | 259.43 | 69.86 |
| 云 南 | 404.96 | 301.33 | 89.02 |
| 西 藏 | 62.58 | 32.96 | 10.52 |
| 陕 西 | 521.07 | 441.69 | 115.90 |
| 甘 肃 | 194.62 | 124.00 | 46.10 |
| 青 海 | 61.77 | 39.39 | 11.28 |
| 宁 夏 | 39.13 | 26.11 | 10.59 |
| 新 疆 | 223.03 | 161.01 | 54.59 |

2-B-5 续表 1

(一般旅馆) 单位：亿元

| 地区 | 资产总计 | 负债合计 | 营业收入 |
|---|---|---|---|
| **全国** | **6653.11** | **4963.88** | **2934.19** |
| 北京 | 467.68 | 420.52 | 201.33 |
| 天津 | 72.53 | 83.19 | 28.98 |
| 河北 | 211.18 | 185.81 | 78.05 |
| 山西 | 190.36 | 136.82 | 52.82 |
| 内蒙古 | 110.47 | 93.53 | 32.82 |
| 辽宁 | 136.12 | 109.65 | 50.22 |
| 吉林 | 61.06 | 43.66 | 19.12 |
| 黑龙江 | 49.65 | 47.76 | 21.00 |
| 上海 | 390.80 | 350.33 | 197.44 |
| 江苏 | 463.55 | 369.72 | 196.78 |
| 浙江 | 421.17 | 356.47 | 191.44 |
| 安徽 | 174.68 | 102.64 | 90.81 |
| 福建 | 159.64 | 102.63 | 102.90 |
| 江西 | 170.38 | 102.80 | 82.79 |
| 山东 | 281.45 | 206.38 | 163.72 |
| 河南 | 290.73 | 150.81 | 139.77 |
| 湖北 | 256.82 | 130.81 | 157.47 |
| 湖南 | 224.19 | 122.91 | 120.83 |
| 广东 | 623.92 | 574.15 | 290.71 |
| 广西 | 151.50 | 122.10 | 57.22 |
| 海南 | 55.63 | 58.32 | 19.18 |
| 重庆 | 133.16 | 85.53 | 83.30 |
| 四川 | 374.61 | 280.66 | 170.21 |
| 贵州 | 242.22 | 102.13 | 52.28 |
| 云南 | 341.08 | 191.30 | 121.40 |
| 西藏 | 70.34 | 30.39 | 15.17 |
| 陕西 | 258.05 | 217.33 | 109.26 |
| 甘肃 | 108.50 | 61.72 | 35.52 |
| 青海 | 41.00 | 27.98 | 10.37 |
| 宁夏 | 20.07 | 16.17 | 7.03 |
| 新疆 | 100.56 | 79.66 | 34.24 |

2-B-5 续表 2

(民宿服务)

单位：亿元

| 地 区 | 资产总计 | 负债合计 | 营业收入 |
|---|---|---|---|
| **全 国** | **448.75** | **185.73** | **174.08** |
| 北 京 | 13.29 | 12.73 | 2.91 |
| 天 津 | 0.89 | 2.77 | 0.32 |
| 河 北 | 7.16 | 2.78 | 3.51 |
| 山 西 | 4.12 | 1.93 | 1.21 |
| 内蒙古 | 1.40 | 0.39 | 0.37 |
| 辽 宁 | 3.19 | 1.61 | 1.37 |
| 吉 林 | 1.34 | 0.70 | 0.48 |
| 黑龙江 | 0.43 | 0.19 | 0.46 |
| 上 海 | 4.59 | 3.89 | 2.52 |
| 江 苏 | 13.07 | 7.29 | 4.87 |
| 浙 江 | 72.34 | 40.97 | 16.98 |
| 安 徽 | 20.48 | 6.51 | 5.75 |
| 福 建 | 35.61 | 7.97 | 9.47 |
| 江 西 | 11.71 | 5.11 | 4.22 |
| 山 东 | 19.93 | 10.01 | 11.52 |
| 河 南 | 17.06 | 2.24 | 5.51 |
| 湖 北 | 20.95 | 7.05 | 17.83 |
| 湖 南 | 16.41 | 5.36 | 12.33 |
| 广 东 | 28.50 | 17.30 | 14.89 |
| 广 西 | 5.29 | 2.12 | 1.56 |
| 海 南 | 3.67 | 2.56 | 0.82 |
| 重 庆 | 12.30 | 2.45 | 7.62 |
| 四 川 | 27.49 | 9.40 | 11.42 |
| 贵 州 | 18.18 | 5.83 | 3.75 |
| 云 南 | 61.96 | 11.61 | 25.40 |
| 西 藏 | 1.39 | 0.28 | 0.33 |
| 陕 西 | 9.48 | 5.01 | 3.14 |
| 甘 肃 | 4.31 | 1.30 | 0.74 |
| 青 海 | 0.74 | 0.26 | 0.29 |
| 宁 夏 | 3.08 | 1.43 | 0.64 |
| 新 疆 | 8.40 | 6.68 | 1.84 |

2-B-5　续表 3

(露营地服务)　　单位：亿元

| 地　区 | 资产总计 | 负债合计 | 营业收入 |
|---|---|---|---|
| **全　国** | **53.76** | **28.51** | **14.09** |
| 北　京 | 1.63 | 1.13 | 0.27 |
| 天　津 | 0.16 | 0.19 | 0.03 |
| 河　北 | 0.18 | 0.09 | 0.13 |
| 山　西 | 1.17 | 0.65 | 0.19 |
| 内蒙古 | 0.36 | 0.25 | 0.15 |
| 辽　宁 | 0.90 | 0.99 | 0.11 |
| 吉　林 | 0.48 | 0.01 | 0.07 |
| 黑龙江 | 0.74 | 0.75 | 0.01 |
| 上　海 | 0.48 | 0.29 | 0.29 |
| 江　苏 | 0.78 | 1.32 | 0.44 |
| 浙　江 | 4.75 | 1.96 | 1.77 |
| 安　徽 | 7.92 | 2.36 | 0.57 |
| 福　建 | 1.09 | 0.53 | 0.86 |
| 江　西 | 0.58 | 0.35 | 0.32 |
| 山　东 | 0.57 | 0.18 | 0.58 |
| 河　南 | 4.35 | 0.20 | 0.71 |
| 湖　北 | 2.23 | 0.79 | 1.13 |
| 湖　南 | 0.79 | 0.12 | 0.77 |
| 广　东 | 1.85 | 0.79 | 1.41 |
| 广　西 | 5.38 | 3.86 | 0.35 |
| 海　南 | 0.04 | 0.04 | 0.02 |
| 重　庆 | 1.31 | 0.42 | 0.61 |
| 四　川 | 1.96 | 3.27 | 1.02 |
| 贵　州 | 3.30 | 2.39 | 0.46 |
| 云　南 | 2.93 | 0.69 | 0.63 |
| 西　藏 | 0.28 | 0.24 | 0.18 |
| 陕　西 | 5.22 | 3.19 | 0.51 |
| 甘　肃 | 0.95 | 0.41 | 0.17 |
| 青　海 | 0.03 | 0.01 | 0.01 |
| 宁　夏 | 0.07 | 0.06 | 0.11 |
| 新　疆 | 1.25 | 0.98 | 0.21 |

2-B-5 续表 4

(其他住宿业) 单位：亿元

| 地 区 | 资产总计 | 负债合计 | 营业收入 |
|---|---|---|---|
| **全 国** | **717.64** | **525.45** | **220.88** |
| 北 京 | 47.10 | 43.23 | 17.35 |
| 天 津 | 20.46 | 17.32 | 2.21 |
| 河 北 | 20.61 | 19.64 | 5.74 |
| 山 西 | 13.97 | 11.64 | 3.88 |
| 内蒙古 | 10.19 | 8.43 | 2.90 |
| 辽 宁 | 24.89 | 17.32 | 7.28 |
| 吉 林 | 14.44 | 13.41 | 2.03 |
| 黑龙江 | 8.14 | 3.14 | 2.76 |
| 上 海 | 22.78 | 13.98 | 3.95 |
| 江 苏 | 87.76 | 76.77 | 15.72 |
| 浙 江 | 8.70 | 7.03 | 2.73 |
| 安 徽 | 13.37 | 6.68 | 5.13 |
| 福 建 | 7.30 | 2.75 | 5.92 |
| 江 西 | 29.45 | 12.53 | 13.14 |
| 山 东 | 48.95 | 47.52 | 15.49 |
| 河 南 | 22.07 | 14.38 | 8.82 |
| 湖 北 | 29.49 | 19.85 | 14.47 |
| 湖 南 | 19.56 | 12.73 | 16.33 |
| 广 东 | 63.01 | 53.76 | 23.57 |
| 广 西 | 5.83 | 4.31 | 2.42 |
| 海 南 | 15.74 | 16.45 | 2.67 |
| 重 庆 | 9.33 | 3.14 | 5.53 |
| 四 川 | 33.42 | 19.96 | 8.76 |
| 贵 州 | 23.44 | 6.92 | 2.67 |
| 云 南 | 36.08 | 16.87 | 7.29 |
| 西 藏 | 7.11 | 4.19 | 2.10 |
| 陕 西 | 34.57 | 29.21 | 12.21 |
| 甘 肃 | 12.39 | 6.63 | 2.94 |
| 青 海 | 6.14 | 3.41 | 1.34 |
| 宁 夏 | 0.24 | 0.14 | 0.13 |
| 新 疆 | 21.06 | 12.11 | 3.40 |

# 2-B-6　分地区住宿业企业法人财务状况(按登记注册统计类别分)

(内资企业)　　　　单位：亿元

| 地　区 | 资产总计 | 负债合计 | 营业收入 |
|---|---|---|---|
| **全　国** | **20218.07** | **15779.03** | **6599.54** |
| 北　京 | 1377.08 | 1209.85 | 454.24 |
| 天　津 | 285.40 | 269.62 | 54.80 |
| 河　北 | 547.21 | 501.92 | 157.20 |
| 山　西 | 383.96 | 322.57 | 97.44 |
| 内蒙古 | 220.45 | 178.26 | 68.00 |
| 辽　宁 | 361.39 | 335.04 | 101.51 |
| 吉　林 | 198.91 | 158.58 | 48.84 |
| 黑龙江 | 149.59 | 122.24 | 44.40 |
| 上　海 | 1049.10 | 874.66 | 378.34 |
| 江　苏 | 1470.37 | 1094.70 | 444.51 |
| 浙　江 | 1776.60 | 1412.16 | 532.21 |
| 安　徽 | 482.34 | 300.05 | 179.48 |
| 福　建 | 748.30 | 474.98 | 332.33 |
| 江　西 | 467.98 | 327.16 | 177.87 |
| 山　东 | 861.47 | 713.60 | 377.18 |
| 河　南 | 622.89 | 393.40 | 243.34 |
| 湖　北 | 585.00 | 362.29 | 283.48 |
| 湖　南 | 541.31 | 365.82 | 266.62 |
| 广　东 | 2163.79 | 1966.64 | 708.51 |
| 广　西 | 449.79 | 339.36 | 127.80 |
| 海　南 | 709.42 | 693.54 | 132.24 |
| 重　庆 | 464.54 | 318.74 | 173.71 |
| 四　川 | 1125.27 | 881.71 | 369.81 |
| 贵　州 | 617.56 | 376.55 | 128.77 |
| 云　南 | 804.01 | 493.58 | 237.98 |
| 西　藏 | 123.90 | 59.42 | 25.31 |
| 陕　西 | 789.85 | 668.13 | 234.09 |
| 甘　肃 | 317.89 | 192.52 | 84.39 |
| 青　海 | 107.96 | 71.02 | 23.20 |
| 宁　夏 | 61.89 | 43.86 | 18.31 |
| 新　疆 | 352.90 | 257.06 | 93.64 |

2-B-6 续表 1

(有限责任公司) 单位：亿元

| 地 区 | 资产总计 | 负债合计 | 营业收入 |
|---|---|---|---|
| **全 国** | **18833.57** | **15096.30** | **6023.72** |
| 北 京 | 1241.11 | 1127.03 | 398.79 |
| 天 津 | 273.51 | 256.35 | 53.15 |
| 河 北 | 508.81 | 470.55 | 143.25 |
| 山 西 | 353.20 | 293.29 | 84.24 |
| 内蒙古 | 208.73 | 166.09 | 65.23 |
| 辽 宁 | 331.94 | 315.28 | 90.35 |
| 吉 林 | 178.94 | 151.13 | 42.38 |
| 黑龙江 | 118.72 | 100.90 | 38.94 |
| 上 海 | 1029.22 | 860.78 | 368.69 |
| 江 苏 | 1419.27 | 1074.41 | 422.38 |
| 浙 江 | 1669.28 | 1359.04 | 488.12 |
| 安 徽 | 460.33 | 291.99 | 171.23 |
| 福 建 | 645.79 | 440.75 | 297.72 |
| 江 西 | 428.74 | 310.34 | 157.60 |
| 山 东 | 766.69 | 675.37 | 341.59 |
| 河 南 | 563.09 | 368.57 | 224.97 |
| 湖 北 | 537.54 | 348.30 | 245.30 |
| 湖 南 | 503.77 | 352.93 | 237.27 |
| 广 东 | 2029.62 | 1879.10 | 646.37 |
| 广 西 | 434.70 | 331.26 | 122.97 |
| 海 南 | 698.53 | 686.92 | 130.68 |
| 重 庆 | 427.19 | 312.07 | 151.64 |
| 四 川 | 1064.29 | 848.40 | 341.90 |
| 贵 州 | 581.74 | 364.07 | 117.29 |
| 云 南 | 705.63 | 468.80 | 192.31 |
| 西 藏 | 115.02 | 57.16 | 23.45 |
| 陕 西 | 755.81 | 651.83 | 223.09 |
| 甘 肃 | 300.15 | 182.31 | 77.96 |
| 青 海 | 95.81 | 64.36 | 21.37 |
| 宁 夏 | 51.12 | 40.81 | 16.69 |
| 新 疆 | 335.27 | 246.11 | 86.79 |

2-B-6　续表 2

(股份有限公司)　　单位：亿元

| 地　区 | 资产总计 | 负债合计 | 营业收入 |
|---|---|---|---|
| **全　国** | **340.63** | **155.29** | **53.53** |
| 北　京 | 1.36 | 1.97 | 0.85 |
| 天　津 | 8.11 | 9.42 | 0.37 |
| 河　北 | 0.21 | 0.03 | 0.07 |
| 山　西 | 4.14 | 3.85 | 0.28 |
| 内蒙古 | 7.06 | 6.81 | 0.46 |
| 辽　宁 | 2.43 | 2.29 | 0.72 |
| 吉　林 | 0.54 | 0.12 | 0.24 |
| 黑龙江 | 5.08 | 4.32 | 1.66 |
| 上　海 | 12.28 | 8.90 | 1.86 |
| 江　苏 | 23.97 | 6.86 | 4.91 |
| 浙　江 | 53.82 | 29.19 | 8.78 |
| 安　徽 | 11.78 | 5.31 | 1.54 |
| 福　建 | 65.18 | 13.00 | 3.10 |
| 江　西 | 6.88 | 4.32 | 0.49 |
| 山　东 | 10.80 | 3.83 | 2.93 |
| 河　南 | 18.09 | 5.88 | 1.75 |
| 湖　北 | 4.18 | 0.81 | 1.12 |
| 湖　南 | 1.01 | 1.78 | 0.53 |
| 广　东 | 53.90 | 16.21 | 13.80 |
| 广　西 | 3.29 | 2.99 | 0.42 |
| 海　南 | 8.47 | 4.10 | 0.66 |
| 重　庆 | 6.46 | 2.28 | 0.95 |
| 四　川 | 4.71 | 1.43 | 0.75 |
| 贵　州 | 2.36 | 2.59 | 0.39 |
| 云　南 | 7.82 | 6.26 | 2.19 |
| 西　藏 | 0.32 | 0.27 | 0.12 |
| 陕　西 | 2.05 | 0.98 | 0.27 |
| 甘　肃 | 4.55 | 3.69 | 0.68 |
| 青　海 | 5.19 | 4.08 | 0.16 |
| 宁　夏 | 0.57 | 0.19 | 0.07 |
| 新　疆 | 4.02 | 1.53 | 1.41 |

2-B-6 续表 3

(非公司企业法人) 单位：亿元

| 地 区 | 资产总计 | 负债合计 | 营业收入 |
|---|---|---|---|
| **全 国** | **529.77** | **354.71** | **177.09** |
| 北 京 | 128.98 | 76.85 | 47.85 |
| 天 津 | 1.07 | 1.28 | 0.41 |
| 河 北 | 28.48 | 27.84 | 7.05 |
| 山 西 | 18.35 | 20.67 | 8.80 |
| 内蒙古 | 0.59 | 1.88 | 0.78 |
| 辽 宁 | 9.93 | 10.31 | 2.98 |
| 吉 林 | 15.68 | 5.81 | 4.60 |
| 黑龙江 | 21.94 | 15.87 | 2.71 |
| 上 海 | 2.78 | 1.23 | 1.46 |
| 江 苏 | 11.29 | 4.62 | 4.29 |
| 浙 江 | 25.82 | 10.66 | 11.39 |
| 安 徽 | 1.65 | 0.53 | 0.83 |
| 福 建 | 13.88 | 12.63 | 5.41 |
| 江 西 | 17.43 | 8.32 | 7.03 |
| 山 东 | 63.37 | 28.81 | 23.10 |
| 河 南 | 28.10 | 15.70 | 7.40 |
| 湖 北 | 8.38 | 4.68 | 4.29 |
| 湖 南 | 11.30 | 4.99 | 5.10 |
| 广 东 | 29.76 | 43.10 | 7.98 |
| 广 西 | 2.72 | 1.90 | 1.12 |
| 海 南 | 0.69 | 1.77 | 0.48 |
| 重 庆 | 2.74 | 1.65 | 0.96 |
| 四 川 | 22.36 | 21.77 | 4.67 |
| 贵 州 | 4.58 | 4.55 | 0.98 |
| 云 南 | 12.08 | 6.62 | 4.37 |
| 西 藏 | 3.70 | 1.08 | 0.87 |
| 陕 西 | 20.31 | 10.47 | 3.10 |
| 甘 肃 | 3.08 | 2.26 | 1.48 |
| 青 海 | 1.03 | 0.38 | 0.29 |
| 宁 夏 | 9.27 | 2.45 | 1.25 |
| 新 疆 | 8.45 | 4.05 | 4.02 |

2-B-6 续表 4

(个人独资企业) 单位：亿元

| 地 区 | 资产总计 | 负债合计 | 营业收入 |
|---|---|---|---|
| **全 国** | **456.56** | **147.18** | **312.90** |
| 北 京 | 4.31 | 2.94 | 5.60 |
| 天 津 | 2.51 | 2.32 | 0.67 |
| 河 北 | 8.96 | 3.03 | 6.58 |
| 山 西 | 8.16 | 4.76 | 4.01 |
| 内蒙古 | 3.43 | 3.13 | 1.36 |
| 辽 宁 | 16.83 | 7.13 | 7.33 |
| 吉 林 | 3.72 | 1.30 | 1.55 |
| 黑龙江 | 3.24 | 0.52 | 0.83 |
| 上 海 | 4.44 | 3.59 | 5.95 |
| 江 苏 | 14.14 | 7.50 | 12.05 |
| 浙 江 | 21.94 | 9.75 | 19.63 |
| 安 徽 | 7.03 | 1.54 | 5.04 |
| 福 建 | 19.05 | 7.42 | 21.73 |
| 江 西 | 10.00 | 2.62 | 9.32 |
| 山 东 | 12.53 | 5.13 | 9.17 |
| 河 南 | 12.36 | 3.06 | 8.71 |
| 湖 北 | 31.64 | 7.25 | 30.99 |
| 湖 南 | 21.26 | 4.71 | 19.90 |
| 广 东 | 45.21 | 22.06 | 36.58 |
| 广 西 | 7.22 | 2.55 | 2.77 |
| 海 南 | 1.58 | 0.75 | 0.40 |
| 重 庆 | 27.48 | 2.66 | 19.82 |
| 四 川 | 30.50 | 8.58 | 20.34 |
| 贵 州 | 27.23 | 4.91 | 9.37 |
| 云 南 | 75.60 | 11.05 | 38.51 |
| 西 藏 | 4.73 | 0.91 | 0.86 |
| 陕 西 | 10.47 | 4.43 | 6.77 |
| 甘 肃 | 9.56 | 3.82 | 4.14 |
| 青 海 | 5.60 | 2.03 | 1.31 |
| 宁 夏 | 0.87 | 0.38 | 0.26 |
| 新 疆 | 4.98 | 5.34 | 1.35 |

2-B-6 续表 5

(合伙企业) 单位：亿元

| 地 区 | 资产总计 | 负债合计 | 营业收入 |
|---|---|---|---|
| **全 国** | **57.43** | **25.48** | **32.19** |
| 北 京 | 1.32 | 1.05 | 1.14 |
| 天 津 | 0.21 | 0.25 | 0.20 |
| 河 北 | 0.76 | 0.47 | 0.26 |
| 山 西 | 0.11 | 0.01 | 0.10 |
| 内蒙古 | 0.61 | 0.34 | 0.13 |
| 辽 宁 | 0.26 | 0.03 | 0.14 |
| 吉 林 | 0.03 | 0.22 | 0.06 |
| 黑龙江 | 0.60 | 0.64 | 0.26 |
| 上 海 | 0.36 | 0.16 | 0.35 |
| 江 苏 | 1.69 | 1.31 | 0.88 |
| 浙 江 | 5.74 | 3.51 | 4.29 |
| 安 徽 | 1.55 | 0.68 | 0.84 |
| 福 建 | 4.39 | 1.19 | 4.37 |
| 江 西 | 4.92 | 1.56 | 3.43 |
| 山 东 | 8.08 | 0.46 | 0.38 |
| 河 南 | 1.25 | 0.18 | 0.50 |
| 湖 北 | 3.26 | 1.25 | 1.78 |
| 湖 南 | 3.97 | 1.42 | 3.80 |
| 广 东 | 5.29 | 6.16 | 3.77 |
| 广 西 | 1.87 | 0.65 | 0.52 |
| 海 南 | 0.16 | 0.01 | 0.02 |
| 重 庆 | 0.66 | 0.08 | 0.34 |
| 四 川 | 3.36 | 1.47 | 2.10 |
| 贵 州 | 1.64 | 0.43 | 0.74 |
| 云 南 | 2.88 | 0.85 | 0.59 |
| 西 藏 | 0.14 | | |
| 陕 西 | 1.21 | 0.42 | 0.87 |
| 甘 肃 | 0.55 | 0.44 | 0.12 |
| 青 海 | 0.33 | 0.17 | 0.08 |
| 宁 夏 | 0.05 | 0.04 | 0.04 |
| 新 疆 | 0.18 | 0.03 | 0.07 |

2-B-6　续表 6

(港澳台投资企业)　　单位：亿元

| 地　区 | 资产总计 | 负债合计 | 营业收入 |
|---|---|---|---|
| **全　国** | **1932.94** | **1564.48** | **328.90** |
| 北　京 | 308.38 | 211.91 | 61.52 |
| 天　津 | 57.95 | 58.36 | 1.30 |
| 河　北 | 14.10 | 14.92 | 1.70 |
| 山　西 | | | |
| 内蒙古 | 6.43 | 4.79 | 1.81 |
| 辽　宁 | 37.95 | 30.87 | 7.06 |
| 吉　林 | 2.65 | 2.13 | 0.37 |
| 黑龙江 | 12.93 | 14.22 | 1.92 |
| 上　海 | 398.89 | 289.15 | 38.70 |
| 江　苏 | 91.98 | 94.67 | 13.58 |
| 浙　江 | 181.80 | 144.05 | 33.59 |
| 安　徽 | 28.23 | 29.15 | 3.66 |
| 福　建 | 119.20 | 95.57 | 29.63 |
| 江　西 | 11.30 | 9.36 | 2.14 |
| 山　东 | 35.48 | 20.06 | 6.76 |
| 河　南 | 8.24 | 8.37 | 2.35 |
| 湖　北 | 21.15 | 20.62 | 6.09 |
| 湖　南 | 22.60 | 22.50 | 5.08 |
| 广　东 | 293.84 | 285.96 | 61.07 |
| 广　西 | 27.55 | 21.83 | 5.81 |
| 海　南 | 165.87 | 121.80 | 27.36 |
| 重　庆 | 4.94 | 10.99 | 3.73 |
| 四　川 | 11.75 | 7.43 | 3.69 |
| 贵　州 | 0.44 | 0.11 | 0.10 |
| 云　南 | 30.40 | 20.46 | 3.96 |
| 西　藏 | 4.37 | 4.33 | 0.84 |
| 陕　西 | 33.86 | 20.70 | 4.67 |
| 甘　肃 | 0.65 | 0.17 | 0.39 |
| 青　海 | | | |
| 宁　夏 | | | |
| 新　疆 | | | |

2-B-6 续表 7

(外商投资企业) 单位：亿元

| 地 区 | 资产总计 | 负债合计 | 营业收入 |
|---|---|---|---|
| **全 国** | **1369.57** | **823.91** | **186.90** |
| 北 京 | 317.13 | 115.67 | 25.11 |
| 天 津 | 24.65 | 23.51 | 5.23 |
| 河 北 | | | |
| 山 西 | | | |
| 内蒙古 | 3.61 | 2.41 | 0.35 |
| 辽 宁 | 13.61 | 15.16 | 3.64 |
| 吉 林 | 8.43 | 6.83 | 1.75 |
| 黑龙江 | 4.78 | 1.06 | 1.61 |
| 上 海 | 264.06 | 210.44 | 51.06 |
| 江 苏 | 53.75 | 41.81 | 13.43 |
| 浙 江 | 65.44 | 50.90 | 12.28 |
| 安 徽 | 1.23 | 1.38 | 0.32 |
| 福 建 | 274.99 | 104.75 | 10.27 |
| 江 西 | 1.43 | 1.26 | 0.37 |
| 山 东 | 37.21 | 22.84 | 4.45 |
| 河 南 | 4.54 | 5.64 | 0.52 |
| 湖 北 | 1.11 | 0.75 | 0.43 |
| 湖 南 | 2.57 | 2.37 | 0.96 |
| 广 东 | 183.66 | 153.50 | 30.47 |
| 广 西 | 5.11 | 5.61 | 1.06 |
| 海 南 | 28.67 | 21.80 | 8.39 |
| 重 庆 | 17.38 | 3.23 | 3.13 |
| 四 川 | 24.91 | 8.94 | 5.43 |
| 贵 州 | | | |
| 云 南 | 11.70 | 7.72 | 1.63 |
| 西 藏 | 11.11 | 4.08 | 1.89 |
| 陕 西 | 4.64 | 7.59 | 2.23 |
| 甘 肃 | 1.08 | 1.31 | 0.39 |
| 青 海 | 1.70 | 0.01 | 0.08 |
| 宁 夏 | | | |
| 新 疆 | 1.07 | 3.33 | 0.42 |

# 2-B-7　分地区餐饮业企业法人基本情况

| 地　区 | 法人单位数（个） | 从业人员期末人数（人） | 年末餐饮营业面积（万平方米） |
|---|---|---|---|
| **全　国** | **520340** | **6142023** | **22120.99** |
| 北　京 | 44081 | 462420 | 1178.09 |
| 天　津 | 5840 | 89623 | 229.99 |
| 河　北 | 16638 | 141463 | 827.28 |
| 山　西 | 10259 | 121102 | 500.78 |
| 内蒙古 | 3278 | 46814 | 312.71 |
| 辽　宁 | 9599 | 109405 | 346.04 |
| 吉　林 | 3944 | 35039 | 160.51 |
| 黑龙江 | 2535 | 23307 | 111.60 |
| 上　海 | 22394 | 459353 | 985.70 |
| 江　苏 | 35697 | 498516 | 1806.66 |
| 浙　江 | 26671 | 355080 | 1374.23 |
| 安　徽 | 20084 | 236097 | 1097.08 |
| 福　建 | 15057 | 198853 | 621.07 |
| 江　西 | 8862 | 113775 | 437.79 |
| 山　东 | 37699 | 374667 | 1592.68 |
| 河　南 | 27569 | 232292 | 945.37 |
| 湖　北 | 26326 | 290163 | 1259.84 |
| 湖　南 | 17687 | 202859 | 718.21 |
| 广　东 | 72620 | 916497 | 2403.08 |
| 广　西 | 8197 | 101616 | 426.04 |
| 海　南 | 2080 | 29313 | 101.59 |
| 重　庆 | 19343 | 157909 | 730.26 |
| 四　川 | 28578 | 392507 | 1443.43 |
| 贵　州 | 13012 | 91414 | 473.64 |
| 云　南 | 17239 | 141321 | 607.78 |
| 西　藏 | 1116 | 8415 | 49.08 |
| 陕　西 | 11616 | 173615 | 606.64 |
| 甘　肃 | 6361 | 71282 | 409.68 |
| 青　海 | 1281 | 13344 | 88.70 |
| 宁　夏 | 1390 | 15630 | 79.29 |
| 新　疆 | 3287 | 38332 | 196.17 |

# 2-B-8 分地区餐饮业企业法人基本情况(按国民经济行业分)

(正餐服务)

| 地 区 | 法人单位数(个) | 从业人员期末人数(人) | 年末餐饮营业面积(万平方米) |
|---|---|---|---|
| **全 国** | **415145** | **4415014** | **18718.60** |
| 北 京 | 33798 | 290576 | 810.39 |
| 天 津 | 4601 | 41668 | 158.42 |
| 河 北 | 14119 | 124855 | 775.66 |
| 山 西 | 8999 | 104997 | 472.62 |
| 内蒙古 | 2870 | 41666 | 295.24 |
| 辽 宁 | 7464 | 49931 | 255.45 |
| 吉 林 | 2955 | 23602 | 134.76 |
| 黑龙江 | 1919 | 16193 | 91.90 |
| 上 海 | 15377 | 300590 | 689.59 |
| 江 苏 | 29368 | 352023 | 1553.11 |
| 浙 江 | 20363 | 261532 | 1170.06 |
| 安 徽 | 16633 | 183557 | 969.95 |
| 福 建 | 12216 | 133431 | 486.85 |
| 江 西 | 7865 | 96025 | 401.23 |
| 山 东 | 30392 | 284085 | 1344.85 |
| 河 南 | 24021 | 195265 | 840.41 |
| 湖 北 | 22934 | 225328 | 1153.51 |
| 湖 南 | 14229 | 158499 | 631.72 |
| 广 东 | 52177 | 587834 | 1871.19 |
| 广 西 | 6151 | 75418 | 372.34 |
| 海 南 | 1687 | 22608 | 83.51 |
| 重 庆 | 17115 | 133541 | 663.59 |
| 四 川 | 22590 | 259529 | 1231.45 |
| 贵 州 | 11266 | 76968 | 435.57 |
| 云 南 | 13328 | 112729 | 543.46 |
| 西 藏 | 910 | 6529 | 37.37 |
| 陕 西 | 9745 | 142082 | 546.29 |
| 甘 肃 | 5211 | 61667 | 381.28 |
| 青 海 | 1107 | 12179 | 83.67 |
| 宁 夏 | 1171 | 13629 | 74.05 |
| 新 疆 | 2564 | 26478 | 159.11 |

2-B-8　续表 1

(快餐服务)

| 地　区 | 法人单位数<br>(个) | 从业人员<br>期末人数<br>(人) | 年末餐饮<br>营业面积<br>(万平方米) |
|---|---|---|---|
| **全　国** | **34279** | **879108** | **1547.55** |
| 北　京 | 4789 | 92822 | 142.14 |
| 天　津 | 427 | 31334 | 45.64 |
| 河　北 | 1279 | 7280 | 25.77 |
| 山　西 | 351 | 9640 | 15.76 |
| 内蒙古 | 174 | 3363 | 11.61 |
| 辽　宁 | 773 | 46438 | 56.96 |
| 吉　林 | 316 | 3988 | 6.58 |
| 黑龙江 | 268 | 3814 | 8.69 |
| 上　海 | 2105 | 69765 | 134.92 |
| 江　苏 | 2376 | 86742 | 135.49 |
| 浙　江 | 1910 | 59114 | 110.18 |
| 安　徽 | 1119 | 30683 | 67.30 |
| 福　建 | 801 | 40214 | 72.58 |
| 江　西 | 215 | 6420 | 14.79 |
| 山　东 | 4328 | 53094 | 145.29 |
| 河　南 | 1395 | 17589 | 47.24 |
| 湖　北 | 777 | 38412 | 54.30 |
| 湖　南 | 644 | 22480 | 30.08 |
| 广　东 | 6838 | 161211 | 223.97 |
| 广　西 | 641 | 12837 | 25.06 |
| 海　南 | 73 | 2921 | 3.53 |
| 重　庆 | 511 | 11965 | 34.96 |
| 四　川 | 742 | 30981 | 50.12 |
| 贵　州 | 192 | 1550 | 7.59 |
| 云　南 | 289 | 6390 | 10.88 |
| 西　藏 | 19 | 562 | 6.71 |
| 陕　西 | 401 | 15500 | 29.52 |
| 甘　肃 | 261 | 4934 | 9.58 |
| 青　海 | 63 | 327 | 1.50 |
| 宁　夏 | 31 | 249 | 0.94 |
| 新　疆 | 171 | 6489 | 17.88 |

2-B-8 续表 2

(饮料及冷饮服务)

| 地 区 | 法人单位数(个) | 从业人员期末人数(人) | 年末餐饮营业面积(万平方米) |
|---|---|---|---|
| **全 国** | **21188** | **257192** | **636.27** |
| 北 京 | 1776 | 23803 | 86.89 |
| 天 津 | 173 | 1437 | 2.85 |
| 河 北 | 246 | 1532 | 4.79 |
| 山 西 | 159 | 1124 | 3.24 |
| 内蒙古 | 74 | 426 | 2.27 |
| 辽 宁 | 253 | 3110 | 7.34 |
| 吉 林 | 131 | 529 | 2.27 |
| 黑龙江 | 62 | 521 | 0.85 |
| 上 海 | 1885 | 52737 | 110.44 |
| 江 苏 | 1133 | 14377 | 27.19 |
| 浙 江 | 1501 | 12920 | 41.79 |
| 安 徽 | 430 | 4444 | 17.32 |
| 福 建 | 538 | 8380 | 20.58 |
| 江 西 | 206 | 2307 | 4.36 |
| 山 东 | 655 | 5218 | 13.41 |
| 河 南 | 313 | 2401 | 6.58 |
| 湖 北 | 515 | 8548 | 17.32 |
| 湖 南 | 1088 | 8389 | 18.89 |
| 广 东 | 4510 | 61283 | 117.48 |
| 广 西 | 372 | 3553 | 9.59 |
| 海 南 | 173 | 1677 | 6.24 |
| 重 庆 | 540 | 4853 | 12.20 |
| 四 川 | 2548 | 18921 | 60.20 |
| 贵 州 | 463 | 3274 | 8.36 |
| 云 南 | 707 | 4913 | 12.36 |
| 西 藏 | 61 | 423 | 1.38 |
| 陕 西 | 304 | 3814 | 9.36 |
| 甘 肃 | 242 | 1297 | 6.84 |
| 青 海 | 23 | 176 | 0.51 |
| 宁 夏 | 40 | 387 | 1.11 |
| 新 疆 | 67 | 418 | 2.27 |

2-B-8　续表 3

(餐饮配送及外卖送餐服务)

| 地　区 | 法人单位数(个) | 从业人员期末人数(人) | 年末餐饮营业面积(万平方米) |
|---|---|---|---|
| **全　国** | **12204** | **271206** | **432.66** |
| 北　京 | 370 | 17943 | 13.43 |
| 天　津 | 294 | 5986 | 11.49 |
| 河　北 | 323 | 4489 | 9.91 |
| 山　西 | 129 | 1552 | 2.52 |
| 内蒙古 | 65 | 809 | 1.90 |
| 辽　宁 | 397 | 5983 | 11.15 |
| 吉　林 | 220 | 5063 | 8.26 |
| 黑龙江 | 159 | 2271 | 7.31 |
| 上　海 | 388 | 19261 | 18.22 |
| 江　苏 | 983 | 30086 | 51.29 |
| 浙　江 | 667 | 10398 | 20.54 |
| 安　徽 | 384 | 10639 | 19.64 |
| 福　建 | 520 | 9360 | 15.66 |
| 江　西 | 199 | 5745 | 7.19 |
| 山　东 | 983 | 21906 | 56.10 |
| 河　南 | 626 | 9451 | 23.85 |
| 湖　北 | 362 | 8311 | 8.10 |
| 湖　南 | 498 | 5544 | 14.02 |
| 广　东 | 2675 | 58898 | 72.99 |
| 广　西 | 348 | 5982 | 5.74 |
| 海　南 | 39 | 767 | 2.76 |
| 重　庆 | 232 | 3321 | 5.32 |
| 四　川 | 327 | 4744 | 9.74 |
| 贵　州 | 130 | 6523 | 10.02 |
| 云　南 | 271 | 7803 | 12.48 |
| 西　藏 | 11 | 272 | 0.12 |
| 陕　西 | 258 | 3839 | 4.43 |
| 甘　肃 | 91 | 633 | 1.30 |
| 青　海 | 21 | 135 | 0.17 |
| 宁　夏 | 25 | 624 | 0.47 |
| 新　疆 | 209 | 2868 | 6.55 |

2-B-8 续表 4

(其他餐饮业)

| 地 区 | 法人单位数(个) | 从业人员期末人数(人) | 年末餐饮营业面积(万平方米) |
|---|---|---|---|
| **全 国** | **37524** | **319503** | **785.91** |
| 北 京 | 3348 | 37276 | 125.25 |
| 天 津 | 345 | 9198 | 11.58 |
| 河 北 | 671 | 3307 | 11.16 |
| 山 西 | 621 | 3789 | 6.65 |
| 内蒙古 | 95 | 550 | 1.69 |
| 辽 宁 | 712 | 3943 | 15.14 |
| 吉 林 | 322 | 1857 | 8.64 |
| 黑龙江 | 127 | 508 | 2.84 |
| 上 海 | 2639 | 17000 | 32.52 |
| 江 苏 | 1837 | 15288 | 39.58 |
| 浙 江 | 2230 | 11116 | 31.67 |
| 安 徽 | 1518 | 6774 | 22.87 |
| 福 建 | 982 | 7468 | 25.41 |
| 江 西 | 377 | 3278 | 10.22 |
| 山 东 | 1341 | 10364 | 33.04 |
| 河 南 | 1214 | 7586 | 27.28 |
| 湖 北 | 1738 | 9564 | 26.61 |
| 湖 南 | 1228 | 7947 | 23.50 |
| 广 东 | 6420 | 47271 | 117.45 |
| 广 西 | 685 | 3826 | 13.31 |
| 海 南 | 108 | 1340 | 5.55 |
| 重 庆 | 945 | 4229 | 14.20 |
| 四 川 | 2371 | 78332 | 91.92 |
| 贵 州 | 961 | 3099 | 12.11 |
| 云 南 | 2644 | 9486 | 28.59 |
| 西 藏 | 115 | 629 | 3.51 |
| 陕 西 | 908 | 8380 | 17.05 |
| 甘 肃 | 556 | 2751 | 10.67 |
| 青 海 | 67 | 527 | 2.85 |
| 宁 夏 | 123 | 741 | 2.72 |
| 新 疆 | 276 | 2079 | 10.36 |

# 2-B-9　分地区餐饮业企业法人基本情况(按登记注册统计类别分)

(内资企业)

| 地　区 | 法人单位数(个) | 从业人员期末人数(人) | 年末餐饮营业面积(万平方米) |
|---|---|---|---|
| **全　国** | **515141** | **5280990** | **20935.44** |
| 北　京 | 43701 | 326572 | 1032.82 |
| 天　津 | 5749 | 61146 | 192.27 |
| 河　北 | 16610 | 141157 | 824.79 |
| 山　西 | 10233 | 114616 | 492.94 |
| 内蒙古 | 3262 | 46354 | 310.77 |
| 辽　宁 | 9464 | 64182 | 295.69 |
| 吉　林 | 3916 | 32875 | 158.21 |
| 黑龙江 | 2516 | 22498 | 109.17 |
| 上　海 | 21680 | 279592 | 750.21 |
| 江　苏 | 35381 | 434844 | 1712.62 |
| 浙　江 | 26393 | 314658 | 1313.99 |
| 安　徽 | 20042 | 231170 | 1086.18 |
| 福　建 | 14808 | 167017 | 585.33 |
| 江　西 | 8830 | 109623 | 431.70 |
| 山　东 | 37485 | 361970 | 1563.44 |
| 河　南 | 27541 | 228273 | 938.67 |
| 湖　北 | 26184 | 248392 | 1212.22 |
| 湖　南 | 17620 | 184870 | 700.79 |
| 广　东 | 71065 | 742622 | 2134.21 |
| 广　西 | 8136 | 94621 | 411.08 |
| 海　南 | 2048 | 28943 | 100.31 |
| 重　庆 | 19263 | 153493 | 721.83 |
| 四　川 | 28422 | 362785 | 1398.59 |
| 贵　州 | 12954 | 91110 | 472.14 |
| 云　南 | 17120 | 135946 | 599.26 |
| 西　藏 | 1032 | 8062 | 46.28 |
| 陕　西 | 11560 | 161679 | 591.70 |
| 甘　肃 | 6257 | 68482 | 399.88 |
| 青　海 | 1270 | 13304 | 87.87 |
| 宁　夏 | 1385 | 15565 | 79.08 |
| 新　疆 | 3214 | 34569 | 181.39 |

2-B-9 续表 1

(有限责任公司)

| 地 区 | 法人单位数(个) | 从业人员期末人数(人) | 年末餐饮营业面积(万平方米) |
|---|---|---|---|
| **全 国** | **433015** | **4766240** | **18542.26** |
| 北 京 | 41292 | 312651 | 988.01 |
| 天 津 | 5424 | 58923 | 184.18 |
| 河 北 | 14802 | 126050 | 646.81 |
| 山 西 | 9234 | 107095 | 454.57 |
| 内蒙古 | 3115 | 44281 | 298.0 |
| 辽 宁 | 7219 | 52439 | 237.08 |
| 吉 林 | 3409 | 30433 | 146.43 |
| 黑龙江 | 2223 | 20235 | 101.50 |
| 上 海 | 19520 | 265181 | 710.74 |
| 江 苏 | 33754 | 418751 | 1627.27 |
| 浙 江 | 23369 | 286277 | 1202.25 |
| 安 徽 | 18208 | 206017 | 1008.11 |
| 福 建 | 13783 | 155698 | 529.26 |
| 江 西 | 7430 | 98728 | 387.00 |
| 山 东 | 34241 | 336895 | 1467.50 |
| 河 南 | 25643 | 215326 | 877.42 |
| 湖 北 | 17786 | 201533 | 992.83 |
| 湖 南 | 13603 | 158822 | 593.77 |
| 广 东 | 58805 | 674606 | 1910.70 |
| 广 西 | 7543 | 90186 | 379.72 |
| 海 南 | 2001 | 28438 | 91.86 |
| 重 庆 | 10516 | 112396 | 494.51 |
| 四 川 | 20950 | 314174 | 1191.79 |
| 贵 州 | 7704 | 73509 | 346.93 |
| 云 南 | 8698 | 98332 | 403.73 |
| 西 藏 | 983 | 7764 | 44.22 |
| 陕 西 | 10902 | 150000 | 545.96 |
| 甘 肃 | 5294 | 62213 | 356.21 |
| 青 海 | 1177 | 12824 | 83.15 |
| 宁 夏 | 1334 | 15081 | 77.11 |
| 新 疆 | 3053 | 31382 | 163.64 |

2-B-9 续表 2

(股份有限公司)

| 地 区 | 法人单位数(个) | 从业人员期末人数(人) | 年末餐饮营业面积(万平方米) |
|---|---|---|---|
| **全 国** | **848** | **61809** | **266.83** |
| 北 京 | 19 | 2280 | 5.00 |
| 天 津 | 59 | 657 | 2.12 |
| 河 北 | 33 | 3012 | 114.47 |
| 山 西 | 14 | 1402 | 4.01 |
| 内蒙古 | 7 | 427 | 1.70 |
| 辽 宁 | 8 | 19 | 0.05 |
| 吉 林 | 14 | 113 | 0.50 |
| 黑龙江 | NA | 24 | 0.10 |
| 上 海 | 25 | 5717 | 9.74 |
| 江 苏 | 28 | 1202 | 7.69 |
| 浙 江 | 74 | 7104 | 8.76 |
| 安 徽 | 15 | 16226 | 28.66 |
| 福 建 | 7 | 259 | 8.88 |
| 江 西 | 12 | 851 | 2.55 |
| 山 东 | 36 | 780 | 3.12 |
| 河 南 | 10 | 224 | 0.99 |
| 湖 北 | 37 | 4140 | 6.86 |
| 湖 南 | 26 | 690 | 4.10 |
| 广 东 | 254 | 3941 | 9.40 |
| 广 西 | 7 | 211 | 1.27 |
| 海 南 | 4 | 72 | 1.27 |
| 重 庆 | 13 | 3364 | 15.26 |
| 四 川 | 53 | 912 | 3.42 |
| 贵 州 | 10 | 400 | 2.93 |
| 云 南 | 10 | 103 | 0.48 |
| 西 藏 | | | |
| 陕 西 | 34 | 5985 | 19.43 |
| 甘 肃 | 19 | 211 | 1.56 |
| 青 海 | NA | | 0.10 |
| 宁 夏 | | | |
| 新 疆 | 16 | 1483 | 2.43 |

2-B-9 续表 3

(非公司企业法人)

| 地 区 | 法人单位数(个) | 从业人员期末人数(人) | 年末餐饮营业面积(万平方米) |
|---|---|---|---|
| **全 国** | **1836** | **26151** | **128.79** |
| 北 京 | 490 | 3834 | 15.46 |
| 天 津 | 23 | 132 | 0.80 |
| 河 北 | 43 | 1290 | 9.05 |
| 山 西 | 23 | 795 | 4.25 |
| 内蒙古 | 19 | 257 | 1.32 |
| 辽 宁 | 72 | 420 | 2.22 |
| 吉 林 | 7 | 88 | 0.73 |
| 黑龙江 | 17 | 164 | 1.27 |
| 上 海 | 145 | 1274 | 5.48 |
| 江 苏 | 62 | 1069 | 4.76 |
| 浙 江 | 47 | 975 | 3.73 |
| 安 徽 | 33 | 428 | 2.56 |
| 福 建 | 24 | 473 | 1.01 |
| 江 西 | 26 | 499 | 2.04 |
| 山 东 | 86 | 2287 | 13.01 |
| 河 南 | 66 | 770 | 4.93 |
| 湖 北 | 111 | 999 | 9.22 |
| 湖 南 | 31 | 213 | 0.81 |
| 广 东 | 249 | 3562 | 11.06 |
| 广 西 | 24 | 271 | 1.24 |
| 海 南 | 5 | 108 | 0.44 |
| 重 庆 | 23 | 483 | 4.05 |
| 四 川 | 64 | 2345 | 7.12 |
| 贵 州 | 24 | 447 | 1.02 |
| 云 南 | 33 | 1038 | 2.13 |
| 西 藏 | 21 | 158 | 1.10 |
| 陕 西 | 25 | 316 | 1.94 |
| 甘 肃 | 26 | 690 | 8.53 |
| 青 海 | 5 | 33 | 0.83 |
| 宁 夏 | NA | 43 | 0.02 |
| 新 疆 | 10 | 690 | 6.66 |

2-B-9　续表 4

(个人独资企业)

| 地　区 | 法人单位数(个) | 从业人员期末人数(人) | 年末餐饮营业面积(万平方米) |
|---|---|---|---|
| **全　国** | **74969** | **383804** | **1861.94** |
| 北　京 | 1608 | 5348 | 19.33 |
| 天　津 | 162 | 866 | 3.91 |
| 河　北 | 1583 | 9264 | 50.00 |
| 山　西 | 928 | 4960 | 29.26 |
| 内蒙古 | 99 | 1259 | 9.31 |
| 辽　宁 | 1882 | 8561 | 51.49 |
| 吉　林 | 421 | 1661 | 9.34 |
| 黑龙江 | 147 | 772 | 4.57 |
| 上　海 | 1871 | 6352 | 21.24 |
| 江　苏 | 1333 | 12226 | 67.22 |
| 浙　江 | 2730 | 18044 | 87.07 |
| 安　徽 | 1703 | 7724 | 43.25 |
| 福　建 | 894 | 9116 | 37.08 |
| 江　西 | 1123 | 7338 | 31.11 |
| 山　东 | 2330 | 12598 | 64.05 |
| 河　南 | 1717 | 11183 | 51.93 |
| 湖　北 | 8025 | 40136 | 195.80 |
| 湖　南 | 3756 | 23313 | 94.98 |
| 广　东 | 11224 | 54388 | 184.58 |
| 广　西 | 509 | 3714 | 27.63 |
| 海　南 | 30 | 275 | 6.39 |
| 重　庆 | 8581 | 36619 | 205.18 |
| 四　川 | 7199 | 44006 | 189.84 |
| 贵　州 | 5118 | 16180 | 116.67 |
| 云　南 | 8307 | 36179 | 191.72 |
| 西　藏 | 22 | 79 | 0.85 |
| 陕　西 | 521 | 4764 | 22.00 |
| 甘　肃 | 900 | 5227 | 32.85 |
| 青　海 | 82 | 398 | 3.68 |
| 宁　夏 | 36 | 279 | 1.63 |
| 新　疆 | 128 | 975 | 8.00 |

2-B-9 续表 5

(合伙企业)

| 地 区 | 法人单位数(个) | 从业人员期末人数(人) | 年末餐饮营业面积(万平方米) |
|---|---|---|---|
| **全 国** | **4447** | **42744** | **134.84** |
| 北 京 | 292 | 2459 | 5.02 |
| 天 津 | 81 | 568 | 1.26 |
| 河 北 | 148 | 1534 | 4.43 |
| 山 西 | 34 | 364 | 0.86 |
| 内蒙古 | 21 | 127 | 0.41 |
| 辽 宁 | 283 | 2743 | 4.85 |
| 吉 林 | 64 | 578 | 1.19 |
| 黑龙江 | 126 | 1303 | 1.73 |
| 上 海 | 118 | 1068 | 3.01 |
| 江 苏 | 204 | 1596 | 5.67 |
| 浙 江 | 173 | 2258 | 12.18 |
| 安 徽 | 83 | 775 | 3.60 |
| 福 建 | 100 | 1471 | 9.10 |
| 江 西 | 239 | 2207 | 9.01 |
| 山 东 | 791 | 9398 | 15.72 |
| 河 南 | 105 | 770 | 3.41 |
| 湖 北 | 225 | 1584 | 7.51 |
| 湖 南 | 204 | 1832 | 7.14 |
| 广 东 | 513 | 5907 | 17.82 |
| 广 西 | 53 | 239 | 1.23 |
| 海 南 | 8 | 50 | 0.36 |
| 重 庆 | 130 | 631 | 2.82 |
| 四 川 | 156 | 1348 | 6.42 |
| 贵 州 | 98 | 574 | 4.59 |
| 云 南 | 72 | 294 | 1.20 |
| 西 藏 | 6 | 61 | 0.11 |
| 陕 西 | 77 | 614 | 2.37 |
| 甘 肃 | 18 | 141 | 0.73 |
| 青 海 | 5 | 49 | 0.11 |
| 宁 夏 | 13 | 162 | 0.31 |
| 新 疆 | 7 | 39 | 0.67 |

2-B-9　续表 6

(港澳台投资企业)

| 地　区 | 法人单位数(个) | 从业人员期末人数(人) | 年末餐饮营业面积(万平方米) |
|---|---|---|---|
| **全　国** | **2543** | **439147** | **660.06** |
| 北　京 | 186 | 68796 | 96.87 |
| 天　津 | 22 | 9526 | 12.85 |
| 河　北 | 6 | 176 | 1.26 |
| 山　西 | 6 | 2047 | 2.65 |
| 内蒙古 | NA | 195 | 1.21 |
| 辽　宁 | 33 | 9877 | 17.91 |
| 吉　林 | NA | 2031 | 1.91 |
| 黑龙江 | 7 | 535 | 1.61 |
| 上　海 | 366 | 80333 | 107.49 |
| 江　苏 | 139 | 31673 | 50.72 |
| 浙　江 | 84 | 17035 | 25.43 |
| 安　徽 | 18 | 4628 | 10.22 |
| 福　建 | 174 | 13753 | 20.34 |
| 江　西 | 12 | 3974 | 5.60 |
| 山　东 | 40 | 5001 | 12.18 |
| 河　南 | 11 | 133 | 1.10 |
| 湖　北 | 43 | 34651 | 35.83 |
| 湖　南 | 26 | 5719 | 6.82 |
| 广　东 | 1213 | 109480 | 184.59 |
| 广　西 | 22 | 1721 | 8.78 |
| 海　南 | 15 | 301 | 1.12 |
| 重　庆 | 26 | 2807 | 3.61 |
| 四　川 | 45 | 23507 | 36.15 |
| 贵　州 | 8 | 157 | 0.22 |
| 云　南 | 14 | 4508 | 5.00 |
| 西　藏 | | | |
| 陕　西 | 18 | 4165 | 5.19 |
| 甘　肃 | NA | 2307 | 2.80 |
| 青　海 | | | |
| 宁　夏 | NA | 56 | 0.11 |
| 新　疆 | NA | 55 | 0.49 |

2-B-9 续表 7

(外商投资企业)

| 地 区 | 法人单位数(个) | 从业人员期末人数(人) | 年末餐饮营业面积(万平方米) |
|---|---|---|---|
| **全 国** | **1927** | **418689** | **494.73** |
| 北 京 | 158 | 67007 | 47.72 |
| 天 津 | 69 | 18951 | 24.87 |
| 河 北 | 7 | 101 | 0.70 |
| 山 西 | 4 | 4407 | 4.89 |
| 内蒙古 | 5 | 245 | 0.49 |
| 辽 宁 | 100 | 35337 | 32.19 |
| 吉 林 | 21 | 129 | 0.39 |
| 黑龙江 | 12 | 274 | 0.82 |
| 上 海 | 299 | 98993 | 126.20 |
| 江 苏 | 170 | 31974 | 43.19 |
| 浙 江 | 193 | 23387 | 34.82 |
| 安 徽 | 14 | 250 | 0.52 |
| 福 建 | 56 | 18000 | 14.15 |
| 江 西 | 7 | 125 | 0.21 |
| 山 东 | 159 | 7641 | 16.70 |
| 河 南 | 17 | 3886 | 5.59 |
| 湖 北 | 44 | 6754 | 8.38 |
| 湖 南 | 17 | 12140 | 10.21 |
| 广 东 | 332 | 64373 | 84.13 |
| 广 西 | 20 | 5237 | 5.25 |
| 海 南 | 15 | 64 | 0.15 |
| 重 庆 | 22 | 1490 | 3.69 |
| 四 川 | 70 | 6033 | 7.80 |
| 贵 州 | 8 | 29 | 0.13 |
| 云 南 | 50 | 702 | 1.49 |
| 西 藏 | 13 | 75 | 0.24 |
| 陕 西 | 32 | 7705 | 9.51 |
| 甘 肃 | NA | 15 | 0.03 |
| 青 海 | 6 | 25 | 0.15 |
| 宁 夏 | | | |
| 新 疆 | 6 | 3340 | 10.11 |

# 2-B-10 分地区餐饮业企业法人财务状况

单位：亿元

| 地 区 | 资产总计 | 负债合计 | 营业收入 |
|---|---|---|---|
| **全 国** | **13460.67** | **9600.52** | **15197.19** |
| 北 京 | 995.51 | 953.32 | 1333.05 |
| 天 津 | 157.78 | 135.70 | 206.17 |
| 河 北 | 328.87 | 252.23 | 262.95 |
| 山 西 | 284.88 | 230.85 | 194.02 |
| 内蒙古 | 132.65 | 118.37 | 80.92 |
| 辽 宁 | 201.99 | 178.22 | 213.68 |
| 吉 林 | 74.86 | 52.20 | 72.45 |
| 黑龙江 | 46.52 | 25.75 | 46.04 |
| 上 海 | 1130.83 | 957.86 | 1569.91 |
| 江 苏 | 1378.24 | 1004.43 | 1375.27 |
| 浙 江 | 929.93 | 803.89 | 975.33 |
| 安 徽 | 508.02 | 296.58 | 575.82 |
| 福 建 | 342.50 | 204.39 | 615.18 |
| 江 西 | 281.02 | 152.80 | 301.74 |
| 山 东 | 902.58 | 608.61 | 915.87 |
| 河 南 | 380.09 | 150.24 | 442.10 |
| 湖 北 | 615.20 | 299.44 | 823.09 |
| 湖 南 | 408.51 | 209.45 | 551.00 |
| 广 东 | 1670.96 | 1349.34 | 2100.44 |
| 广 西 | 175.29 | 129.75 | 171.33 |
| 海 南 | 49.26 | 42.25 | 55.15 |
| 重 庆 | 349.98 | 150.53 | 425.41 |
| 四 川 | 870.12 | 541.33 | 884.39 |
| 贵 州 | 258.68 | 173.71 | 151.50 |
| 云 南 | 253.78 | 109.74 | 292.47 |
| 西 藏 | 34.71 | 15.71 | 14.39 |
| 陕 西 | 343.12 | 229.19 | 335.66 |
| 甘 肃 | 148.74 | 85.53 | 105.61 |
| 青 海 | 27.10 | 19.97 | 13.43 |
| 宁 夏 | 26.05 | 17.84 | 19.92 |
| 新 疆 | 152.92 | 101.31 | 72.91 |

# 2-B-11 分地区餐饮业企业法人财务状况(按国民经济行业分)

(正餐服务) 单位：亿元

| 地 区 | 资产总计 | 负债合计 | 营业收入 |
|---|---|---|---|
| **全 国** | **10275.71** | **7375.85** | **10654.06** |
| 北 京 | 636.67 | 664.25 | 800.99 |
| 天 津 | 93.21 | 84.21 | 92.09 |
| 河 北 | 304.84 | 238.07 | 231.00 |
| 山 西 | 258.22 | 212.84 | 166.71 |
| 内蒙古 | 125.78 | 113.15 | 73.16 |
| 辽 宁 | 139.60 | 125.08 | 102.92 |
| 吉 林 | 55.56 | 39.57 | 47.63 |
| 黑龙江 | 35.82 | 17.96 | 28.67 |
| 上 海 | 634.14 | 602.31 | 990.99 |
| 江 苏 | 1134.22 | 822.72 | 973.45 |
| 浙 江 | 745.14 | 654.11 | 707.35 |
| 安 徽 | 413.93 | 239.08 | 421.32 |
| 福 建 | 243.27 | 136.56 | 414.03 |
| 江 西 | 250.24 | 133.96 | 257.45 |
| 山 东 | 742.72 | 511.09 | 682.86 |
| 河 南 | 323.22 | 120.77 | 363.60 |
| 湖 北 | 501.89 | 235.77 | 648.12 |
| 湖 南 | 335.22 | 164.78 | 438.35 |
| 广 东 | 1131.36 | 963.06 | 1319.11 |
| 广 西 | 143.76 | 109.28 | 122.54 |
| 海 南 | 36.24 | 34.14 | 40.04 |
| 重 庆 | 313.42 | 131.77 | 359.10 |
| 四 川 | 608.61 | 375.85 | 571.29 |
| 贵 州 | 231.66 | 155.22 | 126.53 |
| 云 南 | 212.54 | 89.85 | 232.29 |
| 西 藏 | 27.14 | 12.09 | 10.59 |
| 陕 西 | 290.46 | 198.67 | 267.78 |
| 甘 肃 | 135.79 | 77.30 | 88.07 |
| 青 海 | 23.42 | 16.29 | 12.61 |
| 宁 夏 | 23.24 | 15.27 | 17.13 |
| 新 疆 | 124.41 | 80.79 | 46.29 |

2-B-11　续表 1

(快餐服务)　单位：亿元

| 地　区 | 资产总计 | 负债合计 | 营业收入 |
|---|---|---|---|
| **全　国** | **1390.70** | **1008.06** | **2099.85** |
| 北　京 | 175.41 | 131.07 | 244.33 |
| 天　津 | 36.18 | 29.01 | 61.27 |
| 河　北 | 8.54 | 4.57 | 12.70 |
| 山　西 | 13.45 | 9.85 | 17.26 |
| 内蒙古 | 3.94 | 3.08 | 5.31 |
| 辽　宁 | 41.18 | 38.21 | 70.72 |
| 吉　林 | 4.38 | 2.56 | 6.70 |
| 黑龙江 | 4.45 | 3.99 | 8.70 |
| 上　海 | 184.86 | 154.21 | 230.27 |
| 江　苏 | 120.68 | 90.96 | 215.79 |
| 浙　江 | 113.11 | 88.07 | 159.74 |
| 安　徽 | 58.86 | 35.95 | 88.47 |
| 福　建 | 58.19 | 41.32 | 131.14 |
| 江　西 | 8.29 | 4.30 | 17.44 |
| 山　东 | 88.66 | 50.34 | 145.12 |
| 河　南 | 22.91 | 10.73 | 36.44 |
| 湖　北 | 48.68 | 34.71 | 84.76 |
| 湖　南 | 28.08 | 22.35 | 46.87 |
| 广　东 | 245.56 | 174.06 | 316.24 |
| 广　西 | 13.21 | 8.37 | 23.56 |
| 海　南 | 4.34 | 2.30 | 5.48 |
| 重　庆 | 18.83 | 8.63 | 32.02 |
| 四　川 | 38.47 | 28.30 | 66.40 |
| 贵　州 | 2.16 | 1.64 | 3.04 |
| 云　南 | 10.69 | 7.00 | 13.80 |
| 西　藏 | 2.95 | 0.51 | 1.80 |
| 陕　西 | 19.46 | 11.64 | 32.11 |
| 甘　肃 | 4.96 | 3.48 | 9.59 |
| 青　海 | 0.46 | 0.41 | 0.20 |
| 宁　夏 | 0.59 | 0.57 | 0.39 |
| 新　疆 | 9.16 | 5.86 | 12.19 |

2-B-11 续表 2

(饮料及冷饮服务) 单位：亿元

| 地区 | 资产总计 | 负债合计 | 营业收入 |
|---|---|---|---|
| **全国** | **705.96** | **476.54** | **883.71** |
| 北京 | 76.20 | 73.16 | 94.10 |
| 天津 | 2.22 | 4.09 | 5.78 |
| 河北 | 2.43 | 1.55 | 3.33 |
| 山西 | 1.63 | 1.25 | 2.05 |
| 内蒙古 | 0.77 | 0.55 | 0.89 |
| 辽宁 | 6.52 | 3.85 | 10.94 |
| 吉林 | 0.93 | 0.20 | 0.97 |
| 黑龙江 | 0.81 | 0.59 | 1.85 |
| 上海 | 236.89 | 137.26 | 224.28 |
| 江苏 | 45.34 | 40.14 | 58.54 |
| 浙江 | 36.39 | 34.53 | 46.34 |
| 安徽 | 5.75 | 3.26 | 12.37 |
| 福建 | 12.21 | 10.05 | 26.36 |
| 江西 | 5.27 | 2.96 | 6.25 |
| 山东 | 12.08 | 7.82 | 18.00 |
| 河南 | 3.97 | 2.89 | 6.12 |
| 湖北 | 31.65 | 13.93 | 40.85 |
| 湖南 | 19.14 | 10.37 | 30.71 |
| 广东 | 125.98 | 85.11 | 171.67 |
| 广西 | 4.33 | 2.82 | 6.18 |
| 海南 | 3.59 | 2.52 | 3.55 |
| 重庆 | 8.68 | 7.20 | 16.49 |
| 四川 | 37.21 | 17.48 | 57.39 |
| 贵州 | 3.88 | 1.93 | 6.21 |
| 云南 | 6.62 | 2.48 | 10.75 |
| 西藏 | 0.32 | 0.27 | 0.48 |
| 陕西 | 11.75 | 6.38 | 16.96 |
| 甘肃 | 2.20 | 1.03 | 2.76 |
| 青海 | 0.10 | 0.05 | 0.14 |
| 宁夏 | 0.69 | 0.39 | 0.83 |
| 新疆 | 0.40 | 0.41 | 0.59 |

2-B-11　续表 3

(餐饮配送及外卖送餐服务)　　单位：亿元

| 地　区 | 资产总计 | 负债合计 | 营业收入 |
|---|---|---|---|
| **全　国** | **520.88** | **363.67** | **772.42** |
| 北　京 | 34.92 | 22.96 | 62.65 |
| 天　津 | 16.51 | 10.93 | 27.28 |
| 河　北 | 8.45 | 5.76 | 10.86 |
| 山　西 | 3.74 | 2.32 | 2.34 |
| 内蒙古 | 0.94 | 0.81 | 0.98 |
| 辽　宁 | 9.02 | 7.02 | 20.18 |
| 吉　林 | 11.01 | 8.35 | 14.33 |
| 黑龙江 | 4.04 | 2.58 | 5.73 |
| 上　海 | 44.82 | 32.31 | 70.06 |
| 江　苏 | 46.76 | 30.73 | 82.27 |
| 浙　江 | 16.59 | 12.77 | 30.57 |
| 安　徽 | 20.28 | 14.50 | 38.68 |
| 福　建 | 13.80 | 8.11 | 23.70 |
| 江　西 | 11.88 | 9.14 | 12.98 |
| 山　东 | 45.90 | 32.62 | 49.20 |
| 河　南 | 20.14 | 12.53 | 21.99 |
| 湖　北 | 15.65 | 7.39 | 23.03 |
| 湖　南 | 10.55 | 5.47 | 13.83 |
| 广　东 | 107.15 | 83.15 | 179.50 |
| 广　西 | 10.35 | 7.63 | 14.37 |
| 海　南 | 3.09 | 1.92 | 4.08 |
| 重　庆 | 2.37 | 1.29 | 6.64 |
| 四　川 | 7.43 | 3.78 | 12.55 |
| 贵　州 | 17.44 | 13.32 | 10.98 |
| 云　南 | 12.74 | 8.11 | 16.30 |
| 西　藏 | 2.01 | 0.79 | 0.64 |
| 陕　西 | 5.20 | 3.52 | 5.14 |
| 甘　肃 | 2.46 | 1.67 | 1.01 |
| 青　海 | 0.04 | 0.04 | 0.07 |
| 宁　夏 | 0.37 | 0.28 | 0.80 |
| 新　疆 | 15.26 | 11.88 | 9.69 |

2-B-11 续表 4

(其他餐饮业) 单位：亿元

| 地 区 | 资产总计 | 负债合计 | 营业收入 |
|---|---|---|---|
| **全 国** | **567.41** | **376.39** | **787.14** |
| 北 京 | 72.31 | 61.88 | 130.98 |
| 天 津 | 9.66 | 7.46 | 19.75 |
| 河 北 | 4.61 | 2.28 | 5.07 |
| 山 西 | 7.83 | 4.59 | 5.64 |
| 内蒙古 | 1.23 | 0.79 | 0.58 |
| 辽 宁 | 5.67 | 4.07 | 8.92 |
| 吉 林 | 3.00 | 1.51 | 2.81 |
| 黑龙江 | 1.40 | 0.62 | 1.09 |
| 上 海 | 30.12 | 31.76 | 54.31 |
| 江 苏 | 31.24 | 19.88 | 45.22 |
| 浙 江 | 18.69 | 14.41 | 31.32 |
| 安 徽 | 9.20 | 3.79 | 14.99 |
| 福 建 | 15.02 | 8.34 | 19.95 |
| 江 西 | 5.35 | 2.43 | 7.61 |
| 山 东 | 13.22 | 6.75 | 20.70 |
| 河 南 | 9.85 | 3.32 | 13.95 |
| 湖 北 | 17.34 | 7.63 | 26.33 |
| 湖 南 | 15.52 | 6.47 | 21.24 |
| 广 东 | 60.92 | 43.96 | 113.92 |
| 广 西 | 3.64 | 1.65 | 4.68 |
| 海 南 | 1.99 | 1.37 | 2.01 |
| 重 庆 | 6.68 | 1.63 | 11.15 |
| 四 川 | 178.39 | 115.92 | 176.76 |
| 贵 州 | 3.53 | 1.61 | 4.74 |
| 云 南 | 11.19 | 2.30 | 19.33 |
| 西 藏 | 2.29 | 2.04 | 0.88 |
| 陕 西 | 16.25 | 8.98 | 13.68 |
| 甘 肃 | 3.33 | 2.05 | 4.18 |
| 青 海 | 3.08 | 3.19 | 0.40 |
| 宁 夏 | 1.16 | 1.32 | 0.77 |
| 新 疆 | 3.69 | 2.38 | 4.15 |

# 2-B-12 分地区餐饮业企业法人财务状况(按登记注册统计类别分)

(内资企业)

单位：亿元

| 地区 | 资产总计 | 负债合计 | 营业收入 |
|---|---|---|---|
| **全国** | **11653.12** | **8374.74** | **13076.75** |
| 北京 | 758.98 | 786.18 | 1006.63 |
| 天津 | 125.67 | 109.94 | 150.88 |
| 河北 | 327.46 | 252.06 | 262.28 |
| 山西 | 276.45 | 224.62 | 181.34 |
| 内蒙古 | 128.42 | 113.93 | 78.19 |
| 辽宁 | 159.77 | 141.49 | 143.39 |
| 吉林 | 72.15 | 50.26 | 69.52 |
| 黑龙江 | 43.81 | 23.95 | 44.01 |
| 上海 | 625.45 | 623.16 | 1004.09 |
| 江苏 | 1243.11 | 925.23 | 1216.08 |
| 浙江 | 834.56 | 730.97 | 860.59 |
| 安徽 | 503.05 | 293.11 | 569.22 |
| 福建 | 301.10 | 170.96 | 555.41 |
| 江西 | 275.33 | 148.49 | 291.33 |
| 山东 | 871.06 | 578.44 | 871.92 |
| 河南 | 374.74 | 146.59 | 430.12 |
| 湖北 | 555.56 | 264.02 | 730.28 |
| 湖南 | 386.20 | 191.15 | 513.96 |
| 广东 | 1324.48 | 1110.38 | 1702.67 |
| 广西 | 161.02 | 121.31 | 157.97 |
| 海南 | 47.40 | 40.88 | 53.85 |
| 重庆 | 344.80 | 146.86 | 417.21 |
| 四川 | 712.64 | 450.28 | 811.02 |
| 贵州 | 256.76 | 172.55 | 150.58 |
| 云南 | 246.96 | 104.66 | 279.96 |
| 西藏 | 34.15 | 15.65 | 14.14 |
| 陕西 | 327.38 | 220.88 | 309.43 |
| 甘肃 | 145.10 | 83.76 | 100.97 |
| 青海 | 27.05 | 19.95 | 13.41 |
| 宁夏 | 25.94 | 17.80 | 19.84 |
| 新疆 | 136.59 | 95.23 | 66.45 |

2-B-12 续表 1

(有限责任公司)

单位：亿元

| 地　区 | 资产总计 | 负债合计 | 营业收入 |
|---|---|---|---|
| **全　国** | **10502.91** | **7898.14** | **11763.32** |
| 北　京 | 715.98 | 757.73 | 971.31 |
| 天　津 | 122.10 | 107.65 | 147.01 |
| 河　北 | 285.11 | 219.87 | 219.53 |
| 山　西 | 262.65 | 214.96 | 171.92 |
| 内蒙古 | 120.19 | 107.93 | 74.66 |
| 辽　宁 | 142.46 | 134.49 | 122.66 |
| 吉　林 | 66.80 | 44.48 | 65.36 |
| 黑龙江 | 41.24 | 23.51 | 39.74 |
| 上　海 | 556.98 | 588.63 | 959.90 |
| 江　苏 | 1190.00 | 890.04 | 1164.77 |
| 浙　江 | 789.66 | 707.60 | 793.75 |
| 安　徽 | 417.16 | 254.07 | 491.10 |
| 福　建 | 269.59 | 157.61 | 454.23 |
| 江　西 | 248.80 | 138.80 | 262.91 |
| 山　东 | 824.62 | 554.54 | 811.19 |
| 河　南 | 348.86 | 141.31 | 407.39 |
| 湖　北 | 441.66 | 234.28 | 577.03 |
| 湖　南 | 327.07 | 176.62 | 439.86 |
| 广　东 | 1205.23 | 1046.50 | 1571.76 |
| 广　西 | 153.65 | 118.10 | 152.34 |
| 海　南 | 45.61 | 39.61 | 53.26 |
| 重　庆 | 257.13 | 130.73 | 312.26 |
| 四　川 | 631.23 | 430.24 | 698.11 |
| 贵　州 | 227.00 | 166.54 | 123.56 |
| 云　南 | 181.62 | 94.96 | 190.33 |
| 西　藏 | 32.94 | 15.24 | 13.69 |
| 陕　西 | 291.49 | 203.10 | 287.39 |
| 甘　肃 | 132.79 | 79.25 | 92.99 |
| 青　海 | 26.31 | 19.73 | 13.03 |
| 宁　夏 | 25.18 | 17.57 | 19.15 |
| 新　疆 | 121.78 | 82.47 | 61.13 |

2-B-12　续表 2

(股份有限公司)　　单位：亿元

| 地　区 | 资产总计 | 负债合计 | 营业收入 |
|---|---|---|---|
| **全　国** | **367.25** | **194.98** | **244.64** |
| 北　京 | 22.13 | 8.30 | 10.22 |
| 天　津 | 2.44 | 1.25 | 1.72 |
| 河　北 | 24.15 | 21.30 | 23.82 |
| 山　西 | 4.27 | 2.91 | 2.63 |
| 内蒙古 | 2.87 | 1.81 | 1.38 |
| 辽　宁 | 0.02 | 0.03 | 0.01 |
| 吉　林 | 0.84 | 1.23 | 0.22 |
| 黑龙江 | 0.02 | 0.01 | 0.02 |
| 上　海 | 55.26 | 23.26 | 26.67 |
| 江　苏 | 8.92 | 7.80 | 5.84 |
| 浙　江 | 15.01 | 7.33 | 16.40 |
| 安　徽 | 68.50 | 34.00 | 56.51 |
| 福　建 | 13.95 | 7.95 | 51.58 |
| 江　西 | 3.03 | 1.97 | 0.95 |
| 山　东 | 5.99 | 6.87 | 1.95 |
| 河　南 | 3.09 | 0.28 | 0.44 |
| 湖　北 | 10.67 | 5.52 | 10.12 |
| 湖　南 | 9.06 | 3.54 | 1.80 |
| 广　东 | 54.97 | 23.89 | 10.06 |
| 广　西 | 0.43 | 0.31 | 0.29 |
| 海　南 | 1.38 | 0.93 | 0.06 |
| 重　庆 | 17.89 | 8.87 | 4.73 |
| 四　川 | 4.20 | 2.86 | 1.88 |
| 贵　州 | 1.84 | 1.66 | 0.60 |
| 云　南 | 0.11 | 0.03 | 0.21 |
| 西　藏 | | | |
| 陕　西 | 27.49 | 14.80 | 11.24 |
| 甘　肃 | 0.61 | 0.29 | 0.20 |
| 青　海 | | | |
| 宁　夏 | | | |
| 新　疆 | 8.13 | 5.99 | 3.06 |

2-B-12 续表 3

(非公司企业法人) 单位：亿元

| 地 区 | 资产总计 | 负债合计 | 营业收入 |
|---|---|---|---|
| **全 国** | **87.30** | **69.97** | **63.10** |
| 北 京 | 9.33 | 9.80 | 9.40 |
| 天 津 | 0.29 | 0.17 | 0.17 |
| 河 北 | 3.67 | 3.77 | 2.20 |
| 山 西 | 2.93 | 2.46 | 0.80 |
| 内蒙古 | 0.16 | 0.13 | 0.33 |
| 辽 宁 | 0.50 | 0.85 | 0.58 |
| 吉 林 | 0.04 | 0.08 | 0.04 |
| 黑龙江 | 0.47 | 0.07 | 0.22 |
| 上 海 | 5.50 | 4.34 | 4.69 |
| 江 苏 | 17.05 | 15.62 | 4.13 |
| 浙 江 | 1.97 | 1.38 | 2.53 |
| 安 徽 | 0.85 | 0.69 | 0.63 |
| 福 建 | 1.22 | 0.49 | 1.12 |
| 江 西 | 1.22 | 0.91 | 1.35 |
| 山 东 | 9.38 | 7.26 | 4.04 |
| 河 南 | 1.09 | 0.64 | 1.04 |
| 湖 北 | 6.68 | 3.94 | 5.43 |
| 湖 南 | 0.57 | 0.07 | 0.66 |
| 广 东 | 5.70 | 4.92 | 9.35 |
| 广 西 | 0.45 | 0.45 | 0.30 |
| 海 南 | 0.10 | 0.16 | 0.09 |
| 重 庆 | 0.28 | 0.08 | 1.43 |
| 四 川 | 7.51 | 3.56 | 6.22 |
| 贵 州 | 1.23 | 0.40 | 0.89 |
| 云 南 | 0.71 | 0.67 | 2.00 |
| 西 藏 | 0.82 | 0.32 | 0.33 |
| 陕 西 | 0.69 | 0.23 | 0.77 |
| 甘 肃 | 1.09 | 0.69 | 0.94 |
| 青 海 | 0.13 | 0.05 | 0.09 |
| 宁 夏 | 0.01 | 0.01 | 0.01 |
| 新 疆 | 5.69 | 5.75 | 1.31 |

2-B-12 续表 4

(个人独资企业) 单位：亿元

| 地 区 | 资产总计 | 负债合计 | 营业收入 |
|---|---|---|---|
| **全 国** | **639.36** | **180.61** | **897.76** |
| 北 京 | 7.06 | 6.81 | 7.59 |
| 天 津 | 0.59 | 0.38 | 1.03 |
| 河 北 | 13.07 | 6.72 | 14.38 |
| 山 西 | 6.44 | 4.18 | 5.44 |
| 内蒙古 | 4.98 | 3.99 | 1.68 |
| 辽 宁 | 15.41 | 5.04 | 13.26 |
| 吉 林 | 4.19 | 4.38 | 2.60 |
| 黑龙江 | 1.57 | 0.14 | 1.05 |
| 上 海 | 6.57 | 5.59 | 9.44 |
| 江 苏 | 25.54 | 10.81 | 37.42 |
| 浙 江 | 22.57 | 10.29 | 41.85 |
| 安 徽 | 15.52 | 3.91 | 19.36 |
| 福 建 | 13.97 | 3.65 | 42.92 |
| 江 西 | 18.40 | 5.48 | 19.56 |
| 山 东 | 21.86 | 6.45 | 31.88 |
| 河 南 | 19.52 | 2.51 | 20.04 |
| 湖 北 | 93.59 | 19.59 | 133.25 |
| 湖 南 | 46.07 | 10.05 | 65.90 |
| 广 东 | 50.28 | 28.50 | 97.63 |
| 广 西 | 6.15 | 2.35 | 4.77 |
| 海 南 | 0.27 | 0.13 | 0.39 |
| 重 庆 | 68.52 | 6.92 | 97.14 |
| 四 川 | 67.35 | 13.13 | 101.16 |
| 贵 州 | 25.61 | 3.59 | 24.35 |
| 云 南 | 64.23 | 8.74 | 86.88 |
| 西 藏 | 0.37 | 0.05 | 0.07 |
| 陕 西 | 7.17 | 2.54 | 8.59 |
| 甘 肃 | 10.47 | 3.52 | 6.68 |
| 青 海 | 0.59 | 0.14 | 0.25 |
| 宁 夏 | 0.51 | 0.11 | 0.33 |
| 新 疆 | 0.94 | 0.91 | 0.89 |

2-B-12 续表 5

(合伙企业) 单位：亿元

| 地 区 | 资产总计 | 负债合计 | 营业收入 |
|---|---|---|---|
| **全 国** | **56.13** | **30.80** | **107.51** |
| 北 京 | 4.48 | 3.54 | 8.11 |
| 天 津 | 0.25 | 0.50 | 0.95 |
| 河 北 | 1.45 | 0.40 | 2.34 |
| 山 西 | 0.16 | 0.11 | 0.55 |
| 内蒙古 | 0.22 | 0.07 | 0.13 |
| 辽 宁 | 1.38 | 1.08 | 6.89 |
| 吉 林 | 0.28 | 0.08 | 1.29 |
| 黑龙江 | 0.51 | 0.22 | 2.97 |
| 上 海 | 1.14 | 1.34 | 3.39 |
| 江 苏 | 1.60 | 0.97 | 3.92 |
| 浙 江 | 5.34 | 4.38 | 6.06 |
| 安 徽 | 1.02 | 0.44 | 1.62 |
| 福 建 | 2.37 | 1.26 | 5.57 |
| 江 西 | 3.87 | 1.32 | 6.56 |
| 山 东 | 9.21 | 3.33 | 22.86 |
| 河 南 | 2.17 | 1.85 | 1.21 |
| 湖 北 | 2.96 | 0.68 | 4.45 |
| 湖 南 | 3.44 | 0.87 | 5.74 |
| 广 东 | 8.15 | 6.35 | 13.46 |
| 广 西 | 0.34 | 0.11 | 0.27 |
| 海 南 | 0.04 | 0.04 | 0.05 |
| 重 庆 | 0.98 | 0.27 | 1.65 |
| 四 川 | 2.34 | 0.47 | 3.66 |
| 贵 州 | 1.08 | 0.36 | 1.18 |
| 云 南 | 0.30 | 0.25 | 0.54 |
| 西 藏 | 0.02 | 0.05 | 0.06 |
| 陕 西 | 0.54 | 0.22 | 1.44 |
| 甘 肃 | 0.14 | 0.01 | 0.16 |
| 青 海 | 0.02 | 0.02 | 0.03 |
| 宁 夏 | 0.25 | 0.12 | 0.35 |
| 新 疆 | 0.05 | 0.11 | 0.05 |

2-B-12　续表 6

(港澳台投资企业)　　单位：亿元

| 地　区 | 资产总计 | 负债合计 | 营业收入 |
|---|---|---|---|
| **全　国** | **1020.13** | **689.14** | **1095.75** |
| 北　京 | 149.73 | 85.19 | 198.51 |
| 天　津 | 12.32 | 8.85 | 17.29 |
| 河　北 | 1.21 | 0.09 | 0.39 |
| 山　西 | 3.58 | 2.60 | 3.74 |
| 内蒙古 | 0.26 | 0.21 | 0.38 |
| 辽　宁 | 19.20 | 20.52 | 24.23 |
| 吉　林 | 2.45 | 1.93 | 2.75 |
| 黑龙江 | 2.10 | 1.26 | 1.54 |
| 上　海 | 267.07 | 196.50 | 281.07 |
| 江　苏 | 83.62 | 45.66 | 61.50 |
| 浙　江 | 39.33 | 34.68 | 31.34 |
| 安　徽 | 4.21 | 3.17 | 5.96 |
| 福　建 | 24.78 | 18.74 | 27.19 |
| 江　西 | 4.73 | 3.44 | 9.95 |
| 山　东 | 16.70 | 22.03 | 12.13 |
| 河　南 | 0.56 | 1.22 | 0.36 |
| 湖　北 | 50.26 | 29.33 | 73.23 |
| 湖　南 | 8.45 | 7.72 | 8.89 |
| 广　东 | 249.58 | 162.47 | 245.58 |
| 广　西 | 10.75 | 6.31 | 4.12 |
| 海　南 | 1.82 | 1.33 | 1.25 |
| 重　庆 | 4.35 | 2.83 | 5.54 |
| 四　川 | 35.30 | 19.32 | 53.81 |
| 贵　州 | 1.59 | 1.10 | 0.70 |
| 云　南 | 5.00 | 4.22 | 9.59 |
| 西　藏 | | | |
| 陕　西 | 7.52 | 3.18 | 10.13 |
| 甘　肃 | 2.35 | 1.60 | 4.22 |
| 青　海 | | | |
| 宁　夏 | 0.10 | 0.03 | 0.08 |
| 新　疆 | 11.22 | 3.61 | 0.29 |

2-B-12 续表 7

(外商投资企业) 单位：亿元

| 地 区 | 资产总计 | 负债合计 | 营业收入 |
|---|---|---|---|
| **全 国** | **775.52** | **531.90** | **1019.45** |
| 北 京 | 86.68 | 81.90 | 127.87 |
| 天 津 | 19.79 | 16.91 | 38.00 |
| 河 北 | 0.16 | 0.08 | 0.23 |
| 山 西 | 4.81 | 3.62 | 8.90 |
| 内蒙古 | 3.93 | 4.24 | 2.33 |
| 辽 宁 | 22.98 | 16.21 | 46.04 |
| 吉 林 | 0.26 | 0.01 | 0.16 |
| 黑龙江 | 0.60 | 0.54 | 0.49 |
| 上 海 | 235.77 | 136.87 | 283.56 |
| 江 苏 | 49.96 | 32.09 | 97.66 |
| 浙 江 | 56.05 | 38.24 | 83.40 |
| 安 徽 | 0.69 | 0.30 | 0.50 |
| 福 建 | 16.35 | 14.62 | 32.40 |
| 江 西 | 0.21 | 0.11 | 0.38 |
| 山 东 | 14.66 | 8.09 | 31.65 |
| 河 南 | 4.79 | 2.43 | 11.62 |
| 湖 北 | 8.34 | 5.76 | 18.79 |
| 湖 南 | 13.40 | 10.54 | 27.85 |
| 广 东 | 96.86 | 76.49 | 152.16 |
| 广 西 | 3.46 | 2.13 | 9.21 |
| 海 南 | 0.04 | 0.03 | 0.05 |
| 重 庆 | 0.28 | 0.82 | 2.35 |
| 四 川 | 121.58 | 71.64 | 19.04 |
| 贵 州 | 0.05 | 0.01 | 0.06 |
| 云 南 | 0.96 | 0.71 | 2.51 |
| 西 藏 | 0.06 | 0.03 | 0.09 |
| 陕 西 | 8.10 | 5.12 | 16.04 |
| 甘 肃 | 0.05 | 0.01 | 0.09 |
| 青 海 | 0.01 | 0.03 | 0.02 |
| 宁 夏 | | | |
| 新 疆 | 4.66 | 2.36 | 6.00 |

# 第3篇

# 房地产开发经营业企业生产经营及财务状况篇

# 3-1　各地区按登记注册统计类别分房地产开发企业法人个数

单位：个

| 地　区 | 总　计 | 内资企业 | 港澳台投资企　业 | 外商投资企　业 |
|---|---|---|---|---|
| **全　国** | **205938** | **200553** | **4079** | **1306** |
| 北　京 | 3493 | 3381 | 61 | 51 |
| 天　津 | 2121 | 2016 | 64 | 41 |
| 河　北 | 10794 | 10729 | 42 | 23 |
| 山　西 | 4967 | 4951 | 11 | 5 |
| 内蒙古 | 3768 | 3760 | NA | 5 |
| 辽　宁 | 7033 | 6642 | 276 | 115 |
| 吉　林 | 2659 | 2638 | 16 | 5 |
| 黑龙江 | 2720 | 2696 | 18 | 6 |
| 上　海 | 4660 | 4226 | 310 | 124 |
| 江　苏 | 14669 | 13760 | 690 | 219 |
| 浙　江 | 11596 | 11283 | 220 | 93 |
| 安　徽 | 6882 | 6801 | 55 | 26 |
| 福　建 | 5167 | 4870 | 242 | 55 |
| 江　西 | 5675 | 5554 | 101 | 20 |
| 山　东 | 15263 | 14850 | 300 | 113 |
| 河　南 | 17160 | 17057 | 74 | 29 |
| 湖　北 | 9137 | 9019 | 95 | 23 |
| 湖　南 | 9059 | 8940 | 93 | 26 |
| 广　东 | 21785 | 20611 | 990 | 184 |
| 广　西 | 6142 | 6047 | 76 | 19 |
| 海　南 | 2999 | 2909 | 70 | 20 |
| 重　庆 | 3590 | 3468 | 90 | 32 |
| 四　川 | 9209 | 9096 | 75 | 38 |
| 贵　州 | 4786 | 4761 | 18 | 7 |
| 云　南 | 5141 | 5097 | 37 | 7 |
| 西　藏 | 261 | 261 | | |
| 陕　西 | 6315 | 6264 | 37 | 14 |
| 甘　肃 | 3072 | 3066 | 4 | NA |
| 青　海 | 652 | 649 | NA | NA |
| 宁　夏 | 769 | 765 | NA | NA |
| 新　疆 | 4394 | 4386 | 7 | NA |

注：1.表3-1、3-2、3-3统计范围为全部房地产开发经营业法人单位，本篇其他表统计范围为有开发经营活动的房地产开发经营业法人单位。
2.本篇登记注册统计类别按《关于市场主体统计分类的划分规定》(国统字〔2023〕14号)执行(以下相关表同)。

# 3-2 各地区按登记注册统计类别分房地产开发企业法人年末从业人数

单位：人

| 地 区 | 总 计 | 内资企业 | 港澳台投资企 业 | 外商投资企 业 |
|---|---|---|---|---|
| **全 国** | **2712633** | **2608808** | **79099** | **24726** |
| 北 京 | 47406 | 43780 | 2219 | 1407 |
| 天 津 | 26880 | 24687 | 1711 | 482 |
| 河 北 | 145090 | 143673 | 674 | 743 |
| 山 西 | 65091 | 64888 | 95 | 108 |
| 内蒙古 | 37907 | 37847 | NA | 59 |
| 辽 宁 | 54528 | 50420 | 2990 | 1118 |
| 吉 林 | 33745 | 33408 | 244 | 93 |
| 黑龙江 | 23454 | 23147 | 234 | 73 |
| 上 海 | 54622 | 43507 | 8109 | 3006 |
| 江 苏 | 174346 | 160199 | 10486 | 3661 |
| 浙 江 | 118902 | 113636 | 3280 | 1986 |
| 安 徽 | 93449 | 91806 | 1389 | 254 |
| 福 建 | 76507 | 71119 | 4617 | 771 |
| 江 西 | 83606 | 81594 | 1807 | 205 |
| 山 东 | 221134 | 212972 | 6462 | 1700 |
| 河 南 | 230933 | 229027 | 1408 | 498 |
| 湖 北 | 145283 | 142069 | 2786 | 428 |
| 湖 南 | 145640 | 143079 | 2092 | 469 |
| 广 东 | 248339 | 224452 | 19083 | 4804 |
| 广 西 | 73758 | 72436 | 1159 | 163 |
| 海 南 | 39572 | 37458 | 1943 | 171 |
| 重 庆 | 71690 | 68122 | 2425 | 1143 |
| 四 川 | 158738 | 156496 | 1445 | 797 |
| 贵 州 | 62793 | 62504 | 217 | 72 |
| 云 南 | 82668 | 81546 | 1010 | 112 |
| 西 藏 | 3374 | 3374 | | |
| 陕 西 | 81041 | 79897 | 794 | 350 |
| 甘 肃 | 43508 | 43394 | 99 | 15 |
| 青 海 | 8994 | 8962 | 12 | 20 |
| 宁 夏 | 12494 | 12365 | 111 | 18 |
| 新 疆 | 47141 | 46944 | 197 | |

# 3-3　各地区按登记注册统计类别分房地产开发企业法人资产总计

单位：万元

| 地　区 | 总　计 | 内资企业 | 港澳台投资企　业 | 外商投资企　业 |
|---|---|---|---|---|
| **全　国** | **13629617491** | **12753659584** | **630040012** | **245917895** |
| 北　京 | 735221727 | 700642869 | 20776354 | 13802503 |
| 天　津 | 331781369 | 318946377 | 9692030 | 3142962 |
| 河　北 | 417902682 | 410044649 | 5319438 | 2538595 |
| 山　西 | 200835493 | 199610085 | 434196 | 791212 |
| 内蒙古 | 127942651 | 127614378 | | 328273 |
| 辽　宁 | 278607783 | 246297146 | 21982545 | 10328093 |
| 吉　林 | 97735777 | 95112366 | 1804218 | 819193 |
| 黑龙江 | 112430454 | 109208676 | 2188448 | 1033330 |
| 上　海 | 1023836981 | 891369803 | 80385448 | 52081730 |
| 江　苏 | 1359841750 | 1238269321 | 95226674 | 26345756 |
| 浙　江 | 1161676707 | 1092371482 | 28620044 | 40685181 |
| 安　徽 | 426157347 | 419131604 | 5788485 | 1237258 |
| 福　建 | 483155546 | 451492769 | 29417089 | 2245687 |
| 江　西 | 268542362 | 259681789 | 8017986 | 842587 |
| 山　东 | 932759182 | 889401150 | 35582163 | 7775868 |
| 河　南 | 555229291 | 539294162 | 14318330 | 1616799 |
| 湖　北 | 468566142 | 450981483 | 15856319 | 1728340 |
| 湖　南 | 306245321 | 295637679 | 8765044 | 1842599 |
| 广　东 | 1757670756 | 1547041744 | 147130146 | 63498867 |
| 广　西 | 264801996 | 256647791 | 7570034 | 584171 |
| 海　南 | 180581119 | 164189953 | 15268242 | 1122924 |
| 重　庆 | 354827799 | 309044386 | 39727068 | 6056346 |
| 四　川 | 561679683 | 547809072 | 11914785 | 1955827 |
| 贵　州 | 262751643 | 260958163 | 1354808 | 438672 |
| 云　南 | 264035183 | 251412034 | 11759366 | 863783 |
| 西　藏 | 15070977 | 15070977 | | |
| 陕　西 | 390598165 | 380853192 | 7724519 | 2020453 |
| 甘　肃 | 114293155 | 113956119 | 303044 | 33992 |
| 青　海 | 27164225 | 27071182 | 14521 | 78522 |
| 宁　夏 | 37418698 | 37155559 | 184767 | 78372 |
| 新　疆 | 110255527 | 107341625 | 2913902 | |

# 3-4 房地产开发企业法人主要指标情况

| 指 标 | 计量单位 | 2023年 | 2022年 | 2023年比2022年增减(%) |
|---|---|---|---|---|
| **企业个数** | **个** | **100111** | **102852** | **-2.7** |
| 大型企业 | 个 | 1112 | 977 | 13.8 |
| 中型企业 | 个 | 43445 | 36396 | 19.4 |
| 小微型企业 | 个 | 55554 | 65479 | -15.2 |
| **资产总计** | **亿元** | **1119129** | **1126529** | **-0.7** |
| 大型企业 | 亿元 | 87697 | 75825 | 15.7 |
| 中型企业 | 亿元 | 661829 | 573903 | 15.3 |
| 小微型企业 | 亿元 | 369603 | 476801 | -22.5 |
| **房屋建筑面积** | | | | |
| 施工面积 | 万平方米 | 840157 | 904500 | -7.1 |
| #住宅 | 万平方米 | 590989 | 639209 | -7.5 |
| #办公楼 | 万平方米 | 33207 | 35002 | -5.1 |
| #商业营业用房 | 万平方米 | 72339 | 79878 | -9.4 |
| 新开工面积 | 万平方米 | 95958 | 119944 | -20.0 |
| #住宅 | 万平方米 | 69669 | 87621 | -20.5 |
| #办公楼 | 万平方米 | 2620 | 3175 | -17.5 |
| #商业营业用房 | 万平方米 | 6493 | 8121 | -20.0 |
| 竣工面积 | 万平方米 | 101999 | 85358 | 19.5 |
| #住宅 | 万平方米 | 73973 | 61847 | 19.6 |
| #办公楼 | 万平方米 | 2992 | 2608 | 14.7 |
| #商业营业用房 | 万平方米 | 7156 | 6714 | 6.6 |
| **房屋竣工价值** | **亿元** | **42327** | **34940** | **21.1** |
| **新建商品房销售** | | | | |
| 新建商品房销售面积 | 万平方米 | 111762 | 122154 | -8.5 |
| #住宅 | 万平方米 | 94819 | 103306 | -8.2 |
| #办公楼 | 万平方米 | 2715 | 2986 | -9.1 |
| #商业营业用房 | 万平方米 | 6360 | 7228 | -12.0 |
| 新建商品房销售额 | 亿元 | 116661 | 124720 | -6.5 |
| #住宅 | 亿元 | 103013 | 109583 | -6.0 |
| #办公楼 | 亿元 | 3742 | 4295 | -12.9 |
| #商业营业用房 | 亿元 | 6628 | 7298 | -9.2 |
| 商品房待售面积 | 万平方米 | 68102 | 56573 | 20.4 |
| #住宅 | 万平方米 | 33643 | 27103 | 24.1 |
| #办公楼 | 万平方米 | 4892 | 4122 | 18.7 |
| #商业营业用房 | 万平方米 | 14357 | 12561 | 14.3 |
| **负债合计** | **亿元** | **873175** | **891499** | **-2.1** |

# 3-5　各地区按资质等级分房地产开发企业法人个数

单位：个

| 地　区 | 总　计 | 一　级 | 二　级 | 三　级 | 四　级 | 暂　定 | 其　他 |
|---|---|---|---|---|---|---|---|
| **全　国** | **100111** | **1247** | **32308** | **10128** | **9863** | **35974** | **10591** |
| 北　京 | 1171 | 29 | 521 | 33 | 315 | 194 | 79 |
| 天　津 | 1084 | 12 | 338 | 33 | 447 | 121 | 133 |
| 河　北 | 3840 | 72 | 1729 | 281 | 564 | 1116 | 78 |
| 山　西 | 2766 | 17 | 1192 | 109 | 625 | 744 | 79 |
| 内蒙古 | 1696 | 14 | 532 | 166 | 622 | 219 | 143 |
| 辽　宁 | 2581 | 22 | 549 | 428 | 29 | 1091 | 462 |
| 吉　林 | 1345 | 8 | 364 | 130 | 158 | 642 | 43 |
| 黑龙江 | 1297 | 8 | 287 | 485 | 100 | 289 | 128 |
| 上　海 | 2528 | 27 | 494 | 160 | NA | 1496 | 348 |
| 江　苏 | 6922 | 97 | 2636 | 251 | 17 | 3067 | 854 |
| 浙　江 | 6142 | 76 | 1354 | 508 | 281 | 2114 | 1809 |
| 安　徽 | 3682 | 63 | 1148 | 377 | 126 | 1570 | 398 |
| 福　建 | 3148 | 33 | 874 | 394 | 291 | 1329 | 227 |
| 江　西 | 2853 | 24 | 857 | 182 | 164 | 1298 | 328 |
| 山　东 | 7882 | 174 | 3042 | 479 | 725 | 2725 | 737 |
| 河　南 | 8337 | 117 | 2688 | 555 | 330 | 3578 | 1069 |
| 湖　北 | 4180 | 70 | 1048 | 298 | 545 | 1770 | 449 |
| 湖　南 | 4383 | 46 | 1230 | 692 | 750 | 1398 | 267 |
| 广　东 | 9603 | 98 | 2194 | 796 | 1347 | 3764 | 1404 |
| 广　西 | 3060 | 25 | 940 | 288 | 180 | 1542 | 85 |
| 海　南 | 1256 | 8 | 369 | 68 | 104 | 525 | 182 |
| 重　庆 | 2121 | 65 | 1011 | 279 | 6 | 691 | 69 |
| 四　川 | 4671 | 47 | 1799 | 1960 | 35 | 642 | 188 |
| 贵　州 | 2594 | 8 | 806 | 272 | 218 | 1194 | 96 |
| 云　南 | 2808 | 24 | 922 | 134 | 616 | 837 | 275 |
| 西　藏 | 121 | NA | 38 | 13 | 21 | 44 | 4 |
| 陕　西 | 2968 | 30 | 1156 | 318 | 526 | 514 | 424 |
| 甘　肃 | 1666 | 9 | 570 | 218 | 374 | 468 | 27 |
| 青　海 | 306 | NA | 147 | 37 | 30 | 78 | 12 |
| 宁　夏 | 572 | 9 | 332 | 60 | 60 | 86 | 25 |
| 新　疆 | 2528 | 12 | 1141 | 124 | 254 | 828 | 169 |

# 3-6 各地区按资质等级分房地产开发企业法人年末从业人数

单位：人

| 地区 | 总计 | 一级 | 二级 | 三级 | 四级 | 暂定 | 其他 |
|---|---|---|---|---|---|---|---|
| **全国** | **1940478** | **79466** | **728218** | **208779** | **167789** | **590586** | **165640** |
| 北京 | 32266 | 3540 | 14508 | 991 | 8414 | 3378 | 1435 |
| 天津 | 20583 | 532 | 7509 | 1446 | 7001 | 1706 | 2389 |
| 河北 | 85626 | 5309 | 40793 | 6947 | 10876 | 19918 | 1783 |
| 山西 | 51934 | 1032 | 25131 | 2485 | 9883 | 12511 | 892 |
| 内蒙古 | 26429 | 715 | 10053 | 2639 | 8382 | 2923 | 1717 |
| 辽宁 | 33826 | 764 | 9821 | 6277 | 230 | 10971 | 5763 |
| 吉林 | 22919 | 1248 | 7094 | 1953 | 2120 | 10033 | 471 |
| 黑龙江 | 16595 | 186 | 5426 | 5391 | 717 | 3404 | 1471 |
| 上海 | 43105 | 2659 | 9500 | 3878 | 45 | 21238 | 5785 |
| 江苏 | 116126 | 4177 | 49899 | 3867 | 143 | 46437 | 11603 |
| 浙江 | 88719 | 4796 | 23655 | 7456 | 3082 | 28106 | 21624 |
| 安徽 | 66727 | 2915 | 25139 | 6310 | 1489 | 24034 | 6840 |
| 福建 | 61138 | 2971 | 20418 | 7637 | 4348 | 22833 | 2931 |
| 江西 | 59819 | 789 | 22725 | 4408 | 2970 | 22560 | 6367 |
| 山东 | 161079 | 11074 | 63258 | 11690 | 17528 | 45713 | 11816 |
| 河南 | 146742 | 5872 | 55477 | 9073 | 4019 | 58286 | 14015 |
| 湖北 | 100560 | 3548 | 29988 | 8039 | 9707 | 39752 | 9526 |
| 湖南 | 97081 | 3781 | 30994 | 15005 | 13905 | 27264 | 6132 |
| 广东 | 191282 | 7354 | 55473 | 22492 | 23008 | 57569 | 25386 |
| 广西 | 55744 | 1683 | 19762 | 6493 | 2843 | 23682 | 1281 |
| 海南 | 28843 | 373 | 10976 | 2221 | 2090 | 10000 | 3183 |
| 重庆 | 56376 | 4282 | 27445 | 5954 | 95 | 15814 | 2786 |
| 四川 | 114305 | 3137 | 49694 | 42761 | 399 | 14495 | 3819 |
| 贵州 | 46945 | 547 | 17684 | 4943 | 2959 | 19392 | 1420 |
| 云南 | 67717 | 1830 | 25743 | 3921 | 11679 | 18845 | 5699 |
| 西藏 | 2387 | 18 | 1108 | 215 | 314 | 559 | 173 |
| 陕西 | 57130 | 2109 | 26297 | 5658 | 8546 | 7807 | 6713 |
| 甘肃 | 31864 | 768 | 12211 | 4401 | 5799 | 8384 | 301 |
| 青海 | 5941 | 135 | 2993 | 757 | 476 | 1420 | 160 |
| 宁夏 | 11651 | 770 | 8187 | 710 | 897 | 849 | 238 |
| 新疆 | 39019 | 552 | 19257 | 2761 | 3825 | 10703 | 1921 |

# 3-7　各地区按资质等级分房地产开发企业法人资产总计

单位：万元

| 地　区 | 总　计 | 一　级 | 二　级 | 三　级 | 四　级 | 暂　定 | 其　他 |
|---|---|---|---|---|---|---|---|
| **全　国** | **11191294916** | **1003048475** | **4157520983** | **933214925** | **690708904** | **3163300616** | **1243501014** |
| 北　京 | 523000572 | 65599057 | 253583529 | 22355775 | 103755169 | 55107966 | 22599075 |
| 天　津 | 251483137 | 10910313 | 90956093 | 5862156 | 75756900 | 25297431 | 42700244 |
| 河　北 | 304158170 | 26937129 | 133565131 | 21822766 | 38136128 | 77582399 | 6114618 |
| 山　西 | 172742332 | 3894785 | 86460591 | 5910900 | 32647747 | 40477261 | 3351048 |
| 内蒙古 | 92359371 | 5913327 | 37885476 | 9435982 | 22339552 | 12560578 | 4224457 |
| 辽　宁 | 196689710 | 6139178 | 53747444 | 34641053 | 315005 | 67723166 | 34123863 |
| 吉　林 | 80922502 | 2595874 | 27209977 | 5523833 | 5989377 | 38188861 | 1414581 |
| 黑龙江 | 92372306 | 1085976 | 24740250 | 29898391 | 1071561 | 15801437 | 19774689 |
| 上　海 | 808812419 | 135894047 | 258334246 | 30612393 | 128096 | 320263987 | 63579649 |
| 江　苏 | 1087844982 | 56848406 | 508127663 | 17744268 | 264517 | 379075659 | 125784470 |
| 浙　江 | 913234771 | 68945155 | 231699570 | 68738602 | 25543176 | 255161181 | 263147088 |
| 安　徽 | 367852348 | 23257876 | 143828055 | 38648487 | 4510562 | 109928249 | 47679119 |
| 福　建 | 430879769 | 83957629 | 161002578 | 37151413 | 15071701 | 108415790 | 25280658 |
| 江　西 | 211450285 | 2255045 | 76358203 | 21660259 | 12895464 | 83823886 | 14457428 |
| 山　东 | 805766089 | 71604592 | 312442252 | 65838650 | 51662509 | 227123272 | 77094814 |
| 河　南 | 506075455 | 48387213 | 178796985 | 32585482 | 7762823 | 184626335 | 53916618 |
| 湖　北 | 424195092 | 57890709 | 130017173 | 16973105 | 20202871 | 166330168 | 32781066 |
| 湖　南 | 248252717 | 12684263 | 77711133 | 49518602 | 31774116 | 62902137 | 13662466 |
| 广　东 | 1514132496 | 167599425 | 411691004 | 152354657 | 119491554 | 420404980 | 242590877 |
| 广　西 | 226656420 | 9721463 | 76765885 | 31016044 | 8122357 | 92441299 | 8589372 |
| 海　南 | 144018644 | 8041754 | 54370743 | 9095440 | 6853510 | 50115892 | 15541305 |
| 重　庆 | 318223768 | 48395262 | 173747744 | 12368711 | 57217 | 75372263 | 8282572 |
| 四　川 | 494627314 | 23950264 | 261972320 | 138366470 | 573946 | 51648798 | 18115516 |
| 贵　州 | 205140148 | 3277634 | 84111575 | 21714977 | 7503237 | 77306519 | 11226206 |
| 云　南 | 227593204 | 24121863 | 82620803 | 6964409 | 29530657 | 63669690 | 20685780 |
| 西　藏 | 13208900 | 17842 | 8505879 | 798125 | 1434560 | 1222791 | 1229702 |
| 陕　西 | 290153087 | 19528711 | 105403216 | 21206268 | 38672279 | 45006143 | 60336471 |
| 甘　肃 | 96413554 | 6057805 | 34975358 | 14461778 | 15957538 | 24411522 | 549552 |
| 青　海 | 19669770 | 820352 | 8716922 | 2156518 | 1366501 | 6276572 | 332905 |
| 宁　夏 | 31692398 | 2406045 | 23496065 | 1975806 | 1531136 | 1855714 | 427632 |
| 新　疆 | 91673189 | 4309481 | 44677120 | 5813605 | 9787141 | 23178668 | 3907174 |

# 3-8 各地区按用途分房地产开发企业法人房屋施工面积

单位：平方米

| 地区 | 房屋施工面积 | #住宅 | #办公楼 | #商业营业用房 |
|---|---|---|---|---|
| **全国** | **8401569210** | **5909890386** | **332071166** | **723394491** |
| 北京 | 125313418 | 62567756 | 11971688 | 8252328 |
| 天津 | 95871371 | 66514098 | 3423998 | 8942377 |
| 河北 | 316971692 | 248041330 | 5054735 | 18203835 |
| 山西 | 246012518 | 185341345 | 5133625 | 17215588 |
| 内蒙古 | 141699795 | 102024623 | 1653414 | 16455300 |
| 辽宁 | 208450141 | 154076327 | 4629945 | 24273066 |
| 吉林 | 105142686 | 74968953 | 4957643 | 12226723 |
| 黑龙江 | 90847936 | 66266489 | 1970585 | 11657671 |
| 上海 | 176183651 | 81905332 | 25992102 | 16768578 |
| 江苏 | 574147326 | 418234652 | 20263388 | 43096879 |
| 浙江 | 559861792 | 340161197 | 29605903 | 45849140 |
| 安徽 | 349537630 | 260960812 | 8502777 | 29620347 |
| 福建 | 276956502 | 183995536 | 12687917 | 21281511 |
| 江西 | 215948166 | 167280887 | 5082898 | 21875703 |
| 山东 | 713098565 | 520322335 | 27132998 | 52027389 |
| 河南 | 520644844 | 408918028 | 15670991 | 36809025 |
| 湖北 | 315282097 | 234684588 | 14930523 | 24020559 |
| 湖南 | 319587136 | 244371256 | 6332864 | 29525403 |
| 广东 | 828991087 | 553012605 | 54391332 | 67152674 |
| 广西 | 295550806 | 217060765 | 6477295 | 23069022 |
| 海南 | 90980938 | 58962078 | 5667992 | 12124715 |
| 重庆 | 204975674 | 135830603 | 4693874 | 21713234 |
| 四川 | 477666266 | 319040726 | 20043597 | 38470916 |
| 贵州 | 247804325 | 174307595 | 4413657 | 26993786 |
| 云南 | 249839827 | 167659808 | 8630690 | 24659327 |
| 西藏 | 6470033 | 4669356 | 183581 | 907589 |
| 陕西 | 285798592 | 204621952 | 14463980 | 23420594 |
| 甘肃 | 121150977 | 88801953 | 2582696 | 9993131 |
| 青海 | 31495875 | 22505116 | 726860 | 3606553 |
| 宁夏 | 48613917 | 33850017 | 984897 | 5831520 |
| 新疆 | 160673627 | 108932268 | 3812721 | 27350008 |

# 3-9 各地区按资质等级分房地产开发企业法人房屋施工面积

单位：平方米

| 地 区 | 总 计 | 一 级 | 二 级 | 三 级 | 四 级 | 暂 定 | 其 他 |
|---|---|---|---|---|---|---|---|
| **全 国** | **8401569210** | **258294952** | **3117628904** | **700821437** | **586240462** | **2942405285** | **796178170** |
| 北 京 | 125313418 | 3642272 | 69655520 | 3091074 | 24364204 | 17805308 | 6755040 |
| 天 津 | 95871371 | 4133412 | 31857657 | 2689441 | 33465444 | 11528440 | 12196977 |
| 河 北 | 316971692 | 15372545 | 131184375 | 24726187 | 40800257 | 98613879 | 6274449 |
| 山 西 | 246012518 | 4658382 | 117908280 | 8995048 | 48681056 | 62709808 | 3059944 |
| 内蒙古 | 141699795 | 4681506 | 48237494 | 13271088 | 43565165 | 22029605 | 9914937 |
| 辽 宁 | 208450141 | 2875742 | 59344608 | 29587276 | 700432 | 77309865 | 38632218 |
| 吉 林 | 105142686 | 962175 | 37146004 | 6369639 | 8005941 | 49492447 | 3166480 |
| 黑龙江 | 90847936 | 1401677 | 24614407 | 31425182 | 2719355 | 21424101 | 9263214 |
| 上 海 | 176183651 | 3029950 | 56940330 | 5071187 | | 91481956 | 19660228 |
| 江 苏 | 574147326 | 14810634 | 236818787 | 4939243 | 267104 | 256106142 | 61205416 |
| 浙 江 | 559861792 | 7484139 | 138093179 | 36625895 | 11241658 | 202969141 | 163447780 |
| 安 徽 | 349537630 | 11674210 | 130437626 | 23710627 | 4235400 | 144634499 | 34845268 |
| 福 建 | 276956502 | 6765698 | 105183737 | 29515317 | 9008150 | 109865941 | 16617659 |
| 江 西 | 215948166 | 2059624 | 72320038 | 13903350 | 9932968 | 99684347 | 18047839 |
| 山 东 | 713098565 | 41392983 | 297564866 | 44288556 | 44086063 | 226450164 | 59315933 |
| 河 南 | 520644844 | 23507686 | 194501775 | 22540449 | 9561023 | 226009453 | 44524458 |
| 湖 北 | 315282097 | 13897359 | 88218328 | 14754181 | 19864133 | 151824347 | 26723749 |
| 湖 南 | 319587136 | 9349509 | 101330916 | 40221489 | 42740636 | 110101895 | 15842691 |
| 广 东 | 828991087 | 20629982 | 243254941 | 58032133 | 85642570 | 300168275 | 121263186 |
| 广 西 | 295550806 | 12244546 | 90249261 | 30734695 | 11202962 | 143668561 | 7450781 |
| 海 南 | 90980938 | 2587763 | 30299665 | 5125172 | 5766685 | 38177425 | 9024228 |
| 重 庆 | 204975674 | 11466912 | 106937932 | 11975305 | 122169 | 70812771 | 3660585 |
| 四 川 | 477666266 | 11770709 | 215591561 | 161675181 | 465785 | 68133046 | 20029984 |
| 贵 州 | 247804325 | 3234570 | 96963991 | 20699316 | 10696387 | 108924814 | 7285247 |
| 云 南 | 249839827 | 6707472 | 93886445 | 8394699 | 39761578 | 78255061 | 22834572 |
| 西 藏 | 6470033 | 116214 | 3465349 | 504654 | 818927 | 1466142 | 98747 |
| 陕 西 | 285798592 | 9388004 | 120734382 | 20059937 | 37394356 | 52137315 | 46084598 |
| 甘 肃 | 121150977 | 2573993 | 48945945 | 12712493 | 20384891 | 34842823 | 1690832 |
| 青 海 | 31495875 | 391601 | 14487806 | 2910423 | 2834337 | 10164094 | 707614 |
| 宁 夏 | 48613917 | 1808375 | 36029420 | 3240925 | 2065566 | 4522074 | 947557 |
| 新 疆 | 160673627 | 3675308 | 75424279 | 9031275 | 15845260 | 51091546 | 5605959 |

# 3-10 各地区按用途分房地产开发企业法人房屋新开工面积

单位：平方米

| 地区 | 房屋新开工面积 | #住宅 | #办公楼 | #商业营业用房 |
|---|---|---|---|---|
| **全国** | **959579564** | **696691443** | **26197982** | **64934189** |
| 北京 | 12571435 | 7150647 | 732374 | 591536 |
| 天津 | 10372803 | 7356310 | 152711 | 545848 |
| 河北 | 49666628 | 39866360 | 440241 | 1735012 |
| 山西 | 24994646 | 20130568 | 273678 | 1263158 |
| 内蒙古 | 16141679 | 12131125 | 213763 | 944851 |
| 辽宁 | 15776781 | 12546997 | 173629 | 1034963 |
| 吉林 | 9492371 | 7229294 | 96697 | 888489 |
| 黑龙江 | 7384275 | 6175506 | 46582 | 520218 |
| 上海 | 23881867 | 13709134 | 1956404 | 1245113 |
| 江苏 | 82095066 | 57853626 | 2446580 | 5422857 |
| 浙江 | 77185951 | 47647496 | 3564302 | 5433292 |
| 安徽 | 51970222 | 38541752 | 1039421 | 3063208 |
| 福建 | 35355794 | 23030460 | 1134121 | 2178596 |
| 江西 | 26941497 | 21574271 | 686608 | 2188623 |
| 山东 | 79375734 | 58013030 | 2445617 | 5323873 |
| 河南 | 56296396 | 47882829 | 437138 | 3066633 |
| 湖北 | 35962202 | 28327423 | 722705 | 2206293 |
| 湖南 | 38830042 | 31156879 | 337290 | 2877617 |
| 广东 | 68838269 | 47269521 | 3826873 | 5155431 |
| 广西 | 18697099 | 14327507 | 143816 | 979432 |
| 海南 | 10547194 | 7269034 | 550328 | 821748 |
| 重庆 | 19747840 | 13627371 | 113670 | 1646418 |
| 四川 | 58038200 | 38985401 | 2483172 | 4583893 |
| 贵州 | 18093096 | 13312163 | 218571 | 1257048 |
| 云南 | 21487455 | 15105163 | 391272 | 1867670 |
| 西藏 | 442373 | 316435 | 7974 | 82204 |
| 陕西 | 42905810 | 32292289 | 1189773 | 2232127 |
| 甘肃 | 15815528 | 12105637 | 107432 | 1212816 |
| 青海 | 2328947 | 1956435 | 3336 | 160878 |
| 宁夏 | 7650936 | 6002091 | 7521 | 460151 |
| 新疆 | 20691428 | 13798689 | 254383 | 3944193 |

# 3-11　各地区按资质等级分房地产开发企业法人房屋新开工面积

单位：平方米

| 地区 | 总计 | 一级 | 二级 | 三级 | 四级 | 暂定 | 其他 |
|---|---|---|---|---|---|---|---|
| **全国** | **959579564** | **23842614** | **547407777** | **50513519** | **34412668** | **188700064** | **114702922** |
| 北京 | 12571435 | 493050 | 10413708 | 131288 | 329735 | 524105 | 679549 |
| 天津 | 10372803 | 209801 | 6354183 | 144257 | 1388850 | 481125 | 1794587 |
| 河北 | 49666628 | 1658376 | 32153575 | 3680809 | 3458562 | 8096357 | 618949 |
| 山西 | 24994646 | 350000 | 15485918 | 695242 | 2141001 | 5682239 | 640246 |
| 内蒙古 | 16141679 | 456184 | 9440690 | 1249565 | 2740251 | 719789 | 1535200 |
| 辽宁 | 15776781 | 86933 | 6978162 | 2166749 | 3060 | 3477339 | 3064538 |
| 吉林 | 9492371 | | 4743818 | 868685 | 829184 | 2276751 | 773933 |
| 黑龙江 | 7384275 | | 2533540 | 1781248 | 374171 | 1325752 | 1369564 |
| 上海 | 23881867 | 668914 | 15007845 | 280414 | | 5878444 | 2046250 |
| 江苏 | 82095066 | 2210379 | 51272722 | 701523 | | 17834457 | 10075985 |
| 浙江 | 77185951 | 1044961 | 30071198 | 3036390 | 853747 | 12767980 | 29411675 |
| 安徽 | 51970222 | 1657445 | 31897661 | 1157441 | 261336 | 9394702 | 7601637 |
| 福建 | 35355794 | 582733 | 23476138 | 1257278 | 349445 | 5845199 | 3845001 |
| 江西 | 26941497 | 537607 | 15569466 | 1184939 | 353409 | 6267234 | 3028842 |
| 山东 | 79375734 | 3374513 | 47145381 | 3611727 | 2688069 | 16257281 | 6298763 |
| 河南 | 56296396 | 2203384 | 32311184 | 1305584 | 647711 | 16068000 | 3760533 |
| 湖北 | 35962202 | 1479901 | 15629447 | 1149872 | 1652561 | 11973416 | 4077005 |
| 湖南 | 38830042 | 843618 | 17974452 | 3573876 | 3176386 | 9681689 | 3580021 |
| 广东 | 68838269 | 1298844 | 32331057 | 3048332 | 3443900 | 16373244 | 12342892 |
| 广西 | 18697099 | 512577 | 9651144 | 1098017 | 133868 | 6580225 | 721268 |
| 海南 | 10547194 | 17790 | 5664088 | 190802 | 534589 | 2325506 | 1814419 |
| 重庆 | 19747840 | 323439 | 14184975 | 587096 | 12685 | 4442746 | 196899 |
| 四川 | 58038200 | 1644136 | 36330603 | 11683212 | 35630 | 5817792 | 2526827 |
| 贵州 | 18093096 | 680661 | 11113755 | 778707 | 670695 | 4501827 | 347451 |
| 云南 | 21487455 | 21145 | 12424996 | 569763 | 1738622 | 3079052 | 3653877 |
| 西藏 | 442373 | | 226353 | 46207 | | 169813 | |
| 陕西 | 42905810 | 788530 | 25730199 | 2527708 | 2865879 | 4034326 | 6959168 |
| 甘肃 | 15815528 | 237374 | 9342437 | 1010344 | 2278033 | 2350428 | 596912 |
| 青海 | 2328947 | 169564 | 1581552 | 108620 | 126833 | 296044 | 46334 |
| 宁夏 | 7650936 | 127536 | 5952682 | 476724 | 293952 | 365844 | 434198 |
| 新疆 | 20691428 | 163219 | 14414848 | 411100 | 1030504 | 3811358 | 860399 |

# 3-12 各地区按用途分房地产开发企业法人房屋竣工面积

单位：平方米

| 地区 | 房屋竣工面积 | #住宅 | #办公楼 | #商业营业用房 |
|---|---|---|---|---|
| **全国** | **1019990892** | **739734879** | **29919856** | **71555167** |
| 北京 | 21124190 | 11648924 | 1661569 | 774184 |
| 天津 | 18644059 | 14621796 | 90877 | 827722 |
| 河北 | 34472253 | 27447474 | 322648 | 1588352 |
| 山西 | 23638468 | 18886188 | 138308 | 1365104 |
| 内蒙古 | 13095570 | 10108050 | 32314 | 911795 |
| 辽宁 | 22434530 | 17364694 | 398881 | 1866622 |
| 吉林 | 6889291 | 5222260 | 163632 | 932439 |
| 黑龙江 | 8401369 | 6650324 | 209597 | 590058 |
| 上海 | 21123487 | 11861945 | 2295599 | 1287558 |
| 江苏 | 89427627 | 66147371 | 2258845 | 6424994 |
| 浙江 | 100946343 | 64345625 | 3094327 | 6162259 |
| 安徽 | 57418426 | 42715383 | 1849292 | 3644376 |
| 福建 | 43105861 | 29426637 | 1543914 | 2618576 |
| 江西 | 19942456 | 15603457 | 422989 | 2122886 |
| 山东 | 89648664 | 66178694 | 2894157 | 5989085 |
| 河南 | 61931473 | 49549439 | 2015641 | 3599009 |
| 湖北 | 38658158 | 30962134 | 665172 | 2471745 |
| 湖南 | 43743177 | 33817453 | 686036 | 3850907 |
| 广东 | 82837152 | 55660341 | 4937811 | 6481843 |
| 广西 | 26505982 | 20491701 | 164537 | 1701985 |
| 海南 | 7517778 | 5244896 | 601415 | 777851 |
| 重庆 | 33020201 | 22854610 | 749517 | 3072835 |
| 四川 | 43713226 | 29315937 | 1315267 | 3666334 |
| 贵州 | 15854105 | 11963555 | 108213 | 1468237 |
| 云南 | 33316809 | 24460773 | 505139 | 1941934 |
| 西藏 | 676070 | 411952 | 9193 | 168467 |
| 陕西 | 21968228 | 16674910 | 387468 | 1270169 |
| 甘肃 | 12411851 | 9770131 | 197445 | 799086 |
| 青海 | 2698225 | 2001209 | 68261 | 202780 |
| 宁夏 | 10484002 | 7882589 | 1341 | 919574 |
| 新疆 | 14341861 | 10444427 | 130451 | 2056401 |

# 3-13 各地区按资质等级分房地产开发企业法人房屋竣工面积

单位：平方米

| 地区 | 总计 | 一级 | 二级 | 三级 | 四级 | 暂定 | 其他 |
|---|---|---|---|---|---|---|---|
| **全国** | **1019990892** | **34945178** | **356982560** | **92471822** | **75438288** | **370049945** | **90103099** |
| 北京 | 21124190 | 467766 | 9969173 | 147165 | 5264837 | 4008748 | 1266501 |
| 天津 | 18644059 | 975926 | 6324657 | 802924 | 7029794 | 2114002 | 1396756 |
| 河北 | 34472253 | 2777361 | 13244265 | 2760366 | 4869379 | 9607661 | 1213221 |
| 山西 | 23638468 | 594608 | 9807528 | 1009965 | 6136814 | 6020225 | 69328 |
| 内蒙古 | 13095570 | 419014 | 4285113 | 1348334 | 4053511 | 1601863 | 1387735 |
| 辽宁 | 22434530 | 118031 | 6051407 | 2458667 | 243957 | 8514758 | 5047710 |
| 吉林 | 6889291 | | 2755522 | 311672 | 747783 | 2873997 | 200317 |
| 黑龙江 | 8401369 | | 2592182 | 3291522 | 256405 | 1595538 | 665722 |
| 上海 | 21123487 | | 4536201 | 1271951 | | 13640977 | 1674358 |
| 江苏 | 89427627 | 1832367 | 33875777 | 1387330 | | 46026161 | 6305992 |
| 浙江 | 100946343 | 1464778 | 19622623 | 10946717 | 2845072 | 39812488 | 26254665 |
| 安徽 | 57418426 | 2231879 | 19271170 | 5489751 | 746119 | 24223087 | 5456420 |
| 福建 | 43105861 | 1283426 | 11797120 | 5196974 | 875905 | 20683110 | 3269326 |
| 江西 | 19942456 | 214756 | 5387747 | 1520514 | 1555080 | 9688823 | 1575536 |
| 山东 | 89648664 | 6673377 | 35488556 | 5370901 | 6278958 | 28717176 | 7119696 |
| 河南 | 61931473 | 2849890 | 27076987 | 2431079 | 824688 | 25101330 | 3647499 |
| 湖北 | 38658158 | 1380709 | 11438363 | 2054188 | 2643886 | 18932155 | 2208857 |
| 湖南 | 43743177 | 811745 | 14594555 | 6267071 | 6297493 | 14488810 | 1283503 |
| 广东 | 82837152 | 2101744 | 26112594 | 4726112 | 10364890 | 31190798 | 8341014 |
| 广西 | 26505982 | 1289093 | 8186137 | 4486386 | 456439 | 11754966 | 332961 |
| 海南 | 7517778 | 81245 | 2341177 | 212640 | 848987 | 2735183 | 1298546 |
| 重庆 | 33020201 | 2432856 | 17246647 | 1800606 | 7785 | 10578266 | 954041 |
| 四川 | 43713226 | 496565 | 17351449 | 19071972 | 76330 | 5100253 | 1616657 |
| 贵州 | 15854105 | | 6737026 | 1481788 | 429587 | 6649588 | 556116 |
| 云南 | 33316809 | 1118331 | 11195300 | 1590782 | 5880830 | 10194692 | 3336874 |
| 西藏 | 676070 | 25735 | 275154 | | 195796 | 179385 | |
| 陕西 | 21968228 | 1307554 | 8815783 | 2146113 | 2824557 | 3784890 | 3089331 |
| 甘肃 | 12411851 | 474190 | 3526154 | 1643654 | 2006185 | 4761668 | |
| 青海 | 2698225 | | 1336794 | 364614 | 88766 | 749394 | 158657 |
| 宁夏 | 10484002 | 834115 | 7901039 | 304600 | 419243 | 914779 | 110226 |
| 新疆 | 14341861 | 688117 | 7838360 | 575464 | 1169212 | 3805174 | 265534 |

# 3-14 各地区按用途分房地产开发企业法人房屋竣工价值

单位：万元

| 地 区 | 房屋竣工价值 | #住 宅 | #办公楼 | #商业营业用房 |
|---|---|---|---|---|
| **全 国** | **423266434** | **314003316** | **18637342** | **32370904** |
| 北 京 | 10142459 | 5860130 | 1036648 | 395723 |
| 天 津 | 6706893 | 5318891 | 42360 | 317005 |
| 河 北 | 12412725 | 10181193 | 122024 | 714230 |
| 山 西 | 6341939 | 5053729 | 42381 | 430754 |
| 内蒙古 | 4627659 | 3554811 | 8165 | 375997 |
| 辽 宁 | 8079186 | 6513551 | 111449 | 663143 |
| 吉 林 | 2099907 | 1589101 | 85435 | 269108 |
| 黑龙江 | 2621262 | 2074331 | 89260 | 193436 |
| 上 海 | 14637536 | 7930463 | 2346668 | 1282550 |
| 江 苏 | 45177536 | 35633741 | 1327136 | 3141401 |
| 浙 江 | 52943529 | 38582543 | 1726799 | 3289964 |
| 安 徽 | 21139698 | 16017622 | 832941 | 1679840 |
| 福 建 | 17179429 | 12467031 | 602898 | 1064020 |
| 江 西 | 6540868 | 5123736 | 150045 | 810297 |
| 山 东 | 33375696 | 24722569 | 1510432 | 2561055 |
| 河 南 | 17205290 | 13964516 | 620440 | 888342 |
| 湖 北 | 16342800 | 13173355 | 652097 | 1204608 |
| 湖 南 | 14687003 | 10832046 | 588360 | 1458331 |
| 广 东 | 48138175 | 33217318 | 4415775 | 4194804 |
| 广 西 | 9592846 | 7583553 | 43176 | 684306 |
| 海 南 | 4947056 | 3440238 | 449360 | 599166 |
| 重 庆 | 15711479 | 12311461 | 614400 | 1208388 |
| 四 川 | 16657632 | 11776785 | 561562 | 1728517 |
| 贵 州 | 4451711 | 3340476 | 59252 | 536142 |
| 云 南 | 10144283 | 7611083 | 188518 | 623209 |
| 西 藏 | 277962 | 179703 | 2114 | 67077 |
| 陕 西 | 8110457 | 6109436 | 185401 | 569423 |
| 甘 肃 | 4763790 | 3798165 | 137907 | 335755 |
| 青 海 | 1016402 | 774968 | 21172 | 129529 |
| 宁 夏 | 3195669 | 2433658 | 415 | 342851 |
| 新 疆 | 3997557 | 2833113 | 62752 | 611933 |

# 3-15　各地区按资质等级分房地产开发企业法人房屋竣工价值

单位：万元

| 地　区 | 总　计 | 一　级 | 二　级 | 三　级 | 四　级 | 暂　定 | 其　他 |
|---|---|---|---|---|---|---|---|
| **全　国** | **423266434** | **13043752** | **140458359** | **33378842** | **27351110** | **163999682** | **45034689** |
| 北　京 | 10142459 | 202162 | 4339564 | 56299 | 2841606 | 1792262 | 910566 |
| 天　津 | 6706893 | 276147 | 2415703 | 328845 | 2501304 | 730392 | 454502 |
| 河　北 | 12412725 | 1046306 | 4593841 | 1072025 | 1757731 | 3642343 | 300479 |
| 山　西 | 6341939 | 147172 | 2655853 | 261819 | 1596535 | 1667498 | 13062 |
| 内蒙古 | 4627659 | 80057 | 1663408 | 351099 | 1461228 | 485955 | 585912 |
| 辽　宁 | 8079186 | 33605 | 2272409 | 650459 | 65682 | 3064386 | 1992645 |
| 吉　林 | 2099907 | | 825038 | 109092 | 237049 | 852111 | 76617 |
| 黑龙江 | 2621262 | | 785003 | 1010100 | 43051 | 577406 | 205702 |
| 上　海 | 14637536 | | 2988547 | 890338 | | 9011925 | 1746726 |
| 江　苏 | 45177536 | 546590 | 15530854 | 622626 | | 25229798 | 3247668 |
| 浙　江 | 52943529 | 750129 | 9156573 | 5039825 | 1105167 | 22668607 | 14223228 |
| 安　徽 | 21139698 | 808074 | 6719209 | 1572793 | 265221 | 9676248 | 2098153 |
| 福　建 | 17179429 | 343515 | 5481665 | 1767712 | 284602 | 8000073 | 1301862 |
| 江　西 | 6540868 | 40618 | 1775498 | 558234 | 444578 | 3295408 | 426532 |
| 山　东 | 33375696 | 2314963 | 13217128 | 1496688 | 1996356 | 11086660 | 3263901 |
| 河　南 | 17205290 | 815159 | 7479554 | 599708 | 234263 | 7014732 | 1061874 |
| 湖　北 | 16342800 | 460870 | 5083307 | 645865 | 737792 | 8656997 | 757969 |
| 湖　南 | 14687003 | 242928 | 4644262 | 2295866 | 1629657 | 5611708 | 262582 |
| 广　东 | 48138175 | 1058378 | 14946381 | 2069697 | 4867561 | 17884025 | 7312133 |
| 广　西 | 9592846 | 495732 | 3016724 | 1463805 | 114846 | 4320800 | 180939 |
| 海　南 | 4947056 | 25392 | 1554026 | 80269 | 327546 | 1830406 | 1129417 |
| 重　庆 | 15711479 | 1831635 | 7804003 | 734267 | 1500 | 5054822 | 285252 |
| 四　川 | 16657632 | 208737 | 6631624 | 7160188 | 25810 | 2133782 | 497491 |
| 贵　州 | 4451711 | | 2076453 | 349522 | 110510 | 1619393 | 295833 |
| 云　南 | 10144283 | 262890 | 3378037 | 439414 | 1849786 | 3304818 | 909338 |
| 西　藏 | 277962 | 33130 | 101326 | | 80275 | 63231 | |
| 陕　西 | 8110457 | 352885 | 3139082 | 855079 | 1407402 | 1060131 | 1295878 |
| 甘　肃 | 4763790 | 221363 | 1023168 | 561121 | 853988 | 2104150 | |
| 青　海 | 1016402 | | 537188 | 102932 | 26086 | 276196 | 74000 |
| 宁　夏 | 3195669 | 245257 | 2444354 | 83425 | 107675 | 265218 | 49740 |
| 新　疆 | 3997557 | 200058 | 2178577 | 149730 | 376303 | 1018201 | 74688 |

# 3-16 各地区房地产开发企业法人建造的房屋面积和造价

| 地区 | 房屋施工面积（平方米） | 房屋竣工面积（平方米） | 房屋竣工价值（万元） | 房屋竣工造价（元/平方米） |
|---|---|---|---|---|
| **全国** | **8401569210** | **1019990892** | **423266434** | **4150** |
| 北京 | 125313418 | 21124190 | 10142459 | 4801 |
| 天津 | 95871371 | 18644059 | 6706893 | 3597 |
| 河北 | 316971692 | 34472253 | 12412725 | 3601 |
| 山西 | 246012518 | 23638468 | 6341939 | 2683 |
| 内蒙古 | 141699795 | 13095570 | 4627659 | 3534 |
| 辽宁 | 208450141 | 22434530 | 8079186 | 3601 |
| 吉林 | 105142686 | 6889291 | 2099907 | 3048 |
| 黑龙江 | 90847936 | 8401369 | 2621262 | 3120 |
| 上海 | 176183651 | 21123487 | 14637536 | 6930 |
| 江苏 | 574147326 | 89427627 | 45177536 | 5052 |
| 浙江 | 559861792 | 100946343 | 52943529 | 5245 |
| 安徽 | 349537630 | 57418426 | 21139698 | 3682 |
| 福建 | 276956502 | 43105861 | 17179429 | 3985 |
| 江西 | 215948166 | 19942456 | 6540868 | 3280 |
| 山东 | 713098565 | 89648664 | 33375696 | 3723 |
| 河南 | 520644844 | 61931473 | 17205290 | 2778 |
| 湖北 | 315282097 | 38658158 | 16342800 | 4228 |
| 湖南 | 319587136 | 43743177 | 14687003 | 3358 |
| 广东 | 828991087 | 82837152 | 48138175 | 5811 |
| 广西 | 295550806 | 26505982 | 9592846 | 3619 |
| 海南 | 90980938 | 7517778 | 4947056 | 6580 |
| 重庆 | 204975674 | 33020201 | 15711479 | 4758 |
| 四川 | 477666266 | 43713226 | 16657632 | 3811 |
| 贵州 | 247804325 | 15854105 | 4451711 | 2808 |
| 云南 | 249839827 | 33316809 | 10144283 | 3045 |
| 西藏 | 6470033 | 676070 | 277962 | 4111 |
| 陕西 | 285798592 | 21968228 | 8110457 | 3692 |
| 甘肃 | 121150977 | 12411851 | 4763790 | 3838 |
| 青海 | 31495875 | 2698225 | 1016402 | 3767 |
| 宁夏 | 48613917 | 10484002 | 3195669 | 3048 |
| 新疆 | 160673627 | 14341861 | 3997557 | 2787 |

# 3-17　各地区按用途分房地产开发企业法人新建商品房销售面积

单位：平方米

| 地　区 | 新建商品房销售面积 | #住　宅 | #办公楼 | #商业营业用　房 |
|---|---|---|---|---|
| **全　国** | **1117616161** | **948188864** | **27153764** | **63596435** |
| 北　京 | 11318170 | 8182508 | 756641 | 517874 |
| 天　津 | 11785072 | 11102536 | 70014 | 393119 |
| 河　北 | 43385333 | 40854807 | 436902 | 1043733 |
| 山　西 | 23560487 | 22578836 | 57951 | 652490 |
| 内蒙古 | 15439769 | 14265107 | 73991 | 859679 |
| 辽　宁 | 20670233 | 18609886 | 131313 | 1323236 |
| 吉　林 | 10473351 | 9778792 | 186715 | 393270 |
| 黑龙江 | 8553193 | 7694298 | 61399 | 629385 |
| 上　海 | 18117051 | 14569583 | 864268 | 551909 |
| 江　苏 | 110242500 | 90734047 | 3088747 | 7501341 |
| 浙　江 | 61070365 | 51133221 | 2979143 | 3899345 |
| 安　徽 | 46741411 | 42100322 | 864429 | 1777629 |
| 福　建 | 42249461 | 30720758 | 1536553 | 2446888 |
| 江　西 | 34176785 | 29015880 | 915031 | 2993569 |
| 山　东 | 112850079 | 94419746 | 3361819 | 6757678 |
| 河　南 | 69666361 | 65205589 | 1221259 | 2500941 |
| 湖　北 | 52592218 | 45361061 | 1527056 | 3201679 |
| 湖　南 | 56264791 | 50935748 | 634730 | 3319788 |
| 广　东 | 95820058 | 76655477 | 3324105 | 5810505 |
| 广　西 | 28784113 | 23048113 | 367253 | 1709680 |
| 海　南 | 9058154 | 7800793 | 431781 | 488032 |
| 重　庆 | 35572450 | 22580569 | 710996 | 3239572 |
| 四　川 | 80054767 | 63649839 | 1914275 | 4802627 |
| 贵　州 | 22146752 | 20284570 | 195428 | 1275650 |
| 云　南 | 24885320 | 20992358 | 512037 | 1552303 |
| 西　藏 | 802496 | 687998 | 39004 | 75260 |
| 陕　西 | 27189447 | 24536156 | 603945 | 1011088 |
| 甘　肃 | 14981170 | 14282177 | 67063 | 507933 |
| 青　海 | 2382691 | 2231331 | 49976 | 86968 |
| 宁　夏 | 6910989 | 6373685 | 29118 | 480302 |
| 新　疆 | 19871124 | 17803073 | 140822 | 1792962 |

# 3-18 各地区按资质等级分房地产开发企业法人新建商品房销售面积

单位：平方米

| 地 区 | 总 计 | 一 级 | 二 级 | 三 级 | 四 级 | 暂 定 | 其 他 |
|---|---|---|---|---|---|---|---|
| **全 国** | **1117616161** | **35259885** | **458952210** | **84270665** | **62608390** | **364135063** | **112389948** |
| 北 京 | 11318170 | 267194 | 7117907 | 95138 | 1834497 | 1622081 | 381353 |
| 天 津 | 11785072 | 307811 | 4542345 | 264579 | 4103445 | 1162480 | 1404412 |
| 河 北 | 43385333 | 1736213 | 20878338 | 2876044 | 4285297 | 12933538 | 675903 |
| 山 西 | 23560487 | 703948 | 12359122 | 552376 | 3270952 | 6339911 | 334178 |
| 内蒙古 | 15439769 | 322584 | 5844300 | 1453656 | 4257043 | 2103904 | 1458282 |
| 辽 宁 | 20670233 | 521656 | 6246278 | 2812037 | 69320 | 6635527 | 4385415 |
| 吉 林 | 10473351 | 166037 | 3523397 | 743770 | 812185 | 4820856 | 407106 |
| 黑龙江 | 8553193 | 93934 | 2583429 | 2549788 | 364063 | 2180232 | 781747 |
| 上 海 | 18117051 | 241718 | 6729195 | 411668 | 5197 | 9229467 | 1499806 |
| 江 苏 | 110242500 | 2676954 | 46458902 | 1478352 | 55553 | 47046435 | 12526304 |
| 浙 江 | 61070365 | 1316482 | 16892053 | 2937978 | 1075942 | 18495114 | 20352796 |
| 安 徽 | 46741411 | 982325 | 19805424 | 2181266 | 732896 | 16288350 | 6751150 |
| 福 建 | 42249461 | 1850956 | 19605772 | 3199725 | 920770 | 13813824 | 2858414 |
| 江 西 | 34176785 | 250150 | 14377048 | 2224732 | 1385566 | 12806183 | 3133106 |
| 山 东 | 112850079 | 6801427 | 48334616 | 6947121 | 6746728 | 33929526 | 10090661 |
| 河 南 | 69666361 | 3167028 | 28208919 | 3048186 | 939286 | 27358268 | 6944674 |
| 湖 北 | 52592218 | 1544133 | 16110463 | 2303015 | 3489153 | 23622386 | 5523068 |
| 湖 南 | 56264791 | 1440498 | 21081605 | 5788513 | 6331153 | 17446929 | 4176093 |
| 广 东 | 95820058 | 2817112 | 29403059 | 5846426 | 9296007 | 34457816 | 13999638 |
| 广 西 | 28784113 | 1278328 | 10464737 | 2587559 | 761220 | 13006944 | 685325 |
| 海 南 | 9058154 | 360490 | 2845013 | 691803 | 590084 | 3489419 | 1081345 |
| 重 庆 | 35572450 | 1913185 | 18782847 | 2070897 | 12685 | 11899915 | 892921 |
| 四 川 | 80054767 | 2047222 | 40531940 | 23649046 | 70966 | 10576479 | 3179114 |
| 贵 州 | 22146752 | 379466 | 8923265 | 1681367 | 792263 | 9489558 | 880833 |
| 云 南 | 24885320 | 560175 | 10126655 | 1037316 | 3795516 | 7046938 | 2318720 |
| 西 藏 | 802496 | 4217 | 358855 | 36038 | 111539 | 198947 | 92900 |
| 陕 西 | 27189447 | 603335 | 13618811 | 2024671 | 2415412 | 4047500 | 4479718 |
| 甘 肃 | 14981170 | 162941 | 6420846 | 1271911 | 2238710 | 4737379 | 149383 |
| 青 海 | 2382691 | 36794 | 1096184 | 311305 | 102413 | 806112 | 29883 |
| 宁 夏 | 6910989 | 392146 | 5517333 | 276619 | 239710 | 399784 | 85397 |
| 新 疆 | 19871124 | 313426 | 10163552 | 917763 | 1502819 | 6143261 | 830303 |

# 3-19　各地区按用途分房地产开发企业法人房屋出租面积

单位：平方米

| 地　区 | 房屋出租面　积 | #住　宅 | #办公楼 | #商业营业用　房 |
|---|---|---|---|---|
| **全　国** | **32885893** | **3604791** | **11067758** | **12708743** |
| 北　京 | 2567749 | 321319 | 1024971 | 787170 |
| 天　津 | 897631 | 113326 | 401905 | 269983 |
| 河　北 | 28624 | 2544 | | 21075 |
| 山　西 | 33411 | 382 | 2873 | 15194 |
| 内蒙古 | 68057 | | | 68057 |
| 辽　宁 | 139655 | 2006 | 47647 | 83320 |
| 吉　林 | 11192 | | 7587 | 3605 |
| 黑龙江 | 497 | | | 497 |
| 上　海 | 18655694 | 1766399 | 7318675 | 6277457 |
| 江　苏 | 772772 | 41871 | 167135 | 366514 |
| 浙　江 | 623392 | 16639 | 201754 | 323626 |
| 安　徽 | 381516 | 19635 | 72455 | 97636 |
| 福　建 | 676532 | 10507 | 110644 | 380784 |
| 江　西 | 135276 | 19856 | 55 | 115340 |
| 山　东 | 616554 | 146374 | 120640 | 305506 |
| 河　南 | 25571 | | 25400 | 171 |
| 湖　北 | 434937 | 128404 | 264919 | 41613 |
| 湖　南 | 144685 | | 26679 | 102814 |
| 广　东 | 3199009 | 836977 | 919815 | 902306 |
| 广　西 | 774985 | 136003 | 65156 | 543948 |
| 海　南 | 103829 | 8000 | 5434 | 77336 |
| 重　庆 | 707890 | | 63586 | 603828 |
| 四　川 | 112774 | | 46168 | 49441 |
| 贵　州 | 193996 | | 915 | 106648 |
| 云　南 | 98565 | 153 | 24329 | 51843 |
| 西　藏 | 12224 | | | 7392 |
| 陕　西 | 211917 | 573 | 30368 | 99667 |
| 甘　肃 | 34541 | | | 9130 |
| 青　海 | 9156 | | 553 | 8230 |
| 宁　夏 | 807293 | 30614 | 79819 | 696860 |
| 新　疆 | 405969 | 3209 | 38276 | 291752 |

# 3-20 各地区按用途分房地产开发企业法人新建商品房销售额

单位：万元

| 地区 | 新建商品房销售额 | #住宅 | #办公楼 | #商业营业用房 |
|---|---|---|---|---|
| **全国** | **1166609016** | **1030131854** | **37421097** | **66283144** |
| 北京 | 42551007 | 38280031 | 1786898 | 796412 |
| 天津 | 18958708 | 18123743 | 90982 | 538249 |
| 河北 | 35487811 | 33834436 | 217053 | 999178 |
| 山西 | 15972952 | 15140623 | 38423 | 682778 |
| 内蒙古 | 10198284 | 9279283 | 60835 | 724194 |
| 辽宁 | 15556631 | 14023495 | 136340 | 1161172 |
| 吉林 | 7250484 | 6659705 | 225648 | 320127 |
| 黑龙江 | 5533940 | 4874354 | 65885 | 509121 |
| 上海 | 72776948 | 67016431 | 3007976 | 1383942 |
| 江苏 | 126902917 | 112687575 | 3375716 | 7373437 |
| 浙江 | 115096898 | 101527846 | 5394275 | 5633053 |
| 安徽 | 38722507 | 35615128 | 755103 | 1744188 |
| 福建 | 46539868 | 38053749 | 1646054 | 2866385 |
| 江西 | 24693837 | 20917007 | 743692 | 2506668 |
| 山东 | 95300119 | 81635644 | 3776848 | 6667053 |
| 河南 | 45475159 | 42105485 | 1240446 | 1838600 |
| 湖北 | 46167336 | 39712709 | 1985499 | 3298865 |
| 湖南 | 36888648 | 32919202 | 705859 | 2727669 |
| 广东 | 151030504 | 129764634 | 7252762 | 8650036 |
| 广西 | 16669344 | 14204800 | 267720 | 1443854 |
| 海南 | 15009856 | 12975682 | 784413 | 1004330 |
| 重庆 | 24503221 | 19323683 | 599054 | 2493430 |
| 四川 | 71737725 | 62899444 | 1746613 | 4766368 |
| 贵州 | 12518215 | 11237911 | 138172 | 1056300 |
| 云南 | 17004173 | 14839447 | 380856 | 1281423 |
| 西藏 | 671898 | 554595 | 25802 | 91419 |
| 陕西 | 29783162 | 27256258 | 740177 | 1145002 |
| 甘肃 | 9021530 | 8470324 | 60840 | 454957 |
| 青海 | 1679588 | 1555659 | 37055 | 82768 |
| 宁夏 | 4800439 | 4416573 | 18909 | 360363 |
| 新疆 | 12105307 | 10226398 | 115192 | 1681803 |

# 3-21　各地区按资质等级分房地产开发企业法人新建商品房销售额

单位：万元

| 地　区 | 总　计 | 一　级 | 二　级 | 三　级 | 四　级 | 暂　定 | 其　他 |
|---|---|---|---|---|---|---|---|
| **全　国** | **1166609016** | **37353537** | **507979600** | **66591996** | **50030047** | **349971941** | **154681895** |
| 北　京 | 42551007 | 632740 | 30273164 | 555433 | 4268619 | 4549243 | 2271808 |
| 天　津 | 18958708 | 455196 | 9179638 | 278125 | 4604968 | 2036301 | 2404480 |
| 河　北 | 35487811 | 1632341 | 17534001 | 2015252 | 3011916 | 10783537 | 510764 |
| 山　西 | 15972952 | 398142 | 8321038 | 313330 | 2221719 | 4479920 | 238803 |
| 内蒙古 | 10198284 | 257557 | 4063608 | 843532 | 2571071 | 1540040 | 922476 |
| 辽　宁 | 15556631 | 277642 | 4578478 | 1662691 | 29621 | 5148227 | 3859972 |
| 吉　林 | 7250484 | 150430 | 2496922 | 440682 | 471540 | 3484793 | 206117 |
| 黑龙江 | 5533940 | 63899 | 1643715 | 1517399 | 125001 | 1574494 | 609432 |
| 上　海 | 72776948 | 1342607 | 33369259 | 989689 | 11451 | 31146246 | 5917696 |
| 江　苏 | 126902917 | 2815057 | 60393567 | 1040333 | 51113 | 47443261 | 15159586 |
| 浙　江 | 115096898 | 2082332 | 33095137 | 4282683 | 1202860 | 32492945 | 41940941 |
| 安　徽 | 38722507 | 1009124 | 19239961 | 1268968 | 409543 | 11150406 | 5644505 |
| 福　建 | 46539868 | 2222174 | 23691213 | 2427562 | 885920 | 12752458 | 4560541 |
| 江　西 | 24693837 | 266615 | 10746240 | 1650365 | 938595 | 8960021 | 2132001 |
| 山　东 | 95300119 | 6133803 | 43087799 | 5094261 | 4273528 | 27094290 | 9616438 |
| 河　南 | 45475159 | 2170682 | 18921337 | 1714825 | 465436 | 18123803 | 4079076 |
| 湖　北 | 46167336 | 1545986 | 16019376 | 1668824 | 1775584 | 20336184 | 4821382 |
| 湖　南 | 36888648 | 1245289 | 14407535 | 3328227 | 4097993 | 10786658 | 3022946 |
| 广　东 | 151030504 | 6190741 | 50440387 | 8560627 | 9745583 | 45470484 | 30622682 |
| 广　西 | 16669344 | 729287 | 6168322 | 1396226 | 405635 | 7417194 | 552680 |
| 海　南 | 15009856 | 554556 | 4875585 | 966792 | 747570 | 5718427 | 2146926 |
| 重　庆 | 24503221 | 1512353 | 13372878 | 1136874 | 2500 | 7903906 | 574710 |
| 四　川 | 71737725 | 1484322 | 40275901 | 18464153 | 120907 | 7950652 | 3441790 |
| 贵　州 | 12518215 | 235429 | 5101664 | 817834 | 356591 | 5317120 | 689577 |
| 云　南 | 17004173 | 383483 | 6791626 | 563798 | 2547661 | 4761030 | 1956575 |
| 西　藏 | 671898 | 4231 | 319707 | 28594 | 88000 | 157245 | 74121 |
| 陕　西 | 29783162 | 763029 | 15305175 | 1905668 | 2220854 | 3652517 | 5935919 |
| 甘　肃 | 9021530 | 231006 | 3738435 | 790162 | 1278871 | 2902590 | 80466 |
| 青　海 | 1679588 | 38200 | 732668 | 204933 | 62867 | 620498 | 20422 |
| 宁　夏 | 4800439 | 296284 | 3994522 | 133759 | 105310 | 223270 | 47294 |
| 新　疆 | 12105307 | 229000 | 5800742 | 530395 | 931220 | 3994181 | 619769 |

# 3-22 各地区房地产开发企业法人商品房待售情况

单位：平方米

| 地区 | 商品房待售面积 | #待售1-3年面积 | #待售3年以上面积 |
|---|---|---|---|
| **全国** | **681022846** | **249791578** | **148745148** |
| 北京 | 29925735 | 10600917 | 12872258 |
| 天津 | 13011758 | 4997233 | 4160939 |
| 河北 | 12774692 | 4421944 | 905897 |
| 山西 | 9043218 | 3575677 | 1303025 |
| 内蒙古 | 12096569 | 5044873 | 1400173 |
| 辽宁 | 32400948 | 12579753 | 8544549 |
| 吉林 | 13964945 | 4635064 | 2543968 |
| 黑龙江 | 15609214 | 5195770 | 5523539 |
| 上海 | 28914213 | 5371588 | 14599170 |
| 江苏 | 42796171 | 14365806 | 9032842 |
| 浙江 | 28519306 | 9388679 | 6660786 |
| 安徽 | 24231178 | 8268740 | 3185409 |
| 福建 | 23259219 | 7838077 | 7107087 |
| 江西 | 7516066 | 2668681 | 925027 |
| 山东 | 35847361 | 14884910 | 4547367 |
| 河南 | 27090754 | 7512021 | 2971350 |
| 湖北 | 23080126 | 9832247 | 3076883 |
| 湖南 | 13141229 | 4691058 | 1326979 |
| 广东 | 107054900 | 40669940 | 25178730 |
| 广西 | 24857600 | 10915472 | 3519792 |
| 海南 | 11192861 | 5029805 | 1280177 |
| 重庆 | 30924477 | 15794918 | 6513313 |
| 四川 | 28422615 | 10650447 | 5084565 |
| 贵州 | 11856037 | 4636133 | 1048865 |
| 云南 | 25279395 | 10281056 | 3940788 |
| 西藏 | 964952 | 389156 | 38848 |
| 陕西 | 11214421 | 4270880 | 1253318 |
| 甘肃 | 6832932 | 2324875 | 1006023 |
| 青海 | 1959050 | 663322 | 214035 |
| 宁夏 | 7490318 | 1992096 | 3350334 |
| 新疆 | 19750586 | 6300440 | 5629112 |

# 3-23　各地区按用途分房地产开发企业法人商品房待售面积

单位：平方米

| 地　区 | 商品房待售面积 | #住　宅 | #办公楼 | #商业营业用　房 |
|---|---|---|---|---|
| **全　国** | **681022846** | **336433971** | **48916571** | **143574458** |
| 北　京 | 29925735 | 10797559 | 6419415 | 3745074 |
| 天　津 | 13011758 | 7684761 | 1632407 | 2365292 |
| 河　北 | 12774692 | 9931680 | 349721 | 1441527 |
| 山　西 | 9043218 | 6256455 | 163199 | 1981360 |
| 内蒙古 | 12096569 | 7536341 | 140510 | 2774751 |
| 辽　宁 | 32400948 | 20977319 | 695433 | 8056406 |
| 吉　林 | 13964945 | 9338268 | 574803 | 2739315 |
| 黑龙江 | 15609214 | 9214305 | 354435 | 4089100 |
| 上　海 | 28914213 | 7903435 | 5365498 | 4401899 |
| 江　苏 | 42796171 | 22273243 | 3481502 | 9553810 |
| 浙　江 | 28519306 | 13294240 | 3766761 | 6655912 |
| 安　徽 | 24231178 | 11753162 | 1454290 | 6514474 |
| 福　建 | 23259219 | 8931654 | 2005666 | 4177889 |
| 江　西 | 7516066 | 3710126 | 314390 | 2676289 |
| 山　东 | 35847361 | 22538323 | 2240425 | 6310607 |
| 河　南 | 27090754 | 18414916 | 1494916 | 4317859 |
| 湖　北 | 23080126 | 14710158 | 1035131 | 4495763 |
| 湖　南 | 13141229 | 7136341 | 590816 | 4019273 |
| 广　东 | 107054900 | 48478211 | 8456811 | 18062179 |
| 广　西 | 24857600 | 12918862 | 961161 | 5232614 |
| 海　南 | 11192861 | 7034705 | 752713 | 1801480 |
| 重　庆 | 30924477 | 6239650 | 1574321 | 6889321 |
| 四　川 | 28422615 | 7506768 | 1367251 | 5751469 |
| 贵　州 | 11856037 | 5625366 | 300736 | 4051609 |
| 云　南 | 25279395 | 11725477 | 1010862 | 5114212 |
| 西　藏 | 964952 | 566726 | 67185 | 294215 |
| 陕　西 | 11214421 | 5890081 | 800075 | 2587680 |
| 甘　肃 | 6832932 | 4011612 | 184106 | 1579011 |
| 青　海 | 1959050 | 1259295 | 82185 | 449684 |
| 宁　夏 | 7490318 | 2811672 | 479746 | 3817187 |
| 新　疆 | 19750586 | 9963260 | 800101 | 7627197 |

# 3-24 各地区房地产开发企业法人主营业务收入及其构成

单位：万元

| 地 区 | 主营业务收入总计 | 土地转让收入 | 商品房销售收入 | 房屋出租收入 | 其他收入 |
|---|---|---|---|---|---|
| **全 国** | **1432735783** | **6743856** | **1350457103** | **18968789** | **56566036** |
| 北 京 | 44566181 | 573118 | 38321493 | 1344648 | 4326922 |
| 天 津 | 22176585 | 167584 | 20924994 | 304360 | 779647 |
| 河 北 | 38065753 | 38299 | 36056361 | 109820 | 1861273 |
| 山 西 | 18642773 | 68286 | 17820710 | 133602 | 620175 |
| 内蒙古 | 14087445 | 33097 | 13662996 | 61177 | 330175 |
| 辽 宁 | 23917527 | 249660 | 22964130 | 175925 | 527812 |
| 吉 林 | 9771877 | 11530 | 9572502 | 43032 | 144813 |
| 黑龙江 | 8232045 | 14929 | 8034022 | 52539 | 130556 |
| 上 海 | 63549943 | 213084 | 54254865 | 5700467 | 3381528 |
| 江 苏 | 177082832 | 979899 | 170019179 | 1247805 | 4835949 |
| 浙 江 | 168544022 | 557889 | 161553374 | 1029879 | 5402880 |
| 安 徽 | 54478684 | 212672 | 51088324 | 287181 | 2890508 |
| 福 建 | 49676080 | 209032 | 44624187 | 467855 | 4375006 |
| 江 西 | 35048569 | 381262 | 33111495 | 119288 | 1436524 |
| 山 东 | 112687506 | 523276 | 106033603 | 691994 | 5438633 |
| 河 南 | 63860396 | 133327 | 60655389 | 349325 | 2722356 |
| 湖 北 | 62026191 | 131947 | 59299688 | 511235 | 2083321 |
| 湖 南 | 41478431 | 644998 | 39847954 | 261922 | 723558 |
| 广 东 | 163391401 | 250801 | 155967608 | 3384746 | 3788247 |
| 广 西 | 23319321 | 85735 | 22355673 | 259347 | 618566 |
| 海 南 | 15323698 | 274121 | 13281289 | 82430 | 1685859 |
| 重 庆 | 30084355 | 291837 | 27917385 | 637726 | 1237407 |
| 四 川 | 76536168 | 484200 | 72567326 | 639887 | 2844754 |
| 贵 州 | 20702559 | 20109 | 19854658 | 137941 | 689852 |
| 云 南 | 25922106 | 90245 | 24769681 | 420832 | 641349 |
| 西 藏 | 916083 | 200 | 877828 | 19623 | 18432 |
| 陕 西 | 33638861 | 21976 | 31247873 | 161684 | 2207328 |
| 甘 肃 | 11603419 | 48163 | 10988274 | 88766 | 478217 |
| 青 海 | 2538297 | 1960 | 2479533 | 15649 | 41155 |
| 宁 夏 | 6843318 | 12799 | 6693732 | 60224 | 76563 |
| 新 疆 | 14023358 | 17824 | 13610978 | 167882 | 226674 |

# 3–25　各地区按登记注册统计类别分房地产开发企业法人主营业务收入

单位：万元

| 地　区 | 总　计 | 内资企业 | 港澳台投资企　　业 | 外商投资企　　业 |
|---|---|---|---|---|
| **全　国** | **1432735783** | **1357514975** | **58652818** | **16567990** |
| 北　京 | 44566181 | 43864301 | 432624 | 269256 |
| 天　津 | 22176585 | 21683624 | 395022 | 97939 |
| 河　北 | 38065753 | 37477429 | 225936 | 362388 |
| 山　西 | 18642773 | 18329151 | 110481 | 203142 |
| 内蒙古 | 14087445 | 14085651 | | 1794 |
| 辽　宁 | 23917527 | 21887638 | 1469169 | 560719 |
| 吉　林 | 9771877 | 9539296 | 181220 | 51360 |
| 黑龙江 | 8232045 | 8104128 | 122420 | 5497 |
| 上　海 | 63549943 | 55563612 | 4100354 | 3885978 |
| 江　苏 | 177082832 | 158410950 | 15077923 | 3593959 |
| 浙　江 | 168544022 | 163315247 | 4265891 | 962885 |
| 安　徽 | 54478684 | 53482340 | 895589 | 100755 |
| 福　建 | 49676080 | 47944851 | 1306703 | 424526 |
| 江　西 | 35048569 | 33946596 | 1078580 | 23393 |
| 山　东 | 112687506 | 104423408 | 6626781 | 1637317 |
| 河　南 | 63860396 | 62708950 | 1067455 | 83991 |
| 湖　北 | 62026191 | 60139508 | 1802582 | 84101 |
| 湖　南 | 41478431 | 40304210 | 807906 | 366316 |
| 广　东 | 163391401 | 149685515 | 11288100 | 2417787 |
| 广　西 | 23319321 | 22617906 | 682768 | 18647 |
| 海　南 | 15323698 | 13087221 | 2041265 | 195213 |
| 重　庆 | 30084355 | 27583663 | 2072199 | 428493 |
| 四　川 | 76536168 | 74877580 | 1490434 | 168154 |
| 贵　州 | 20702559 | 20509990 | 156571 | 35998 |
| 云　南 | 25922106 | 25272430 | 513168 | 136508 |
| 西　藏 | 916083 | 916083 | | |
| 陕　西 | 33638861 | 32978980 | 211933 | 447948 |
| 甘　肃 | 11603419 | 11603144 | | 276 |
| 青　海 | 2538297 | 2537790 | | 507 |
| 宁　夏 | 6843318 | 6709379 | 130795 | 3144 |
| 新　疆 | 14023358 | 13924408 | 98949 | |

# 3-26 各地区按登记注册统计类别分房地产开发企业法人负债合计

单位：万元

| 地区 | 总计 | 内资企业 | 港澳台投资企业 | 外商投资企业 |
|---|---|---|---|---|
| **全国** | **8731745880** | **8212700614** | **369279474** | **149765792** |
| 北京 | 418982600 | 398570576 | 13943872 | 6468151 |
| 天津 | 196146902 | 189694097 | 5383169 | 1069636 |
| 河北 | 268205224 | 263409173 | 3000230 | 1795820 |
| 山西 | 156792967 | 155893517 | 308194 | 591255 |
| 内蒙古 | 81539007 | 81435503 | | 103503 |
| 辽宁 | 159035348 | 143171414 | 10001053 | 5862881 |
| 吉林 | 69383410 | 67725699 | 1110248 | 547463 |
| 黑龙江 | 62743375 | 60889781 | 1795447 | 58147 |
| 上海 | 552078754 | 489046540 | 36187231 | 26844984 |
| 江苏 | 815001760 | 750079621 | 50639407 | 14282733 |
| 浙江 | 696071377 | 651875224 | 11942046 | 32254108 |
| 安徽 | 276998408 | 273169859 | 3296573 | 531977 |
| 福建 | 312298277 | 295008809 | 16108786 | 1180682 |
| 江西 | 165807965 | 160861382 | 4667206 | 279376 |
| 山东 | 646643203 | 621337610 | 20213606 | 5091986 |
| 河南 | 424731767 | 414746786 | 8990612 | 994369 |
| 湖北 | 320887111 | 310541516 | 9456831 | 888764 |
| 湖南 | 202122235 | 195908748 | 5537310 | 676178 |
| 广东 | 1178630137 | 1032377772 | 103480520 | 42771846 |
| 广西 | 174295555 | 170822699 | 3363540 | 109316 |
| 海南 | 112288642 | 102920908 | 8888805 | 478929 |
| 重庆 | 232204548 | 200972666 | 27442393 | 3789489 |
| 四川 | 392651653 | 385326654 | 6724850 | 600149 |
| 贵州 | 163928967 | 162351920 | 1199470 | 377577 |
| 云南 | 194189803 | 183612344 | 10021835 | 555623 |
| 西藏 | 8902412 | 8902412 | | |
| 陕西 | 245559882 | 240589619 | 3522848 | 1447415 |
| 甘肃 | 81715578 | 81709589 | 245 | 5744 |
| 青海 | 17410138 | 17335846 | | 74293 |
| 宁夏 | 26627611 | 26453911 | 140301 | 33399 |
| 新疆 | 77871264 | 75958419 | 1912846 | |

# 第4篇

# 服务业企业财务状况篇

# 4-1　服务业法人单位基本情况

| 行　业 | 单位数(个) | 从业人员(万人) |
| --- | --- | --- |
| **总　计** | **14815535** | **18452.3** |
| **交通运输、仓储和邮政业** | **939045** | **1582.3** |
| 企业 | 934229 | 1553.9 |
| 行政事业及非企业法人 | 4816 | 28.4 |
| **信息传输、软件和信息技术服务业** | **1695846** | **1514.2** |
| 企业 | 1691058 | 1503.9 |
| 行政事业及非企业法人 | 4788 | 10.3 |
| **房地产业** | **836312** | **1172.1** |
| 企业 | 834391 | 1168.4 |
| 行政事业及非企业法人 | 1921 | 3.7 |
| **租赁和商务服务业** | **4609015** | **3904.9** |
| 企业 | 4572756 | 3856.9 |
| 行政事业及非企业法人 | 36259 | 48.0 |
| **科学研究和技术服务业** | **2117763** | **1683.2** |
| 企业 | 2066665 | 1562.0 |
| 行政事业及非企业法人 | 51098 | 121.2 |
| **水利、环境和公共设施管理业** | **223238** | **485.2** |
| 企业 | 197388 | 366.0 |
| 行政事业及非企业法人 | 25850 | 119.2 |
| **居民服务、修理和其他服务业** | **901623** | **673.6** |
| 企业 | 875660 | 652.5 |
| 行政事业及非企业法人 | 25963 | 21.1 |
| **教育** | **817901** | **2676.9** |
| 企业 | 436309 | 435.9 |
| 行政事业及非企业法人 | 381592 | 2241.0 |
| **卫生和社会工作** | **337203** | **1461.7** |
| 企业 | 188935 | 351.0 |
| 行政事业及非企业法人 | 148268 | 1110.7 |
| **文化、体育和娱乐业** | **817212** | **519.4** |
| 企业 | 766651 | 438.1 |
| 行政事业及非企业法人 | 50561 | 81.3 |
| **公共管理、社会保障和社会组织** | **1520377** | **2778.7** |
| 企业 | | |
| 行政事业及非企业法人 | 1520377 | 2778.7 |

注：本篇中的房地产业均不含房地产开发经营，下同。

# 4-2 交通运输、仓储和邮政业企业法人单位主要指标

| 行　业 | 单位数(个) | 资产总计(亿元) | 负债合计(亿元) | 营业收入(亿元) | 从业人员(万人) |
|---|---|---|---|---|---|
| **总　计** | **934229** | **573708.0** | **349060.2** | **134750.0** | **1553.9** |
| 铁路运输业 | 402 | 116180.7 | 70621.2 | 12310.9 | 181.7 |
| 道路运输业 | 630727 | 313749.9 | 193450.9 | 57079.9 | 822.9 |
| 城市公共交通运输 | 19160 | 93463.0 | 53353.1 | 5665.9 | 179.3 |
| 公路旅客运输 | 10798 | 4808.5 | 3043.5 | 1053.2 | 45.7 |
| 道路货物运输 | 566486 | 38519.0 | 23782.7 | 40838.5 | 515.9 |
| 道路运输辅助活动 | 34283 | 176959.4 | 113271.6 | 9522.3 | 82.0 |
| 水上运输业 | 18599 | 30389.2 | 14640.0 | 7626.3 | 46.0 |
| 水上旅客运输 | 1062 | 555.2 | 278.7 | 176.6 | 3.8 |
| 水上货物运输 | 11372 | 11275.1 | 6125.4 | 4944.4 | 21.5 |
| 水上运输辅助活动 | 6165 | 18559.0 | 8235.9 | 2505.3 | 20.7 |
| 航空运输业 | 4016 | 31169.6 | 21583.8 | 8211.5 | 63.7 |
| 航空客货运输 | 1084 | 16680.3 | 14490.6 | 6870.9 | 37.9 |
| 通用航空服务 | 1985 | 1308.1 | 798.9 | 182.2 | 2.9 |
| 航空运输辅助活动 | 947 | 13181.1 | 6294.3 | 1158.4 | 23.0 |
| 管道运输业 | 426 | 17677.3 | 6594.1 | 1685.7 | 4.2 |
| 海底管道运输 | 8 | 83.1 | 54.3 | 8.8 | |
| 陆地管道运输 | 418 | 17594.2 | 6539.8 | 1677.0 | 4.2 |
| 多式联运和运输代理业 | 143734 | 18753.6 | 10981.0 | 24109.3 | 134.9 |
| 多式联运 | 1680 | 1317.8 | 758.0 | 1118.8 | 7.8 |
| 运输代理业 | 142054 | 17435.8 | 10223.1 | 22990.4 | 127.1 |
| 装卸搬运和仓储业 | 106124 | 37989.1 | 25523.8 | 10265.9 | 142.6 |
| 装卸搬运 | 45677 | 7246.6 | 4032.6 | 2777.8 | 66.9 |
| 通用仓储 | 25256 | 7949.6 | 4594.6 | 2661.9 | 34.4 |
| 低温仓储 | 7038 | 1470.6 | 916.2 | 386.9 | 6.2 |
| 危险品仓储 | 1035 | 3124.1 | 1935.9 | 399.6 | 3.0 |
| 谷物、棉花等农产品仓储 | 11477 | 14049.2 | 11437.1 | 2923.6 | 16.0 |
| 中药材仓储 | 166 | 18.5 | 10.2 | 6.3 | 0.2 |
| 其他仓储业 | 15475 | 4130.5 | 2597.2 | 1109.8 | 15.9 |
| 邮政业 | 30201 | 7798.6 | 5665.4 | 13460.5 | 157.9 |
| 邮政基本服务 | 1158 | 1873.9 | 1043.8 | 2648.0 | 49.6 |
| 快递服务 | 27737 | 5405.6 | 4257.0 | 9873.0 | 96.0 |
| 其他寄递服务 | 1306 | 519.0 | 364.6 | 939.6 | 12.2 |

# 4-3　交通运输、仓储和邮政业企业法人单位分地区主要指标

| 地　区 | 单位数(个) | 资产总计(亿元) | 负债合计(亿元) | 营业收入(亿元) | 从业人员(万人) |
|---|---|---|---|---|---|
| **全　国** | **934229** | **573708.0** | **349060.2** | **134750.0** | **1553.9** |
| 北　京 | 19995 | 59911.8 | 35610.5 | 9608.0 | 56.8 |
| 天　津 | 19447 | 17466.9 | 10483.3 | 4510.7 | 25.5 |
| 河　北 | 41533 | 16070.2 | 9821.1 | 3668.9 | 59.4 |
| 山　西 | 24888 | 13782.9 | 10539.7 | 3440.3 | 40.9 |
| 内　蒙 | 16297 | 10266.9 | 6167.4 | 2274.2 | 31.0 |
| 辽　宁 | 37440 | 17075.4 | 9945.5 | 3318.1 | 49.4 |
| 吉　林 | 10539 | 3561.1 | 2408.2 | 1009.1 | 20.5 |
| 黑龙江 | 14159 | 9990.1 | 7157.4 | 1641.3 | 29.9 |
| 上　海 | 28671 | 32548.1 | 15902.0 | 16328.9 | 72.0 |
| 江　苏 | 94339 | 33043.5 | 19110.8 | 10216.6 | 116.3 |
| 浙　江 | 52700 | 29663.5 | 17403.1 | 8452.7 | 83.0 |
| 安　徽 | 39127 | 13171.4 | 7572.9 | 4421.7 | 61.5 |
| 福　建 | 26805 | 15613.1 | 8707.8 | 4234.1 | 54.3 |
| 江　西 | 24722 | 12142.3 | 7381.5 | 2787.9 | 42.1 |
| 山　东 | 86968 | 32640.6 | 19380.8 | 9299.1 | 116.1 |
| 河　南 | 44825 | 23504.6 | 15327.9 | 4488.7 | 86.3 |
| 湖　北 | 43209 | 22493.2 | 14688.2 | 4829.6 | 69.5 |
| 湖　南 | 24641 | 14853.7 | 9498.6 | 2702.4 | 51.5 |
| 广　东 | 118520 | 52902.7 | 32826.1 | 15293.7 | 169.3 |
| 广　西 | 20002 | 22163.5 | 14277.4 | 2469.4 | 36.2 |
| 海　南 | 4991 | 3934.1 | 2735.4 | 1302.4 | 9.6 |
| 重　庆 | 19267 | 11867.1 | 6855.7 | 2686.0 | 43.6 |
| 四　川 | 34456 | 28862.1 | 17687.3 | 4736.3 | 70.6 |
| 贵　州 | 12995 | 15108.0 | 10034.9 | 1421.9 | 22.3 |
| 云　南 | 19733 | 18825.2 | 11843.3 | 1968.6 | 33.3 |
| 西　藏 | 1669 | 817.7 | 612.5 | 177.6 | 3.1 |
| 陕　西 | 19140 | 16407.5 | 10181.9 | 2786.8 | 40.6 |
| 甘　肃 | 10562 | 12047.5 | 7939.2 | 1089.8 | 18.8 |
| 青　海 | 2311 | 1693.4 | 1086.4 | 238.8 | 6.3 |
| 宁　夏 | 4588 | 2386.7 | 1265.1 | 537.5 | 7.7 |
| 新　疆 | 15690 | 8893.1 | 4608.1 | 2808.7 | 26.6 |

# 4-4 交通运输、仓储和邮政业企业法人单位分登记注册统计类别主要指标

| 登记注册统计类别 | 单位数(个) | 资产总计(亿元) | 负债合计(亿元) | 营业收入(亿元) | 从业人员(万人) |
|---|---|---|---|---|---|
| **总　计** | **934229** | **573708.0** | **349060.2** | **134750.0** | **1553.9** |
| **内资企业** | **924236** | **545682.4** | **333591.9** | **123765.6** | **1498.1** |
| 有限责任公司 | 888356 | 518913.6 | 318635.8 | 115532.9 | 1414.2 |
| 股份有限公司 | 2495 | 24201.5 | 13541.0 | 6967.4 | 52.8 |
| 非公司企业法人 | 5913 | 1999.2 | 1212.5 | 672.6 | 15.4 |
| 个人独资企业 | 26153 | 440.8 | 148.4 | 553.2 | 14.7 |
| 合伙企业 | 1307 | 126.2 | 53.4 | 38.8 | 1.0 |
| 其他内资企业 | 12 | 1.2 | 0.8 | 0.7 | |
| **港澳台投资企业** | **4248** | **19298.0** | **10959.2** | **7589.9** | **35.9** |
| **外商投资企业** | **2696** | **8659.7** | **4490.2** | **3333.9** | **18.7** |
| **其他统计类别** | **3049** | **67.9** | **18.9** | **60.5** | **1.2** |

# 4-5　信息传输、软件和信息技术服务业企业法人单位主要指标

| 行　业 | 单位数（个） | 资产总计（亿元） | 负债合计（亿元） | 营业收入（亿元） | 从业人员（万人） |
|---|---|---|---|---|---|
| **总　计** | **1691058** | **298436.1** | **157365.6** | **151561.6** | **1503.9** |
| 电信、广播电视和卫星传输服务 | 36009 | 77712.8 | 31824.6 | 23392.8 | 157.3 |
| 电信 | 32565 | 71758.6 | 28899.8 | 22343.6 | 135.8 |
| 广播电视传输服务 | 2748 | 5446.6 | 2693.5 | 968.0 | 20.6 |
| 卫星传输服务 | 696 | 507.6 | 231.3 | 81.2 | 0.9 |
| 互联网和相关服务 | 278349 | 64265.4 | 40266.7 | 42194.7 | 242.1 |
| 互联网接入及相关服务 | 14672 | 1311.8 | 815.3 | 894.1 | 12.9 |
| 互联网信息服务 | 168058 | 35113.3 | 18548.7 | 23116.5 | 129.8 |
| 互联网平台 | 20582 | 17713.3 | 14647.0 | 11923.9 | 44.8 |
| 互联网安全服务 | 6041 | 435.5 | 239.8 | 316.3 | 5.7 |
| 互联网数据服务 | 22394 | 8279.1 | 5307.8 | 4766.3 | 23.9 |
| 其他互联网服务 | 46602 | 1412.4 | 708.1 | 1177.5 | 24.9 |
| 软件和信息技术服务业 | 1376700 | 156457.8 | 85274.3 | 85974.1 | 1104.5 |
| 软件开发 | 623666 | 82083.7 | 43564.3 | 45870.4 | 576.4 |
| 集成电路设计 | 11449 | 7997.2 | 3648.9 | 2853.9 | 20.0 |
| 信息系统集成和物联网技术服务 | 116074 | 20124.4 | 10734.0 | 10001.6 | 107.9 |
| 运行维护服务 | 15827 | 6066.7 | 3431.4 | 2905.3 | 27.4 |
| 信息处理和存储支持服务 | 10097 | 6579.0 | 4233.0 | 5337.7 | 15.7 |
| 信息技术咨询服务 | 528815 | 26762.5 | 15665.6 | 15572.4 | 281.4 |
| 数字内容服务 | 17442 | 2099.2 | 1180.8 | 1162.1 | 17.8 |
| 其他信息技术服务业 | 53330 | 4745.1 | 2816.1 | 2270.6 | 57.9 |

# 4-6 信息传输、软件和信息技术服务业企业法人单位分地区主要指标

| 地 区 | 单位数(个) | 资产总计(亿元) | 负债合计(亿元) | 营业收入(亿元) | 从业人员(万人) |
|---|---|---|---|---|---|
| **全 国** | **1691058** | **298436.1** | **157365.6** | **151561.6** | **1503.9** |
| 北 京 | 118609 | 95294.3 | 47779.0 | 32008.1 | 157.7 |
| 天 津 | 25331 | 4464.4 | 2858.7 | 1774.7 | 17.3 |
| 河 北 | 57367 | 4299.3 | 2615.1 | 2311.1 | 39.6 |
| 山 西 | 32726 | 2055.6 | 1503.0 | 957.6 | 17.6 |
| 内 蒙 | 13609 | 1243.6 | 824.7 | 551.4 | 9.4 |
| 辽 宁 | 54182 | 2751.5 | 1298.7 | 1733.3 | 33.8 |
| 吉 林 | 15473 | 1036.6 | 551.3 | 593.7 | 12.6 |
| 黑龙江 | 17840 | 1217.5 | 833.6 | 615.3 | 12.4 |
| 上 海 | 46843 | 36837.3 | 21826.8 | 17370.8 | 105.6 |
| 江 苏 | 150854 | 17073.4 | 8848.8 | 11144.8 | 128.7 |
| 浙 江 | 103339 | 26904.3 | 13408.5 | 16138.0 | 98.3 |
| 安 徽 | 53174 | 4188.3 | 2029.3 | 3353.0 | 48.9 |
| 福 建 | 75457 | 5618.0 | 2590.9 | 4570.8 | 64.6 |
| 江 西 | 33790 | 2298.2 | 1179.1 | 1863.9 | 26.6 |
| 山 东 | 116131 | 7719.3 | 3957.7 | 5781.0 | 92.3 |
| 河 南 | 96067 | 4034.4 | 2107.4 | 3567.8 | 84.8 |
| 湖 北 | 88120 | 5935.0 | 2680.0 | 4324.1 | 68.0 |
| 湖 南 | 48595 | 3613.8 | 1814.6 | 2962.3 | 48.4 |
| 广 东 | 278668 | 42684.9 | 23399.2 | 22542.3 | 217.3 |
| 广 西 | 23296 | 2319.1 | 1136.3 | 1622.4 | 16.7 |
| 海 南 | 12064 | 1704.5 | 919.4 | 1284.4 | 5.7 |
| 重 庆 | 43667 | 3788.6 | 1610.7 | 2776.0 | 35.0 |
| 四 川 | 69077 | 7900.6 | 4284.5 | 5073.5 | 72.4 |
| 贵 州 | 16095 | 2948.7 | 1526.6 | 1561.7 | 12.7 |
| 云 南 | 21176 | 1445.1 | 511.5 | 1084.1 | 15.4 |
| 西 藏 | 2855 | 1913.2 | 1139.3 | 285.1 | 2.7 |
| 陕 西 | 48089 | 3525.7 | 2005.7 | 2065.6 | 38.9 |
| 甘 肃 | 9474 | 1069.3 | 549.9 | 447.3 | 6.9 |
| 青 海 | 2724 | 260.3 | 235.0 | 124.4 | 1.9 |
| 宁 夏 | 3560 | 615.0 | 276.5 | 184.8 | 2.8 |
| 新 疆 | 12806 | 1676.2 | 1063.7 | 888.4 | 9.2 |

# 4-7 信息传输、软件和信息技术服务业企业法人单位分登记注册统计类别主要指标

| 登记注册统计类别 | 单位数（个） | 资产总计（亿元） | 负债合计（亿元） | 营业收入（亿元） | 从业人员（万人） |
|---|---|---|---|---|---|
| **总 计** | **1691058** | **298436.1** | **157365.6** | **151561.6** | **1503.9** |
| **内资企业** | **1671480** | **210083.9** | **112977.0** | **119446.9** | **1358.6** |
| 有限责任公司 | 1613798 | 164214.6 | 93610.1 | 105635.2 | 1217.3 |
| 股份有限公司 | 9169 | 43363.8 | 18437.4 | 12794.6 | 123.4 |
| 非公司企业法人 | 1475 | 979.2 | 336.3 | 454.3 | 3.5 |
| 个人独资企业 | 26848 | 330.5 | 137.2 | 421.0 | 10.6 |
| 合伙企业 | 20174 | 1195.4 | 456.0 | 141.5 | 3.6 |
| 其他内资企业 | 16 | 0.5 | 0.1 | 0.3 | |
| **港澳台投资企业** | **11395** | **61890.4** | **34047.6** | **25940.8** | **86.4** |
| **外商投资企业** | **7225** | **26446.6** | **10336.9** | **6155.2** | **58.5** |
| **其他统计类别** | **958** | **15.3** | **4.2** | **18.7** | **0.3** |

# 4-8 金融业企业法人单位主要指标

| 行　　业 | 单位数(个) | 资产总计(亿元) | 负债合计(亿元) | 营业收入(亿元) | 从业人员(万人) |
|---|---|---|---|---|---|
| **总　计** | **106744** | **5059060.8** | **4338525.5** | **172534.5** | **1235.5** |
| 货币金融服务 | 29392 | 4150795.2 | 3792314.5 | 81774.6 | 415.5 |
| 其中：系统内 | 12451 | 4077677.6 | 3745016.2 | 77453.3 | 402.2 |
| 资本市场服务 | 50861 | 365615.2 | 196273.9 | 16477.0 | 73.2 |
| 其中：系统内 | 22684 | 189809.2 | 130148.4 | 11567.0 | 67.5 |
| 保险业 | 17158 | 301936.6 | 273524.4 | 60572.9 | 729.8 |
| 其中：系统内 | 16131 | 301842.3 | 273479.0 | 60552.9 | 729.3 |
| 其他金融业 | 9333 | 240713.9 | 76412.7 | 13710.0 | 17.1 |
| 其中：系统内 | 263 | 51687.4 | 30638.9 | 4617.5 | 8.1 |

注：1.该表法人单位包含视同法人单位，具体认定依《统计单位划分及具体处理办法》有关规定执行；
2.系统内指中国人民银行、国家金融监督管理总局、中国证券监督管理委员会负责普查的单位。

# 4-9 房地产业企业法人单位主要指标

| 行　　业 | 单位数(个) | 资产总计(亿元) | 负债合计(亿元) | 营业收入(亿元) | 从业人员(万人) |
|---|---|---|---|---|---|
| **总　计** | **834391** | **328333.5** | **209034.5** | **34665.2** | **1168.4** |
| 物业管理 | 374568 | 53013.3 | 35890.7 | 16956.8 | 854.2 |
| 房地产中介服务 | 299995 | 24805.8 | 18347.4 | 5649.6 | 186.7 |
| 房地产租赁经营 | 149963 | 230898.2 | 141209.5 | 11346.3 | 120.3 |
| 其他房地产业 | 9865 | 19616.2 | 13586.9 | 712.4 | 7.2 |

# 4-10　房地产业企业法人单位分地区主要指标

| 地　区 | 单位数（个） | 资产总计（亿元） | 负债合计（亿元） | 营业收入（亿元） | 从业人员（万人） |
|---|---|---|---|---|---|
| **全　国** | **834391** | **328333.5** | **209034.5** | **34665.2** | **1168.4** |
| 北　京 | 31183 | 46320.7 | 29824.5 | 3907.4 | 63.8 |
| 天　津 | 14639 | 11349.8 | 7582.0 | 701.0 | 23.0 |
| 河　北 | 35707 | 3835.3 | 2496.9 | 723.5 | 38.9 |
| 山　西 | 18786 | 2356.2 | 1880.5 | 346.6 | 25.0 |
| 内　蒙 | 12095 | 2708.8 | 1721.6 | 221.9 | 20.0 |
| 辽　宁 | 26226 | 5090.8 | 2991.4 | 543.2 | 29.6 |
| 吉　林 | 9392 | 1334.1 | 851.6 | 228.9 | 12.8 |
| 黑龙江 | 10712 | 933.0 | 665.4 | 174.1 | 12.7 |
| 上　海 | 29826 | 28580.0 | 17738.7 | 3106.9 | 54.5 |
| 江　苏 | 63447 | 32662.9 | 21283.8 | 2803.9 | 93.3 |
| 浙　江 | 49526 | 27720.4 | 17885.4 | 2267.2 | 68.1 |
| 安　徽 | 30448 | 4839.1 | 3104.8 | 730.2 | 37.5 |
| 福　建 | 27000 | 10171.0 | 5678.4 | 1169.0 | 34.0 |
| 江　西 | 14324 | 5447.1 | 3164.8 | 535.3 | 21.8 |
| 山　东 | 57286 | 14507.0 | 9571.0 | 2000.2 | 71.2 |
| 河　南 | 47205 | 4009.6 | 2414.3 | 1235.5 | 56.5 |
| 湖　北 | 32741 | 7219.7 | 4690.4 | 1319.3 | 43.0 |
| 湖　南 | 20222 | 3179.7 | 2043.6 | 853.5 | 30.2 |
| 广　东 | 149328 | 61322.4 | 42145.3 | 6729.9 | 190.2 |
| 广　西 | 17198 | 7313.3 | 3919.6 | 359.2 | 23.3 |
| 海　南 | 8914 | 1774.5 | 1109.1 | 235.6 | 12.1 |
| 重　庆 | 19191 | 5899.5 | 3289.3 | 840.3 | 35.3 |
| 四　川 | 31954 | 14818.9 | 8627.3 | 1482.8 | 57.9 |
| 贵　州 | 12427 | 6935.8 | 3653.6 | 311.0 | 16.6 |
| 云　南 | 16699 | 2788.1 | 1511.5 | 454.3 | 22.1 |
| 西　藏 | 1296 | 397.3 | 208.9 | 44.7 | 1.7 |
| 陕　西 | 22567 | 8171.5 | 5131.7 | 725.1 | 33.8 |
| 甘　肃 | 9084 | 1915.7 | 1152.4 | 183.9 | 14.0 |
| 青　海 | 2379 | 568.1 | 374.5 | 59.2 | 4.4 |
| 宁　夏 | 2787 | 673.8 | 367.9 | 70.6 | 5.1 |
| 新　疆 | 9802 | 3489.2 | 1954.5 | 301.1 | 16.1 |

# 4-11 房地产业企业法人单位分登记注册统计类别主要指标

| 登记注册统计类别 | 单位数(个) | 资产总计(亿元) | 负债合计(亿元) | 营业收入(亿元) | 从业人员(万人) |
|---|---|---|---|---|---|
| **总 计** | **834391** | **328333.5** | **209034.5** | **34665.2** | **1168.4** |
| **内资企业** | **823694** | **297996.4** | **189866.4** | **32015.4** | **1132.0** |
| 有限责任公司 | 786089 | 271235.4 | 173485.8 | 30274.9 | 1070.6 |
| 股份有限公司 | 2166 | 18697.7 | 11055.8 | 847.4 | 34.9 |
| 非公司企业法人 | 14750 | 6962.1 | 4627.5 | 630.2 | 18.1 |
| 个人独资企业 | 17687 | 331.0 | 176.4 | 202.0 | 7.2 |
| 合伙企业 | 2959 | 309.5 | 153.7 | 59.4 | 1.1 |
| 其他内资企业 | 43 | 460.6 | 367.0 | 1.6 | |
| **港澳台投资企业** | **7729** | **21513.0** | **13849.3** | **1932.4** | **27.4** |
| **外商投资企业** | **2511** | **8784.5** | **5296.2** | **710.4** | **8.9** |
| **其他统计类别** | **457** | **39.6** | **22.7** | **7.0** | **0.1** |

# 4-12　租赁和商务服务业企业法人单位主要指标

| 行　业 | 单位数（个） | 资产总计（亿元） | 负债合计（亿元） | 营业收入（亿元） | 从业人员（万人） |
|---|---|---|---|---|---|
| **总　计** | **4572756** | **1852623.3** | **957434.2** | **160266.9** | **3856.9** |
| 租赁业 | 510381 | 29058.4 | 18351.2 | 12150.8 | 295.6 |
| 机械设备经营租赁 | 496274 | 28382.2 | 17875.5 | 11850.8 | 288.7 |
| 文体设备和用品出租 | 12491 | 475.1 | 321.9 | 235.2 | 5.9 |
| 日用品出租 | 1616 | 201.1 | 153.8 | 64.7 | 1.0 |
| 商务服务业 | 4062375 | 1823564.9 | 939083.0 | 148116.1 | 3561.4 |
| 组织管理服务 | 1050836 | 1502530.7 | 754971.0 | 31363.1 | 434.8 |
| 综合管理服务 | 147522 | 86394.4 | 51862.0 | 10758.5 | 127.1 |
| 法律服务 | 80658 | 2570.8 | 1538.4 | 2847.1 | 86.6 |
| 咨询与调查 | 1150269 | 132147.6 | 74546.5 | 19982.5 | 579.8 |
| 广告业 | 548130 | 18533.1 | 11417.3 | 23007.6 | 275.0 |
| 人力资源服务 | 583906 | 23190.4 | 13366.4 | 40449.0 | 1413.8 |
| 安全保护服务 | 48378 | 3231.6 | 1603.9 | 4063.9 | 381.5 |
| 会议、展览及相关服务 | 94133 | 8248.7 | 4942.6 | 2729.7 | 50.0 |
| 其他商务服务业 | 358543 | 46717.5 | 24834.8 | 12914.8 | 212.8 |

# 4-13 租赁和商务服务业企业法人单位分地区主要指标

| 地区 | 单位数（个） | 资产总计（亿元） | 负债合计（亿元） | 营业收入（亿元） | 从业人员（万人） |
|---|---|---|---|---|---|
| **全国** | **4572756** | **1852623.3** | **957434.2** | **160266.9** | **3856.9** |
| 北京 | 212393 | 262293.3 | 125318.6 | 12982.7 | 184.3 |
| 天津 | 64418 | 58414.1 | 30931.0 | 3542.2 | 58.2 |
| 河北 | 139725 | 32072.8 | 15877.3 | 3981.5 | 99.4 |
| 山西 | 100666 | 23488.0 | 10561.7 | 1837.1 | 53.3 |
| 内蒙 | 55414 | 19816.4 | 9741.2 | 972.3 | 33.5 |
| 辽宁 | 114014 | 34263.9 | 16325.6 | 2475.8 | 72.5 |
| 吉林 | 48808 | 11239.1 | 5573.5 | 1138.9 | 33.1 |
| 黑龙江 | 48449 | 14943.1 | 7061.4 | 1141.5 | 28.9 |
| 上海 | 131604 | 128259.5 | 61861.9 | 16156.1 | 190.8 |
| 江苏 | 305453 | 181590.3 | 108988.6 | 13440.5 | 302.3 |
| 浙江 | 228119 | 186615.9 | 97139.0 | 12641.4 | 346.7 |
| 安徽 | 185828 | 72781.2 | 34966.9 | 6401.1 | 247.8 |
| 福建 | 139169 | 36733.7 | 17403.6 | 6669.5 | 149.7 |
| 江西 | 100389 | 27582.4 | 13926.2 | 3547.2 | 82.7 |
| 山东 | 361332 | 87632.7 | 48161.8 | 10277.1 | 248.3 |
| 河南 | 245618 | 32782.8 | 16401.0 | 5968.7 | 194.6 |
| 湖北 | 201952 | 47267.7 | 23182.3 | 7862.5 | 191.7 |
| 湖南 | 161617 | 33745.9 | 16976.2 | 5857.6 | 143.0 |
| 广东 | 758166 | 207685.2 | 113842.9 | 16924.3 | 466.5 |
| 广西 | 101529 | 28798.3 | 14589.0 | 2267.6 | 86.5 |
| 海南 | 37193 | 13584.3 | 9502.9 | 1234.5 | 18.4 |
| 重庆 | 121324 | 33099.4 | 15969.0 | 4373.4 | 99.4 |
| 四川 | 219850 | 87945.9 | 47335.2 | 8124.4 | 203.3 |
| 贵州 | 75994 | 55052.7 | 29110.6 | 1798.4 | 50.5 |
| 云南 | 124634 | 42529.2 | 21386.6 | 2473.1 | 79.5 |
| 西藏 | 17121 | 9578.1 | 4494.6 | 358.9 | 10.8 |
| 陕西 | 124315 | 32848.2 | 17767.1 | 2673.8 | 82.2 |
| 甘肃 | 63027 | 15005.1 | 6093.9 | 811.8 | 32.9 |
| 青海 | 18525 | 6839.3 | 3308.6 | 257.1 | 14.1 |
| 宁夏 | 16424 | 4254.0 | 1634.0 | 289.9 | 12.4 |
| 新疆 | 49686 | 23881.0 | 12002.0 | 1786.0 | 39.7 |

# 4-14　租赁和商务服务业企业法人单位分登记注册统计类别主要指标

| 登记注册统计类别 | 单位数（个） | 资产总计（亿元） | 负债合计（亿元） | 营业收入（亿元） | 从业人员（万人） |
|---|---|---|---|---|---|
| **总　计** | **4572756** | **1852623.3** | **957434.2** | **160266.9** | **3856.9** |
| **内资企业** | **4514547** | **1766973.5** | **915639.9** | **151139.2** | **3772.7** |
| 有限责任公司 | 3611511 | 1523435.6 | 833037.9 | 137341.1 | 3447.6 |
| 股份有限公司 | 11114 | 120508.3 | 49740.8 | 2928.8 | 40.2 |
| 非公司企业法人 | 632551 | 62363.6 | 20516.4 | 5602.7 | 155.8 |
| 个人独资企业 | 96643 | 1628.3 | 885.7 | 1455.4 | 45.5 |
| 合伙企业 | 160262 | 58935.8 | 11391.6 | 3718.3 | 80.3 |
| 其他内资企业 | 2466 | 101.7 | 67.6 | 93.0 | 3.2 |
| **港澳台投资企业** | **21704** | **49284.4** | **25951.6** | **4475.7** | **41.2** |
| **外商投资企业** | **12726** | **35881.3** | **15699.2** | **4369.6** | **34.6** |
| **其他统计类别** | **23779** | **484.1** | **143.5** | **282.4** | **8.4** |

# 4-15 科学研究和技术服务业企业法人单位主要指标

| 行 业 | 单位数（个） | 资产总计（亿元） | 负债合计（亿元） | 营业收入（亿元） | 从业人员（万人） |
|---|---|---|---|---|---|
| **总 计** | **2066665** | **271533.0** | **147173.7** | **84405.4** | **1562.0** |
| 研究和试验发展 | 220279 | 35491.9 | 18034.7 | 10794.3 | 174.1 |
| 自然科学研究和试验发展 | 6783 | 797.2 | 375.5 | 192.3 | 3.9 |
| 工程和技术研究和试验发展 | 158263 | 23965.9 | 12527.4 | 7724.3 | 116.0 |
| 农业科学研究和试验发展 | 17721 | 1520.2 | 794.4 | 388.7 | 9.3 |
| 医学研究和试验发展 | 35911 | 9156.7 | 4309.9 | 2464.7 | 44.1 |
| 社会人文科学研究 | 1601 | 52.0 | 27.6 | 24.3 | 0.8 |
| 专业技术服务业 | 933206 | 167151.7 | 91903.4 | 50616.8 | 922.6 |
| 气象服务 | 1066 | 79.2 | 36.1 | 34.3 | 0.8 |
| 地震服务 | 732 | 15.4 | 28.4 | 13.0 | 0.5 |
| 海洋服务 | 989 | 236.4 | 166.9 | 76.5 | 1.0 |
| 测绘地理信息服务 | 18988 | 1042.4 | 503.0 | 720.4 | 22.1 |
| 质检技术服务 | 81618 | 8354.2 | 3790.1 | 4724.3 | 128.6 |
| 环境与生态监测检测服务 | 18048 | 2035.6 | 786.5 | 663.9 | 20.6 |
| 地质勘查 | 13580 | 9586.4 | 2762.8 | 2048.4 | 27.7 |
| 工程技术与设计服务 | 535305 | 129833.6 | 75225.6 | 34804.5 | 562.2 |
| 工业与专业设计及其他专业技术服务 | 262880 | 15968.4 | 8604.0 | 7531.6 | 159.2 |
| 科技推广和应用服务业 | 913180 | 68889.5 | 37235.6 | 22994.3 | 465.4 |
| 技术推广服务 | 625870 | 50103.7 | 26041.1 | 17005.9 | 328.6 |
| 知识产权服务 | 34574 | 3946.4 | 2757.4 | 1004.9 | 21.5 |
| 科技中介服务 | 26376 | 1694.1 | 837.3 | 488.0 | 12.0 |
| 创业空间服务 | 8235 | 3065.5 | 1964.0 | 328.6 | 4.4 |
| 其他科技推广服务业 | 218125 | 10079.7 | 5635.9 | 4166.8 | 98.9 |

# 4-16　科学研究和技术服务业企业法人单位分地区主要指标

| 地　区 | 单位数（个） | 资产总计（亿元） | 负债合计（亿元） | 营业收入（亿元） | 从业人员（万人） |
|---|---|---|---|---|---|
| **全　国** | **2066665** | **271533.0** | **147173.7** | **84405.4** | **1562.0** |
| 北　京 | 176006 | 52346.6 | 26497.4 | 10670.2 | 117.5 |
| 天　津 | 49369 | 10662.6 | 5962.1 | 2656.0 | 31.5 |
| 河　北 | 77885 | 6208.2 | 3669.0 | 1977.5 | 56.8 |
| 山　西 | 38703 | 3593.2 | 1865.1 | 980.1 | 25.6 |
| 内　蒙 | 20451 | 2482.9 | 1386.2 | 493.8 | 15.2 |
| 辽　宁 | 56798 | 3211.6 | 1749.7 | 1372.0 | 30.3 |
| 吉　林 | 20109 | 3557.5 | 1563.6 | 658.2 | 15.2 |
| 黑龙江 | 23911 | 1827.0 | 1008.2 | 708.4 | 14.6 |
| 上　海 | 61475 | 21120.0 | 11759.6 | 8587.6 | 81.3 |
| 江　苏 | 230008 | 28363.0 | 16336.0 | 9001.8 | 163.9 |
| 浙　江 | 101344 | 17725.2 | 9578.1 | 5264.0 | 84.3 |
| 安　徽 | 66789 | 7242.7 | 4141.8 | 2128.8 | 49.6 |
| 福　建 | 60445 | 3688.7 | 1843.4 | 2125.0 | 48.5 |
| 江　西 | 34903 | 4766.3 | 3310.9 | 1078.9 | 28.0 |
| 山　东 | 156054 | 12057.0 | 5874.4 | 5349.7 | 116.1 |
| 河　南 | 128161 | 5611.7 | 2216.3 | 3448.9 | 102.5 |
| 湖　北 | 95063 | 7800.9 | 4035.0 | 4095.3 | 71.7 |
| 湖　南 | 75252 | 4842.6 | 2465.7 | 3091.9 | 58.8 |
| 广　东 | 287984 | 23739.2 | 14138.9 | 7732.8 | 185.1 |
| 广　西 | 36638 | 3202.8 | 1961.6 | 885.5 | 25.3 |
| 海　南 | 9240 | 1209.9 | 679.8 | 295.9 | 6.2 |
| 重　庆 | 39562 | 4285.7 | 1899.3 | 1722.2 | 34.5 |
| 四　川 | 75062 | 14492.2 | 7732.8 | 4752.8 | 78.9 |
| 贵　州 | 16314 | 5817.4 | 3269.7 | 601.6 | 13.8 |
| 云　南 | 29087 | 4777.8 | 2527.8 | 1005.1 | 24.3 |
| 西　藏 | 3824 | 1629.1 | 1009.0 | 159.2 | 3.0 |
| 陕　西 | 50635 | 9868.0 | 5486.6 | 2208.7 | 42.4 |
| 甘　肃 | 16675 | 1684.4 | 932.4 | 399.5 | 13.1 |
| 青　海 | 4796 | 1023.6 | 703.3 | 149.9 | 4.1 |
| 宁　夏 | 4677 | 480.3 | 318.8 | 127.1 | 4.7 |
| 新　疆 | 19445 | 2214.8 | 1251.2 | 677.2 | 15.4 |

# 4-17 科学研究和技术服务业企业法人单位分登记注册统计类别主要指标

| 登记注册统计类别 | 单位数(个) | 资产总计(亿元) | 负债合计(亿元) | 营业收入(亿元) | 从业人员(万人) |
|---|---|---|---|---|---|
| **总　计** | **2066665** | **271533.0** | **147173.7** | **84405.4** | **1562.0** |
| **内资企业** | **2000341** | **253800.5** | **138138.3** | **78657.9** | **1502.5** |
| 有限责任公司 | 1923659 | 225469.9 | 125396.7 | 71525.6 | 1421.4 |
| 股份有限公司 | 7394 | 23946.6 | 11157.6 | 5592.9 | 39.9 |
| 非公司企业法人 | 10649 | 2741.5 | 1070.2 | 744.2 | 17.2 |
| 个人独资企业 | 40094 | 564.9 | 191.8 | 580.2 | 17.7 |
| 合伙企业 | 18460 | 1064.9 | 310.2 | 205.2 | 6.0 |
| 其他内资企业 | 85 | 12.7 | 11.8 | 9.7 | 0.2 |
| **港澳台投资企业** | **10939** | **10028.2** | **6098.2** | **1654.4** | **21.6** |
| **外商投资企业** | **8989** | **6958.5** | **2775.6** | **3088.3** | **24.9** |
| **其他统计类别** | **46396** | **745.9** | **161.7** | **1004.9** | **13.1** |

# 4-18　水利、环境和公共设施管理业企业法人单位主要指标

| 行　业 | 单位数(个) | 资产总计(亿元) | 负债合计(亿元) | 营业收入(亿元) | 从业人员(万人) |
|---|---|---|---|---|---|
| **总　计** | **197388** | **264917.1** | **152767.7** | **13915.5** | **366.0** |
| 水利管理业 | 8077 | 22318.1 | 9005.5 | 684.0 | 10.5 |
| 防洪除涝设施管理 | 807 | 2640.0 | 1330.7 | 63.3 | 1.1 |
| 水资源管理 | 2425 | 9041.0 | 3107.6 | 277.2 | 3.7 |
| 天然水收集与分配 | 680 | 3885.9 | 1412.2 | 156.1 | 1.6 |
| 水文服务 | 339 | 214.4 | 108.0 | 15.4 | 0.3 |
| 其他水利管理业 | 3826 | 6537.0 | 3046.9 | 171.9 | 3.7 |
| 生态保护和环境治理业 | 35742 | 15457.9 | 9362.9 | 2676.2 | 39.5 |
| 生态保护 | 3516 | 2614.9 | 1570.9 | 199.4 | 5.3 |
| 环境治理业 | 32226 | 12842.9 | 7791.9 | 2476.8 | 34.2 |
| 公共设施管理业 | 143609 | 126835.8 | 74201.8 | 8048.1 | 306.5 |
| 市政设施管理 | 18690 | 85184.2 | 49518.6 | 2196.9 | 24.8 |
| 环境卫生管理 | 35685 | 7298.6 | 4111.3 | 2409.8 | 179.5 |
| 城乡市容管理 | 2524 | 1938.8 | 1047.0 | 144.3 | 7.1 |
| 绿化管理 | 68498 | 6761.9 | 4462.3 | 2022.6 | 62.3 |
| 城市公园管理 | 1586 | 2246.0 | 1289.6 | 127.9 | 3.4 |
| 游览景区管理 | 16626 | 23406.3 | 13773.1 | 1146.7 | 29.4 |
| 土地管理业 | 9960 | 100305.3 | 60197.5 | 2507.2 | 9.4 |
| 土地整治服务 | 5384 | 62247.5 | 36797.8 | 1399.7 | 4.9 |
| 土地调查评估服务 | 1439 | 196.0 | 51.1 | 39.3 | 1.3 |
| 土地登记服务 | 85 | 23.6 | 22.7 | 2.5 | 0.1 |
| 土地登记代理服务 | 534 | 45.5 | 32.1 | 8.9 | 0.3 |
| 其他土地管理服务 | 2518 | 37792.8 | 23293.8 | 1056.9 | 2.8 |

# 4-19 水利、环境和公共设施管理业企业法人单位分地区主要指标

| 地 区 | 单位数（个） | 资产总计（亿元） | 负债合计（亿元） | 营业收入（亿元） | 从业人员（万人） |
|---|---|---|---|---|---|
| **全 国** | **197388** | **264917.1** | **152767.7** | **13915.5** | **366.0** |
| 北 京 | 7802 | 7027.1 | 3919.4 | 813.7 | 13.5 |
| 天 津 | 2069 | 8031.3 | 5909.3 | 230.6 | 3.5 |
| 河 北 | 10246 | 7920.4 | 5390.3 | 376.5 | 17.9 |
| 山 西 | 6115 | 3351.4 | 1821.6 | 190.9 | 8.2 |
| 内 蒙 | 4231 | 2381.2 | 1162.9 | 183.1 | 7.6 |
| 辽 宁 | 4493 | 5149.1 | 2301.6 | 213.9 | 9.3 |
| 吉 林 | 2105 | 5167.1 | 2681.4 | 135.3 | 4.4 |
| 黑龙江 | 2086 | 664.6 | 384.1 | 60.7 | 3.5 |
| 上 海 | 3325 | 6132.4 | 3747.5 | 866.5 | 14.6 |
| 江 苏 | 16147 | 26228.5 | 16959.1 | 1330.1 | 24.2 |
| 浙 江 | 12204 | 29497.3 | 19394.1 | 1052.3 | 21.3 |
| 安 徽 | 8967 | 7998.9 | 4233.6 | 468.1 | 19.0 |
| 福 建 | 6304 | 4514.0 | 2520.9 | 379.8 | 13.1 |
| 江 西 | 4827 | 6086.0 | 3010.1 | 314.8 | 14.2 |
| 山 东 | 15842 | 9905.3 | 5829.7 | 908.9 | 27.8 |
| 河 南 | 12084 | 9763.3 | 5794.7 | 632.9 | 24.9 |
| 湖 北 | 9886 | 14592.6 | 7317.0 | 684.6 | 12.4 |
| 湖 南 | 8036 | 20573.3 | 11433.8 | 770.9 | 11.8 |
| 广 东 | 15840 | 8069.3 | 4339.1 | 1006.5 | 33.6 |
| 广 西 | 3451 | 7723.5 | 4349.2 | 224.4 | 6.0 |
| 海 南 | 1219 | 1148.9 | 574.8 | 114.3 | 5.5 |
| 重 庆 | 5171 | 26378.9 | 13582.2 | 1001.9 | 11.3 |
| 四 川 | 9446 | 15331.5 | 8760.9 | 695.2 | 17.0 |
| 贵 州 | 3462 | 10614.8 | 5349.0 | 172.6 | 7.1 |
| 云 南 | 4578 | 5698.4 | 3035.4 | 274.3 | 8.7 |
| 西 藏 | 565 | 93.7 | 52.9 | 22.6 | 1.0 |
| 陕 西 | 9225 | 8477.7 | 5496.6 | 430.5 | 11.5 |
| 甘 肃 | 2835 | 3073.4 | 1703.3 | 80.3 | 4.3 |
| 青 海 | 1037 | 609.1 | 403.9 | 32.8 | 1.1 |
| 宁 夏 | 910 | 257.4 | 122.7 | 41.1 | 2.1 |
| 新 疆 | 2880 | 2456.8 | 1186.5 | 205.3 | 5.8 |

# 4−20 水利、环境和公共设施管理业企业法人单位分登记注册统计类别主要指标

| 登记注册统计类别 | 单位数(个) | 资产总计(亿元) | 负债合计(亿元) | 营业收入(亿元) | 从业人员(万人) |
|---|---|---|---|---|---|
| **总 计** | **197388** | **264917.1** | **152767.7** | **13915.5** | **366.0** |
| **内资企业** | **193918** | **262659.6** | **151524.2** | **13648.0** | **360.3** |
| 有限责任公司 | 187095 | 255171.8 | 147791.0 | 12929.9 | 342.5 |
| 股份有限公司 | 728 | 4648.1 | 2241.4 | 469.7 | 8.7 |
| 非公司企业法人 | 2385 | 2667.3 | 1453.8 | 182.0 | 6.7 |
| 个人独资企业 | 3253 | 74.6 | 31.4 | 58.1 | 2.2 |
| 合伙企业 | 449 | 97.5 | 6.4 | 7.9 | 0.2 |
| 其他内资企业 | 8 | 0.4 | 0.2 | 0.2 | |
| **港澳台投资企业** | **507** | **1247.4** | **751.0** | **153.6** | **3.6** |
| **外商投资企业** | **242** | **964.2** | **476.6** | **71.2** | **1.0** |
| **其他统计类别** | **2721** | **45.9** | **15.9** | **42.7** | **1.1** |

# 4-21 居民服务、修理和其他服务业企业法人单位主要指标

| 行 业 | 单位数(个) | 资产总计(亿元) | 负债合计(亿元) | 营业收入(亿元) | 从业人员(万人) |
|---|---|---|---|---|---|
| **总 计** | **875660** | **17928.6** | **10765.2** | **13722.2** | **652.5** |
| 居民服务业 | 438833 | 8370.1 | 5145.7 | 5820.3 | 278.7 |
| 家庭服务 | 93837 | 965.5 | 531.5 | 1191.7 | 73.2 |
| 托儿所服务 | 31663 | 260.2 | 133.0 | 333.4 | 20.6 |
| 洗染服务 | 11428 | 257.0 | 191.9 | 220.2 | 10.2 |
| 理发及美容服务 | 85038 | 711.0 | 537.4 | 819.4 | 38.8 |
| 洗浴和保健养生服务 | 71787 | 1401.0 | 969.6 | 886.5 | 47.0 |
| 摄影扩印服务 | 46739 | 514.5 | 338.1 | 551.8 | 23.1 |
| 婚姻服务 | 24105 | 270.6 | 148.3 | 315.1 | 11.6 |
| 殡葬服务 | 12531 | 2323.5 | 1479.5 | 612.3 | 11.9 |
| 其他居民服务业 | 61705 | 1666.8 | 816.3 | 889.9 | 42.3 |
| 机动车、电子产品和日用产品修理业 | 309985 | 5662.1 | 3409.7 | 5012.0 | 163.9 |
| 汽车、摩托车等修理与维护 | 222119 | 3993.7 | 2208.2 | 3436.8 | 120.8 |
| 计算机和办公设备维修 | 37351 | 670.4 | 396.7 | 642.5 | 17.3 |
| 家用电器修理 | 37564 | 748.2 | 640.6 | 742.8 | 19.4 |
| 其他日用产品修理业 | 12951 | 249.8 | 164.2 | 190.0 | 6.5 |
| 其他服务业 | 126842 | 3896.4 | 2209.8 | 2889.9 | 209.9 |
| 清洁服务 | 97418 | 2113.1 | 1169.3 | 2343.8 | 190.9 |
| 宠物服务 | 11794 | 175.0 | 145.6 | 133.4 | 6.5 |
| 其他未列明服务业 | 17630 | 1608.3 | 894.9 | 412.7 | 12.5 |

# 4-22　居民服务、修理和其他服务业企业法人单位分地区主要指标

| 地　区 | 单位数(个) | 资产总计(亿元) | 负债合计(亿元) | 营业收入(亿元) | 从业人员(万人) |
|---|---|---|---|---|---|
| **全　国** | **875660** | **17928.6** | **10765.2** | **13722.2** | **652.5** |
| 北　京 | 50461 | 1062.6 | 868.6 | 632.9 | 33.2 |
| 天　津 | 12119 | 491.6 | 416.0 | 162.9 | 11.1 |
| 河　北 | 34087 | 381.1 | 200.3 | 353.4 | 20.8 |
| 山　西 | 21260 | 416.1 | 264.8 | 172.2 | 10.7 |
| 内　蒙 | 10405 | 176.9 | 105.8 | 92.0 | 5.9 |
| 辽　宁 | 23158 | 412.0 | 273.2 | 230.8 | 11.7 |
| 吉　林 | 9734 | 150.9 | 70.5 | 144.2 | 7.3 |
| 黑龙江 | 7268 | 111.7 | 72.5 | 75.6 | 4.4 |
| 上　海 | 30390 | 1114.1 | 781.4 | 850.9 | 29.6 |
| 江　苏 | 56585 | 1356.9 | 838.2 | 1092.6 | 44.9 |
| 浙　江 | 44930 | 1063.5 | 737.0 | 846.1 | 37.8 |
| 安　徽 | 38810 | 504.6 | 278.5 | 519.9 | 26.1 |
| 福　建 | 28471 | 579.8 | 299.7 | 701.1 | 27.9 |
| 江　西 | 16173 | 362.8 | 152.4 | 301.6 | 13.1 |
| 山　东 | 59674 | 1202.2 | 614.0 | 1058.1 | 37.4 |
| 河　南 | 47577 | 732.7 | 270.7 | 779.7 | 36.9 |
| 湖　北 | 35365 | 691.0 | 340.1 | 814.3 | 28.4 |
| 湖　南 | 28629 | 677.9 | 295.0 | 757.4 | 26.7 |
| 广　东 | 118662 | 1690.4 | 1292.0 | 1522.1 | 95.0 |
| 广　西 | 34492 | 281.4 | 169.9 | 170.5 | 17.3 |
| 海　南 | 5320 | 92.2 | 76.4 | 68.1 | 3.6 |
| 重　庆 | 24332 | 592.6 | 199.3 | 472.5 | 20.9 |
| 四　川 | 38315 | 789.7 | 414.7 | 788.8 | 34.6 |
| 贵　州 | 23495 | 566.8 | 612.5 | 215.2 | 15.1 |
| 云　南 | 23993 | 618.4 | 271.6 | 359.9 | 19.0 |
| 西　藏 | 1532 | 54.7 | 31.6 | 19.8 | 0.9 |
| 陕　西 | 24804 | 731.7 | 277.5 | 278.5 | 17.5 |
| 甘　肃 | 10704 | 521.1 | 166.5 | 71.0 | 5.2 |
| 青　海 | 2505 | 164.2 | 101.9 | 24.4 | 1.6 |
| 宁　夏 | 3165 | 51.4 | 35.3 | 26.0 | 1.8 |
| 新　疆 | 9245 | 285.7 | 237.5 | 120.0 | 5.9 |

# 4-23 居民服务、修理和其他服务业企业法人单位分登记注册统计类别主要指标

| 登记注册统计类别 | 单位数（个） | 资产总计（亿元） | 负债合计（亿元） | 营业收入（亿元） | 从业人员（万人） |
|---|---|---|---|---|---|
| **总 计** | **875660** | **17928.6** | **10765.2** | **13722.2** | **652.5** |
| **内资企业** | **872125** | **17312.0** | **10417.0** | **13420.5** | **641.7** |
| 有限责任公司 | 775046 | 15550.7 | 9512.8 | 12094.1 | 589.5 |
| 股份有限公司 | 1319 | 254.0 | 159.0 | 93.7 | 3.6 |
| 非公司企业法人 | 5043 | 717.6 | 469.2 | 181.4 | 4.7 |
| 个人独资企业 | 86877 | 716.3 | 249.4 | 996.8 | 41.3 |
| 合伙企业 | 3759 | 71.1 | 25.2 | 51.7 | 2.4 |
| 其他内资企业 | 81 | 2.4 | 1.5 | 2.7 | 0.2 |
| **港澳台投资企业** | **1528** | **372.6** | **228.8** | **171.3** | **8.3** |
| **外商投资企业** | **870** | **222.9** | **111.6** | **117.5** | **2.1** |
| **其他统计类别** | **1137** | **21.2** | **7.8** | **13.0** | **0.4** |

# 4-24　教育企业法人单位主要指标

| 行　业 | 单位数（个） | 资产总计（亿元） | 负债合计（亿元） | 营业收入（亿元） | 从业人员（万人） |
|---|---|---|---|---|---|
| **总　计** | **436309** | **15063.3** | **9761.5** | **9003.7** | **435.9** |
| 学前教育 | 69375 | 1548.9 | 673.3 | 1368.1 | 108.8 |
| 初等教育 | 6821 | 830.7 | 545.4 | 375.5 | 22.2 |
| 中等教育 | 5327 | 2655.2 | 1851.8 | 1058.9 | 53.7 |
| 高等教育 | 1208 | 1190.7 | 669.5 | 269.8 | 8.0 |
| 特殊教育 | 634 | 15.3 | 8.3 | 12.6 | 0.8 |
| 技能培训、教育辅助及其他教育 | 352944 | 8822.4 | 6013.3 | 5918.8 | 242.4 |

# 4-25 教育企业法人单位分地区主要指标

| 地 区 | 单位数(个) | 资产总计(亿元) | 负债合计(亿元) | 营业收入(亿元) | 从业人员(万人) |
|---|---|---|---|---|---|
| **全 国** | **436309** | **15063.3** | **9761.5** | **9003.7** | **435.9** |
| 北 京 | 16559 | 1649.2 | 1535.7 | 786.9 | 16.6 |
| 天 津 | 5504 | 141.5 | 101.8 | 69.4 | 4.8 |
| 河 北 | 16122 | 346.6 | 198.4 | 213.8 | 16.1 |
| 山 西 | 7927 | 222.9 | 176.1 | 71.2 | 7.3 |
| 内 蒙 | 6245 | 88.2 | 62.1 | 46.7 | 4.6 |
| 辽 宁 | 14330 | 175.3 | 107.2 | 121.5 | 9.5 |
| 吉 林 | 6024 | 78.9 | 34.9 | 77.2 | 4.8 |
| 黑龙江 | 6089 | 95.8 | 55.3 | 54.9 | 4.8 |
| 上 海 | 8320 | 566.8 | 484.6 | 278.6 | 8.1 |
| 江 苏 | 27132 | 824.6 | 501.7 | 504.2 | 21.4 |
| 浙 江 | 33202 | 659.3 | 454.6 | 455.8 | 23.1 |
| 安 徽 | 19616 | 547.4 | 287.2 | 321.6 | 18.3 |
| 福 建 | 11874 | 333.7 | 199.5 | 274.4 | 11.8 |
| 江 西 | 11051 | 420.7 | 221.5 | 270.2 | 14.0 |
| 山 东 | 36425 | 940.3 | 593.4 | 791.2 | 31.1 |
| 河 南 | 33929 | 939.4 | 390.4 | 741.8 | 42.4 |
| 湖 北 | 17043 | 695.6 | 382.8 | 549.4 | 20.7 |
| 湖 南 | 19791 | 996.6 | 448.0 | 754.3 | 29.8 |
| 广 东 | 47332 | 1578.0 | 1345.8 | 906.3 | 43.8 |
| 广 西 | 10012 | 180.8 | 99.0 | 72.2 | 7.6 |
| 海 南 | 2547 | 263.7 | 192.6 | 49.2 | 3.1 |
| 重 庆 | 11256 | 480.2 | 189.0 | 307.6 | 12.8 |
| 四 川 | 20080 | 1218.7 | 756.0 | 596.4 | 28.7 |
| 贵 州 | 11468 | 496.9 | 287.0 | 177.7 | 13.7 |
| 云 南 | 9675 | 420.4 | 223.7 | 196.3 | 11.1 |
| 西 藏 | 365 | 27.0 | 6.9 | 8.9 | 0.4 |
| 陕 西 | 11913 | 362.4 | 236.8 | 170.0 | 12.6 |
| 甘 肃 | 6992 | 160.2 | 61.6 | 53.8 | 5.8 |
| 青 海 | 1047 | 21.5 | 22.3 | 9.0 | 1.0 |
| 宁 夏 | 2290 | 44.1 | 42.8 | 18.6 | 2.1 |
| 新 疆 | 4149 | 86.3 | 62.7 | 54.6 | 4.0 |

# 4-26　教育企业法人单位分登记注册统计类别主要指标

| 登记注册统计类别 | 单位数(个) | 资产总计(亿元) | 负债合计(亿元) | 营业收入(亿元) | 从业人员(万人) |
|---|---|---|---|---|---|
| **总　计** | **436309** | **15063.3** | **9761.5** | **9003.7** | **435.9** |
| **内资企业** | **434710** | **14678.6** | **9461.0** | **8894.6** | **433.7** |
| 有限责任公司 | 340231 | 9441.7 | 6642.6 | 5971.3 | 263.0 |
| 股份有限公司 | 967 | 467.8 | 217.0 | 127.8 | 3.0 |
| 非公司企业法人 | 5006 | 623.6 | 262.5 | 246.0 | 15.1 |
| 个人独资企业 | 85346 | 3389.8 | 1830.9 | 2183.8 | 137.6 |
| 合伙企业 | 2115 | 90.7 | 48.1 | 56.9 | 3.1 |
| 其他内资企业 | 1045 | 665.0 | 459.9 | 308.9 | 12.0 |
| **港澳台投资企业** | **610** | **224.4** | **178.4** | **46.4** | **1.1** |
| **外商投资企业** | **430** | **153.5** | **120.5** | **54.3** | **0.9** |
| **其他统计类别** | **559** | **6.8** | **1.7** | **8.5** | **0.2** |

# 4-27 卫生和社会工作企业法人单位主要指标

| 行　业 | 单位数<br>(个) | 资产总计<br>(亿元) | 负债合计<br>(亿元) | 营业收入<br>(亿元) | 从业人员<br>(万人) |
|---|---|---|---|---|---|
| **总　计** | **188935** | **17500.7** | **11496.3** | **11058.1** | **351.0** |
| 卫生 | 145765 | 13752.1 | 9394.2 | 10202.3 | 299.6 |
| 医院 | 32419 | 9583.2 | 6605.8 | 6596.4 | 188.7 |
| 基层医疗卫生服务 | 103045 | 2065.1 | 1389.6 | 2451.0 | 84.2 |
| 专业公共卫生服务 | 3235 | 179.3 | 119.9 | 184.5 | 4.9 |
| 其他卫生活动 | 7066 | 1924.5 | 1278.9 | 970.5 | 21.9 |
| 社会工作 | 43170 | 3748.6 | 2102.1 | 855.8 | 51.4 |
| 提供住宿社会工作 | 37562 | 3613.9 | 2012.0 | 784.5 | 46.6 |
| 不提供住宿社会工作 | 5608 | 134.8 | 90.1 | 71.3 | 4.7 |

# 4-28 卫生和社会工作企业法人单位分地区主要指标

| 地 区 | 单位数(个) | 资产总计(亿元) | 负债合计(亿元) | 营业收入(亿元) | 从业人员(万人) |
|---|---|---|---|---|---|
| **全 国** | **188935** | **17500.7** | **11496.3** | **11058.1** | **351.0** |
| 北 京 | 6503 | 1289.8 | 1020.3 | 734.0 | 13.2 |
| 天 津 | 3003 | 200.0 | 172.2 | 178.7 | 5.2 |
| 河 北 | 8092 | 491.7 | 353.2 | 317.1 | 12.3 |
| 山 西 | 4862 | 434.8 | 266.6 | 185.8 | 8.7 |
| 内 蒙 | 1892 | 111.2 | 69.2 | 71.1 | 3.3 |
| 辽 宁 | 9045 | 616.0 | 385.7 | 363.3 | 12.7 |
| 吉 林 | 3084 | 279.6 | 176.5 | 139.1 | 5.2 |
| 黑龙江 | 3280 | 231.0 | 153.8 | 179.3 | 6.5 |
| 上 海 | 3373 | 1052.6 | 848.6 | 650.2 | 12.4 |
| 江 苏 | 12630 | 1353.0 | 864.3 | 873.1 | 25.3 |
| 浙 江 | 10872 | 1248.4 | 880.9 | 761.0 | 21.1 |
| 安 徽 | 6821 | 558.3 | 335.2 | 349.8 | 12.9 |
| 福 建 | 5647 | 393.3 | 196.1 | 277.0 | 9.3 |
| 江 西 | 3694 | 365.3 | 237.1 | 245.2 | 8.6 |
| 山 东 | 13642 | 1087.5 | 688.5 | 720.2 | 22.4 |
| 河 南 | 13075 | 748.2 | 446.2 | 539.4 | 21.2 |
| 湖 北 | 7801 | 585.3 | 358.9 | 478.2 | 13.5 |
| 湖 南 | 7021 | 937.6 | 450.0 | 535.9 | 15.8 |
| 广 东 | 20674 | 1561.7 | 1189.6 | 1078.9 | 32.8 |
| 广 西 | 3549 | 200.0 | 131.6 | 143.2 | 7.2 |
| 海 南 | 1035 | 213.2 | 183.4 | 66.2 | 2.2 |
| 重 庆 | 5677 | 399.9 | 254.9 | 385.1 | 11.7 |
| 四 川 | 14002 | 942.4 | 559.6 | 741.6 | 24.7 |
| 贵 州 | 5580 | 357.2 | 258.6 | 233.7 | 10.5 |
| 云 南 | 4692 | 411.7 | 237.3 | 249.8 | 10.0 |
| 西 藏 | 241 | 61.7 | 19.3 | 26.1 | 0.7 |
| 陕 西 | 4973 | 913.0 | 410.6 | 329.3 | 11.8 |
| 甘 肃 | 1763 | 184.5 | 131.2 | 73.8 | 3.9 |
| 青 海 | 461 | 30.2 | 15.1 | 22.6 | 1.0 |
| 宁 夏 | 472 | 121.8 | 89.5 | 35.0 | 1.4 |
| 新 疆 | 1479 | 119.5 | 112.2 | 74.1 | 3.6 |

# 4-29 卫生和社会工作企业法人单位分登记注册统计类别主要指标

| 登记注册统计类别 | 单位数(个) | 资产总计(亿元) | 负债合计(亿元) | 营业收入(亿元) | 从业人员(万人) |
|---|---|---|---|---|---|
| **总　计** | **188935** | **17500.7** | **11496.3** | **11058.1** | **351.0** |
| **内资企业** | **188414** | **16890.4** | **11049.8** | **10815.4** | **346.8** |
| 有限责任公司 | 133341 | 12847.8 | 8665.3 | 7859.5 | 242.0 |
| 股份有限公司 | 559 | 654.9 | 256.3 | 133.2 | 3.2 |
| 非公司企业法人 | 2968 | 1069.1 | 689.7 | 826.0 | 22.2 |
| 个人独资企业 | 47883 | 1781.1 | 1054.7 | 1529.1 | 65.1 |
| 合伙企业 | 3270 | 259.7 | 152.5 | 240.1 | 9.1 |
| 其他内资企业 | 393 | 277.7 | 231.2 | 227.5 | 5.1 |
| **港澳台投资企业** | **317** | **381.8** | **286.1** | **136.4** | **2.4** |
| **外商投资企业** | **190** | **228.3** | **160.4** | **106.2** | **1.8** |
| **其他统计类别** | **14** | **0.1** | | **0.1** | |

# 4-30 文化、体育和娱乐业企业法人单位主要指标

| 行业 | 单位数（个） | 资产总计（亿元） | 负债合计（亿元） | 营业收入（亿元） | 从业人员（万人） |
|---|---|---|---|---|---|
| **总计** | **766651** | **53777.4** | **30633.7** | **16921.9** | **438.1** |
| 新闻和出版业 | 6653 | 7209.7 | 2780.1 | 1996.9 | 22.3 |
| 新闻业 | 464 | 145.8 | 73.2 | 46.6 | 1.1 |
| 出版业 | 6189 | 7063.9 | 2706.9 | 1950.3 | 21.2 |
| 广播、电视、电影和录音制作业 | 99383 | 13322.5 | 6914.5 | 3991.0 | 62.2 |
| 广播 | 1560 | 145.4 | 76.7 | 47.9 | 1.3 |
| 电视 | 882 | 2744.7 | 613.3 | 528.5 | 5.0 |
| 影视节目制作 | 77435 | 7374.8 | 4275.7 | 2177.0 | 37.5 |
| 广播电视集成播控 | 327 | 640.1 | 309.2 | 193.1 | 1.5 |
| 电影和广播电视节目发行 | 3334 | 1171.8 | 617.4 | 357.5 | 2.3 |
| 电影放映 | 11712 | 1180.4 | 985.2 | 627.4 | 13.0 |
| 录音制作 | 4133 | 65.2 | 37.1 | 59.7 | 1.7 |
| 文化艺术业 | 174062 | 8454.0 | 4674.6 | 2671.9 | 92.0 |
| 文艺创作与表演 | 80051 | 2219.0 | 1278.7 | 1288.1 | 45.8 |
| 艺术表演场馆 | 1698 | 519.2 | 319.6 | 99.7 | 2.4 |
| 图书馆与档案馆 | 4825 | 121.1 | 61.0 | 78.3 | 3.8 |
| 文物及非物质文化遗产保护 | 3424 | 1831.7 | 1030.8 | 125.5 | 3.4 |
| 博物馆 | 1008 | 256.9 | 155.5 | 30.5 | 0.9 |
| 烈士陵园、纪念馆 | 79 | 12.9 | 6.9 | 1.8 | 0.1 |
| 群众文体活动 | 16857 | 984.8 | 371.2 | 225.6 | 8.0 |
| 其他文化艺术业 | 66120 | 2508.4 | 1450.9 | 822.4 | 27.7 |
| 体育 | 97058 | 6352.0 | 4524.4 | 1501.2 | 57.4 |
| 体育组织 | 24151 | 1315.1 | 1048.9 | 433.7 | 12.0 |
| 体育场地设施管理 | 7167 | 2637.3 | 1375.6 | 218.0 | 7.0 |
| 健身休闲活动 | 56060 | 2156.4 | 1932.3 | 740.1 | 34.0 |
| 其他体育 | 9680 | 243.1 | 167.6 | 109.4 | 4.3 |
| 娱乐业 | 389495 | 18439.4 | 11740.0 | 6760.9 | 204.2 |
| 室内娱乐活动 | 106667 | 1486.8 | 751.8 | 1460.7 | 60.5 |
| 游乐园 | 8404 | 5050.9 | 3771.2 | 842.5 | 17.0 |
| 休闲观光活动 | 30506 | 3795.3 | 2219.4 | 728.0 | 22.1 |
| 彩票活动 | 278 | 24.6 | 13.6 | 15.4 | 0.3 |
| 文化体育娱乐活动与经纪代理服务 | 240638 | 7501.1 | 4620.9 | 3640.5 | 101.4 |
| 其他娱乐业 | 3002 | 580.6 | 363.2 | 73.8 | 2.8 |

# 4−31 文化、体育和娱乐业企业法人单位分地区主要指标

| 地区 | 单位数(个) | 资产总计(亿元) | 负债合计(亿元) | 营业收入(亿元) | 从业人员(万人) |
|---|---|---|---|---|---|
| **全国** | **766651** | **53777.4** | **30633.7** | **16921.9** | **438.1** |
| 北京 | 72836 | 9976.6 | 4933.5 | 2697.6 | 34.1 |
| 天津 | 10350 | 1010.5 | 669.7 | 207.6 | 3.8 |
| 河北 | 29708 | 1020.6 | 658.3 | 338.4 | 15.6 |
| 山西 | 15896 | 704.7 | 388.8 | 139.5 | 8.1 |
| 内蒙 | 6311 | 242.5 | 160.0 | 65.3 | 2.8 |
| 辽宁 | 19402 | 883.7 | 550.5 | 222.6 | 8.5 |
| 吉林 | 7135 | 798.2 | 648.6 | 135.0 | 4.8 |
| 黑龙江 | 7719 | 200.8 | 118.0 | 79.7 | 3.3 |
| 上海 | 23530 | 3965.7 | 2650.7 | 1084.0 | 13.0 |
| 江苏 | 52094 | 5691.2 | 3423.3 | 1201.2 | 28.9 |
| 浙江 | 48853 | 3913.9 | 2408.8 | 1097.0 | 24.1 |
| 安徽 | 24949 | 869.1 | 459.9 | 385.3 | 13.5 |
| 福建 | 33088 | 995.2 | 536.6 | 815.4 | 21.5 |
| 江西 | 13961 | 1066.9 | 576.0 | 313.7 | 10.1 |
| 山东 | 47523 | 1931.2 | 1046.8 | 1014.7 | 27.2 |
| 河南 | 50910 | 1872.9 | 757.8 | 846.3 | 33.9 |
| 湖北 | 34587 | 2004.7 | 1114.7 | 888.9 | 23.4 |
| 湖南 | 33931 | 2330.7 | 934.3 | 1135.4 | 27.4 |
| 广东 | 95660 | 4241.4 | 2995.2 | 1608.7 | 46.1 |
| 广西 | 12115 | 698.1 | 405.8 | 150.3 | 7.2 |
| 海南 | 4937 | 673.6 | 543.0 | 126.5 | 2.9 |
| 重庆 | 23710 | 1352.7 | 638.0 | 558.5 | 15.7 |
| 四川 | 38641 | 2433.8 | 1111.4 | 856.2 | 26.8 |
| 贵州 | 9429 | 1079.7 | 604.4 | 114.4 | 5.8 |
| 云南 | 14654 | 647.3 | 347.3 | 227.2 | 9.3 |
| 西藏 | 1562 | 108.9 | 46.3 | 20.1 | 0.8 |
| 陕西 | 17443 | 1464.7 | 986.4 | 295.2 | 10.7 |
| 甘肃 | 6687 | 417.0 | 241.7 | 82.4 | 3.8 |
| 青海 | 1775 | 67.8 | 53.0 | 14.7 | 1.0 |
| 宁夏 | 2055 | 105.8 | 70.4 | 25.0 | 1.3 |
| 新疆 | 5200 | 1007.4 | 554.5 | 175.2 | 2.7 |

# 4-32　文化、体育和娱乐业企业法人单位分登记注册统计类别主要指标

| 登记注册统计类别 | 单位数（个） | 资产总计（亿元） | 负债合计（亿元） | 营业收入（亿元） | 从业人员（万人） |
|---|---|---|---|---|---|
| **总　计** | **766651** | **53777.4** | **30633.7** | **16921.9** | **438.1** |
| **内资企业** | **758041** | **51019.0** | **28507.2** | **16275.9** | **428.2** |
| 有限责任公司 | 658611 | 42011.8 | 25419.6 | 13875.7 | 367.1 |
| 股份有限公司 | 1938 | 4159.8 | 1612.4 | 549.4 | 5.2 |
| 非公司企业法人 | 4011 | 3811.6 | 1185.0 | 727.9 | 12.6 |
| 个人独资企业 | 88989 | 913.7 | 251.5 | 1066.0 | 41.5 |
| 合伙企业 | 4406 | 121.5 | 38.4 | 56.1 | 1.8 |
| 其他内资企业 | 86 | 0.6 | 0.4 | 0.8 | |
| **港澳台投资企业** | **2823** | **1439.6** | **1103.5** | **302.4** | **4.1** |
| **外商投资企业** | **1350** | **1245.3** | **1004.1** | **278.5** | **4.3** |
| **其他统计类别** | **4437** | **73.6** | **18.9** | **65.2** | **1.6** |

# 4-33 国有控股企业分行业主要指标

| 行业 | 单位数(个) | 资产总计(亿元) | 负债合计(亿元) | 营业收入(亿元) | 从业人员(万人) |
|---|---|---|---|---|---|
| **总计** | **145815** | **2179697.6** | **1135667.2** | **133083.6** | **1378.8** |
| **交通运输、仓储和邮政业** | **17585** | **360493.5** | **214837.9** | **38617.5** | **393.2** |
| 道路运输业 | 7962 | 260690.6 | 159438.4 | 14721.5 | 228.6 |
| 水上运输业 | 1094 | 24224.0 | 10716.9 | 4613.9 | 19.3 |
| 航空运输业 | 524 | 26164.1 | 16977.2 | 6243.0 | 51.7 |
| 管道运输业 | 114 | 16616.5 | 6183.1 | 1506.3 | 3.5 |
| 多式联运和运输代理业 | 1515 | 6905.5 | 3235.1 | 4287.3 | 11.7 |
| 装卸搬运和仓储业 | 5648 | 23546.6 | 16860.6 | 4262.7 | 24.4 |
| 邮政业 | 728 | 2346.2 | 1426.6 | 2982.7 | 53.9 |
| **信息传输、软件和信息技术服务业** | **9021** | **82523.3** | **36724.2** | **26492.3** | **166.9** |
| 电信、广播电视和卫星传输服务 | 2630 | 55447.3 | 22779.0 | 17190.3 | 99.6 |
| 互联网和相关服务 | 1422 | 5387.8 | 2821.1 | 1979.7 | 13.9 |
| 软件和信息技术服务业 | 4969 | 21688.2 | 11124.1 | 7322.3 | 53.4 |
| **房地产业** | **19408** | **160751.3** | **90493.3** | **6650.4** | **126.9** |
| 物业管理 | 7977 | 16431.1 | 9816.5 | 3076.9 | 101.2 |
| 房地产中介服务 | 923 | 5063.5 | 3661.3 | 174.3 | 1.9 |
| 房地产租赁经营 | 9735 | 128469.4 | 69793.5 | 3112.0 | 22.4 |
| 其他房地产业 | 773 | 10787.3 | 7222.0 | 287.2 | 1.4 |
| **租赁和商务服务业** | **51169** | **1196149.8** | **586465.7** | **25630.7** | **343.9** |
| 租赁业 | 1964 | 7527.4 | 4968.1 | 772.4 | 4.8 |
| 商务服务业 | 49205 | 1188622.4 | 581497.6 | 24858.3 | 339.1 |
| **科学研究和技术服务业** | **22323** | **132562.5** | **67704.0** | **24104.3** | **173.2** |
| 研究和试验发展 | 1547 | 7647.2 | 3106.5 | 1543.1 | 12.6 |
| 专业技术服务业 | 15884 | 105774.8 | 56185.2 | 21163.4 | 148.1 |
| 科技推广和应用服务业 | 4892 | 19140.5 | 8412.3 | 1397.8 | 12.5 |

注：不含铁路运输业、金融业、房地产开发经营。

4-33 续表

| 行 业 | 单位数（个） | 资产总计（亿元） | 负债合计（亿元） | 营业收入（亿元） | 从业人员（万人） |
|---|---|---|---|---|---|
| **水利、环境和公共设施管理业** | **11926** | **216710.6** | **124347.9** | **6753.9** | **90.9** |
| 水利管理业 | 1351 | 18736.5 | 7300.9 | 463.3 | 4.5 |
| 生态保护和环境治理业 | 1548 | 7772.9 | 4518.3 | 829.9 | 7.6 |
| 公共设施管理业 | 7500 | 99558.2 | 58047.7 | 3318.0 | 74.7 |
| 土地管理业 | 1527 | 90643.1 | 54481.0 | 2142.6 | 4.0 |
| **居民服务、修理和其他服务业** | **2695** | **2928.3** | **1791.9** | **443.4** | **14.4** |
| 居民服务业 | 1443 | 1757.3 | 1096.1 | 228.6 | 5.1 |
| 机动车、电子产品和日用产品修理业 | 709 | 446.4 | 213.2 | 91.9 | 2.0 |
| 其他服务业 | 543 | 724.7 | 482.5 | 122.9 | 7.3 |
| **教育** | **1754** | **1333.4** | **709.3** | **229.2** | **6.5** |
| 学前教育 | 126 | 85.3 | 34.6 | 9.7 | 1.0 |
| 初等教育 | 29 | 52.7 | 32.1 | 3.2 | 0.1 |
| 中等教育 | 57 | 85.9 | 44.7 | 20.2 | 0.8 |
| 高等教育 | 17 | 70.3 | 41.2 | 19.5 | 0.4 |
| 技能培训、教育辅助及其他教育 | 1525 | 1039.1 | 556.6 | 176.6 | 4.3 |
| **卫生和社会工作** | **1238** | **2413.5** | **1315.1** | **758.0** | **17.6** |
| 卫生 | 734 | 1325.5 | 831.9 | 715.3 | 15.7 |
| 社会工作 | 504 | 1088.0 | 483.2 | 42.7 | 1.9 |
| **文化、体育和娱乐业** | **8696** | **23831.4** | **11277.8** | **3403.9** | **45.4** |
| 新闻和出版业 | 2140 | 6335.6 | 2323.9 | 1646.1 | 16.0 |
| 广播、电视、电影和录音制作业 | 2452 | 4500.0 | 1813.6 | 871.8 | 10.2 |
| 文化艺术业 | 2069 | 4385.0 | 2238.8 | 269.1 | 8.3 |
| 体育 | 612 | 2761.5 | 1354.7 | 150.5 | 2.7 |
| 娱乐业 | 1423 | 5849.2 | 3546.8 | 466.5 | 8.1 |

# 4-34 非公有控股企业分行业主要指标

| 行业 | 单位数(个) | 资产总计(亿元) | 负债合计(亿元) | 营业收入(亿元) | 从业人员(万人) |
|---|---|---|---|---|---|
| **总计** | **11486364** | **1296546.0** | **778633.4** | **467057.7** | **9797.7** |
| **交通运输、仓储和邮政业** | **907981** | **93944.0** | **61579.0** | **82793.1** | **959.5** |
| 道路运输业 | 618978 | 51102.9 | 32649.2 | 41743.5 | 583.0 |
| 水上运输业 | 17099 | 5977.5 | 3804.0 | 2944.7 | 25.8 |
| 航空运输业 | 3443 | 4927.5 | 4535.1 | 1936.4 | 11.8 |
| 管道运输业 | 305 | 1026.8 | 394.8 | 175.3 | 0.7 |
| 多式联运和运输代理业 | 141983 | 11483.2 | 7545.1 | 19741.8 | 122.7 |
| 装卸搬运和仓储业 | 96767 | 14013.5 | 8434.4 | 5853.7 | 114.2 |
| 邮政业 | 29406 | 5412.5 | 4216.4 | 10397.6 | 101.2 |
| **信息传输、软件和信息技术服务业** | **1678625** | **214427.2** | **119884.2** | **124263.6** | **1323.7** |
| 电信、广播电视和卫星传输服务 | 32944 | 22158.7 | 8960.4 | 6156.3 | 57.0 |
| 互联网和相关服务 | 276462 | 58704.7 | 37329.1 | 39965.8 | 225.4 |
| 软件和信息技术服务业 | 1369219 | 133563.8 | 73594.8 | 78141.4 | 1041.3 |
| **房地产业** | **796859** | **153391.8** | **108751.1** | **26662.0** | **1004.3** |
| 物业管理 | 360384 | 33845.6 | 24052.9 | 13342.8 | 730.8 |
| 房地产中介服务 | 298568 | 19490.7 | 14475.2 | 5433.1 | 184.2 |
| 房地产租赁经营 | 129053 | 92627.3 | 64984.6 | 7512.1 | 83.7 |
| 其他房地产业 | 8854 | 7428.2 | 5238.4 | 373.9 | 5.6 |
| **租赁和商务服务业** | **3807337** | **590529.0** | **341285.2** | **125926.7** | **3276.7** |
| 租赁业 | 500506 | 21173.5 | 13218.6 | 11199.8 | 286.7 |
| 商务服务业 | 3306831 | 569355.6 | 328066.6 | 114726.9 | 2990.0 |
| **科学研究和技术服务业** | **1985046** | **133629.1** | **76853.9** | **58416.9** | **1359.9** |
| 研究和试验发展 | 216400 | 27433.8 | 14711.8 | 9150.8 | 159.1 |
| 专业技术服务业 | 911871 | 58552.6 | 34095.8 | 28777.4 | 763.5 |
| 科技推广和应用服务业 | 856775 | 47642.7 | 28046.3 | 20488.6 | 437.3 |

注：不含铁路运输业、金融业、房地产开发经营。

4-34 续表

| 行 业 | 单位数(个) | 资产总计(亿元) | 负债合计(亿元) | 营业收入(亿元) | 从业人员(万人) |
|---|---|---|---|---|---|
| **水利、环境和公共设施管理业** | **178852** | **44592.1** | **26161.3** | **6840.5** | **262.9** |
| 水利管理业 | 5822 | 3033.9 | 1476.7 | 184.6 | 4.6 |
| 生态保护和环境治理业 | 33582 | 7375.7 | 4653.8 | 1768.9 | 31.1 |
| 公共设施管理业 | 132789 | 25079.4 | 14639.3 | 4558.4 | 222.5 |
| 土地管理业 | 6659 | 9103.1 | 5391.5 | 328.6 | 4.7 |
| **居民服务、修理和其他服务业** | **864264** | **14252.5** | **8519.6** | **13001.3** | **628.6** |
| 居民服务业 | 431272 | 6119.1 | 3805.6 | 5404.7 | 267.7 |
| 机动车、电子产品和日用产品修理业 | 307900 | 5148.8 | 3149.4 | 4882.7 | 160.9 |
| 其他服务业 | 125092 | 2984.6 | 1564.6 | 2713.9 | 200.0 |
| **教育** | **356311** | **10970.3** | **7858.1** | **6936.0** | **306.7** |
| 学前教育 | 23573 | 576.9 | 369.3 | 489.6 | 35.2 |
| 初等教育 | 4029 | 522.5 | 400.5 | 225.3 | 11.6 |
| 中等教育 | 3034 | 1984.3 | 1493.8 | 763.1 | 36.5 |
| 高等教育 | 885 | 689.5 | 428.5 | 150.4 | 4.6 |
| 特殊教育 | 406 | 10.6 | 7.0 | 7.5 | 0.4 |
| 技能培训、教育辅助及其他教育 | 324384 | 7186.4 | 5158.9 | 5300.1 | 218.4 |
| **卫生和社会工作** | **166593** | **13616.0** | **9309.3** | **9275.0** | **293.7** |
| 卫生 | 135053 | 11229.7 | 7827.1 | 8608.4 | 254.0 |
| 社会工作 | 31540 | 2386.3 | 1482.2 | 666.7 | 39.7 |
| **文化、体育和娱乐业** | **744496** | **27193.8** | **18431.7** | **12942.6** | **381.8** |
| 新闻和出版业 | 4075 | 478.8 | 263.4 | 244.8 | 4.1 |
| 广播、电视、电影和录音制作业 | 96538 | 7402.8 | 4930.7 | 2829.5 | 49.5 |
| 文化艺术业 | 168288 | 3883.4 | 2343.6 | 2362.9 | 81.7 |
| 体育 | 93839 | 3452.8 | 3075.6 | 1316.0 | 53.3 |
| 娱乐业 | 381756 | 11976.0 | 7818.4 | 6189.3 | 193.2 |

# 4−35 规模以上交通运输、仓储和邮政业企业法人单位主要指标

| 行　业 | 固定资产原价(亿元) | 固定资产累计折旧(亿元) | 资产总计(亿元) | 负债合计(亿元) | 所有者权益合计(亿元) |
|---|---|---|---|---|---|
| **总　计** | **217936.6** | **51340.4** | **430870.6** | **241549.6** | **189321.4** |
| 铁路运输业 | 63507.0 | 15245.5 | 95050.0 | 36096.2 | 58953.8 |
| 铁路旅客运输 | 40757.0 | 9041.0 | 62396.7 | 21354.0 | 41042.7 |
| 铁路货物运输 | 22708.3 | 6190.2 | 32575.2 | 14716.5 | 17858.8 |
| 铁路运输辅助活动 | 41.8 | 14.2 | 78.1 | 25.7 | 52.3 |
| 道路运输业 | 105930.9 | 17756.5 | 224908.9 | 139974.1 | 84934.8 |
| 城市公共交通运输 | 32947.6 | 4370.5 | 71148.1 | 41229.5 | 29918.6 |
| 公路旅客运输 | 1603.2 | 899.6 | 3193.3 | 2085.6 | 1107.8 |
| 道路货物运输 | 5486.5 | 2973.1 | 13661.6 | 9432.9 | 4228.7 |
| 道路运输辅助活动 | 65893.6 | 9513.3 | 136905.9 | 87226.1 | 49679.8 |
| 水上运输业 | 11413.4 | 4507.7 | 24440.8 | 11549.5 | 12891.3 |
| 水上旅客运输 | 280.3 | 111.3 | 377.8 | 177.0 | 200.8 |
| 水上货物运输 | 4110.9 | 1631.7 | 8994.4 | 4921.6 | 4072.8 |
| 水上运输辅助活动 | 7022.1 | 2764.7 | 15068.5 | 6450.8 | 8617.7 |
| 航空运输业 | 15577.7 | 6270.3 | 29240.7 | 20592.5 | 8648.2 |
| 航空客货运输 | 8320.4 | 3765.6 | 16422.0 | 14381.5 | 2040.5 |
| 通用航空服务 | 435.3 | 174.1 | 889.5 | 569.4 | 320.0 |
| 航空运输辅助活动 | 6822.0 | 2330.5 | 11929.2 | 5641.6 | 6287.6 |
| 管道运输业 | 7843.0 | 2404.7 | 17094.0 | 6159.1 | 10934.9 |
| 海底管道运输 | 99.8 | 26.8 | 82.3 | 53.8 | 28.5 |
| 陆地管道运输 | 7743.2 | 2377.8 | 17011.7 | 6105.3 | 10906.4 |
| 多式联运和运输代理业 | 2069.2 | 807.3 | 11156.3 | 6769.4 | 4387.3 |
| 多式联运 | 498.1 | 175.4 | 806.7 | 515.8 | 290.9 |
| 运输代理业 | 1571.1 | 632.0 | 10349.6 | 6253.6 | 4096.4 |
| 装卸搬运和仓储业 | 9560.8 | 3269.7 | 22412.3 | 15559.5 | 6852.8 |
| 装卸搬运 | 3721.7 | 1276.9 | 5245.7 | 2831.1 | 2414.7 |
| 通用仓储 | 1609.8 | 527.2 | 3696.8 | 2202.4 | 1494.4 |
| 低温仓储 | 391.8 | 114.3 | 714.9 | 483.1 | 231.8 |
| 危险品仓储 | 1671.1 | 555.4 | 1921.4 | 984.2 | 937.3 |
| 谷物、棉花等农产品仓储 | 1473.5 | 547.9 | 9463.1 | 8253.3 | 1209.8 |
| 中药材仓储 | 3.0 | 0.7 | 5.1 | 3.8 | 1.4 |
| 其他仓储业 | 689.9 | 247.2 | 1365.2 | 801.6 | 563.6 |
| 邮政业 | 2034.6 | 1078.7 | 6567.6 | 4849.4 | 1718.3 |
| 邮政基本服务 | 1260.6 | 755.6 | 1589.9 | 849.0 | 740.9 |
| 快递服务 | 740.9 | 309.0 | 4490.1 | 3661.4 | 828.7 |
| 其他寄递服务 | 33.1 | 14.1 | 487.6 | 339.0 | 148.6 |

注：表4−35至4−44中费用合计包括销售费用、管理费用、研发费用、财务费用。

4-35 续表 1

| 行 业 | 营业收入(亿元) | 营业成本(亿元) | 税金及附加(亿元) | 费用合计(亿元) | 投资收益(亿元) |
|---|---|---|---|---|---|
| **总 计** | **102817.0** | **91847.8** | **382.6** | **10449.5** | **1563.5** |
| 铁路运输业 | 15519.5 | 14379.9 | 28.0 | 976.3 | 71.7 |
| 铁路旅客运输 | 8321.3 | 7615.9 | 12.5 | 562.5 | -12.6 |
| 铁路货物运输 | 7144.2 | 6722.9 | 15.2 | 410.0 | 84.0 |
| 铁路运输辅助活动 | 54.0 | 41.0 | 0.2 | 3.9 | 0.3 |
| 道路运输业 | 34165.5 | 30205.6 | 173.7 | 4904.3 | 729.7 |
| 城市公共交通运输 | 4880.4 | 5842.0 | 46.1 | 1012.7 | 99.9 |
| 公路旅客运输 | 688.4 | 576.9 | 8.8 | 181.8 | 16.8 |
| 道路货物运输 | 21230.3 | 19636.1 | 80.7 | 1177.3 | 82.7 |
| 道路运输辅助活动 | 7366.4 | 4150.5 | 38.1 | 2532.6 | 530.3 |
| 水上运输业 | 6623.1 | 5376.4 | 42.4 | 644.5 | 327.0 |
| 水上旅客运输 | 141.1 | 109.8 | 0.7 | 20.6 | 1.8 |
| 水上货物运输 | 4200.6 | 3678.1 | 19.7 | 281.6 | 89.6 |
| 水上运输辅助活动 | 2281.5 | 1588.5 | 22.0 | 342.3 | 235.6 |
| 航空运输业 | 8080.1 | 7688.6 | 42.9 | 1037.6 | 35.6 |
| 航空客货运输 | 6832.4 | 6469.8 | 13.5 | 803.1 | 13.9 |
| 通用航空服务 | 131.4 | 131.6 | 0.7 | 24.9 | 0.2 |
| 航空运输辅助活动 | 1116.3 | 1087.2 | 28.7 | 209.6 | 21.6 |
| 管道运输业 | 1653.1 | 970.2 | 10.2 | 137.9 | 146.5 |
| 海底管道运输 | 8.7 | 5.1 | 0.1 | 1.4 | |
| 陆地管道运输 | 1644.3 | 965.2 | 10.2 | 136.6 | 146.5 |
| 多式联运和运输代理业 | 18355.1 | 16769.5 | 19.9 | 1210.4 | 136.0 |
| 多式联运 | 1036.8 | 962.0 | 2.8 | 51.2 | 1.8 |
| 运输代理业 | 17318.2 | 15807.5 | 17.1 | 1159.3 | 134.2 |
| 装卸搬运和仓储业 | 6481.0 | 5528.6 | 45.8 | 816.7 | 43.5 |
| 装卸搬运 | 1625.1 | 1291.5 | 11.0 | 202.4 | 11.3 |
| 通用仓储 | 1763.1 | 1421.4 | 19.9 | 233.7 | 4.3 |
| 低温仓储 | 193.9 | 150.2 | 2.4 | 36.2 | 5.5 |
| 危险品仓储 | 333.4 | 211.6 | 2.5 | 55.6 | 16.2 |
| 谷物、棉花等农产品仓储 | 2068.0 | 2078.5 | 3.7 | 207.3 | 2.9 |
| 中药材仓储 | 2.1 | 1.3 | | 0.5 | |
| 其他仓储业 | 495.5 | 374.0 | 6.4 | 80.9 | 3.2 |
| 邮政业 | 11939.5 | 10928.9 | 19.7 | 721.7 | 73.4 |
| 邮政基本服务 | 2479.8 | 2132.6 | 12.1 | 216.5 | 1.2 |
| 快递服务 | 8599.8 | 7988.8 | 6.5 | 468.0 | 71.7 |
| 其他寄递服务 | 859.9 | 807.6 | 1.1 | 37.2 | 0.5 |

4-35 续表 2

| 行　　业 | 营业利润(亿元) | 利润总额(亿元) | 应付职工薪　酬(亿元) | 应　交增值税(亿元) | 期末用工人数(万人) |
|---|---|---|---|---|---|
| **总　计** | **4277.1** | **4594.1** | **14826.0** | **1816.9** | **885.5** |
| 铁路运输业 | 325.9 | 283.7 | 4180.8 | 450.1 | 180.7 |
| 铁路旅客运输 | 200.4 | 182.9 | 2216.5 | 228.1 | 92.8 |
| 铁路货物运输 | 116.2 | 91.4 | 1943.4 | 220.1 | 86.7 |
| 铁路运输辅助活动 | 9.3 | 9.4 | 20.9 | 1.8 | 1.2 |
| 道路运输业 | 1435.4 | 1647.3 | 4507.2 | 958.6 | 363.4 |
| 城市公共交通运输 | -329.9 | -195.0 | 2120.9 | 124.2 | 150.7 |
| 公路旅客运输 | -7.1 | 21.8 | 257.1 | 21.1 | 30.4 |
| 道路货物运输 | 502.9 | 529.7 | 1389.5 | 613.4 | 134.5 |
| 道路运输辅助活动 | 1269.5 | 1290.8 | 739.7 | 199.9 | 47.8 |
| 水上运输业 | 971.7 | 1001.1 | 735.9 | 68.1 | 31.3 |
| 水上旅客运输 | 21.4 | 22.6 | 38.4 | 2.8 | 2.4 |
| 水上货物运输 | 347.3 | 362.8 | 296.8 | 37.8 | 13.0 |
| 水上运输辅助活动 | 603.0 | 615.7 | 400.7 | 27.5 | 16.0 |
| 航空运输业 | -370.3 | -331.1 | 1642.8 | 48.5 | 60.7 |
| 航空客货运输 | -231.0 | -189.7 | 1146.8 | 20.6 | 37.1 |
| 通用航空服务 | -13.3 | -12.4 | 44.0 | 2.2 | 1.7 |
| 航空运输辅助活动 | -126.0 | -129.0 | 452.0 | 25.8 | 21.9 |
| 管道运输业 | 629.1 | 630.6 | 131.6 | 44.2 | 3.8 |
| 海底管道运输 | 2.3 | 2.3 | 0.1 | | |
| 陆地管道运输 | 626.8 | 628.3 | 131.5 | 44.2 | 3.8 |
| 多式联运和运输代理业 | 552.5 | 574.0 | 1056.0 | 94.6 | 60.3 |
| 多式联运 | 28.1 | 28.8 | 94.5 | 15.8 | 6.9 |
| 运输代理业 | 524.4 | 545.2 | 961.5 | 78.9 | 53.3 |
| 装卸搬运和仓储业 | 362.4 | 407.6 | 784.8 | 84.7 | 58.7 |
| 装卸搬运 | 142.1 | 142.9 | 356.6 | 33.9 | 27.7 |
| 通用仓储 | 109.3 | 114.9 | 219.6 | 25.7 | 16.5 |
| 低温仓储 | 10.9 | 12.0 | 22.0 | 3.2 | 1.7 |
| 危险品仓储 | 79.1 | 79.2 | 34.6 | 5.0 | 2.0 |
| 谷物、棉花等农产品仓储 | -20.8 | 5.9 | 89.3 | 9.0 | 6.3 |
| 中药材仓储 | 0.2 | 0.2 | 0.6 | | 0.1 |
| 其他仓储业 | 41.4 | 52.4 | 62.1 | 8.0 | 4.5 |
| 邮政业 | 370.5 | 380.9 | 1786.8 | 68.0 | 126.7 |
| 邮政基本服务 | 134.0 | 133.0 | 926.6 | 10.6 | 46.6 |
| 快递服务 | 220.4 | 231.1 | 745.2 | 42.8 | 65.0 |
| 其他寄递服务 | 16.1 | 16.9 | 115.0 | 14.7 | 15.0 |

# 4-36　规模以上信息传输、软件和信息技术服务业企业法人单位主要指标

| 行　　业 | 固定资产原　　价（亿元） | 固定资产累计折旧（亿元） | 资产总计（亿元） | 负债合计（亿元） | 所有者权益合计（亿元） |
|---|---|---|---|---|---|
| **总　计** | **64736.2** | **39841.1** | **222850.9** | **115213.6** | **107637.4** |
| 电信、广播电视和卫星传输服务 | 50041.5 | 32425.8 | 70177.2 | 28758.9 | 41418.3 |
| 电信 | 46490.9 | 30353.3 | 65381.9 | 26094.6 | 39287.3 |
| 广播电视传输服务 | 3327.6 | 1953.9 | 4426.0 | 2491.6 | 1934.5 |
| 卫星传输服务 | 222.9 | 118.6 | 369.3 | 172.7 | 196.6 |
| 互联网和相关服务 | 5727.5 | 3158.8 | 55184.0 | 35018.0 | 20166.0 |
| 互联网接入及相关服务 | 441.5 | 269.3 | 928.2 | 600.3 | 327.9 |
| 互联网信息服务 | 2666.6 | 1765.1 | 30844.9 | 16211.9 | 14633.0 |
| 互联网平台 | 708.9 | 377.8 | 16015.8 | 13508.4 | 2507.4 |
| 互联网安全服务 | 17.6 | 9.0 | 280.1 | 134.6 | 145.5 |
| 互联网数据服务 | 1866.0 | 723.8 | 6710.5 | 4359.4 | 2351.2 |
| 其他互联网服务 | 26.9 | 13.7 | 404.6 | 203.5 | 201.1 |
| 软件和信息技术服务业 | 8967.2 | 4256.5 | 97489.6 | 51436.7 | 46053.0 |
| 软件开发 | 4428.5 | 2174.4 | 56266.8 | 29086.2 | 27180.6 |
| 集成电路设计 | 475.8 | 226.6 | 5581.7 | 2306.9 | 3274.8 |
| 信息系统集成和物联网技术服务 | 1060.0 | 498.9 | 14825.0 | 7978.0 | 6847.1 |
| 运行维护服务 | 403.0 | 179.8 | 5162.8 | 2902.2 | 2260.6 |
| 信息处理和存储支持服务 | 1713.1 | 675.7 | 5442.8 | 3497.4 | 1945.4 |
| 信息技术咨询服务 | 666.4 | 377.8 | 7517.7 | 4176.8 | 3340.9 |
| 数字内容服务 | 112.5 | 61.2 | 1537.0 | 834.8 | 702.1 |
| 其他信息技术服务业 | 107.9 | 62.0 | 1155.8 | 654.4 | 501.4 |

4-36 续表 1

| 行 业 | 营业收入(亿元) | 营业成本(亿元) | 税金及附加(亿元) | 费用合计(亿元) | 投资收益(亿元) |
|---|---|---|---|---|---|
| **总 计** | **115908.4** | **73230.4** | **422.9** | **29009.7** | **3524.0** |
| 电信、广播电视和卫星传输服务 | 21943.9 | 15515.1 | 66.7 | 3368.9 | 2145.3 |
| 电信 | 20990.0 | 14783.1 | 63.3 | 3109.3 | 2118.2 |
| 广播电视传输服务 | 890.4 | 686.9 | 3.1 | 240.6 | 26.9 |
| 卫星传输服务 | 63.5 | 45.2 | 0.3 | 19.0 | 0.2 |
| 互联网和相关服务 | 35856.9 | 22345.1 | 134.9 | 9273.8 | 587.4 |
| 互联网接入及相关服务 | 607.0 | 420.7 | 2.3 | 166.3 | 4.1 |
| 互联网信息服务 | 19553.5 | 11930.5 | 98.7 | 4244.6 | 509.1 |
| 互联网平台 | 10916.9 | 6880.7 | 23.9 | 3538.8 | 52.1 |
| 互联网安全服务 | 186.2 | 109.0 | 1.0 | 73.9 | 1.0 |
| 互联网数据服务 | 4264.1 | 2761.2 | 8.3 | 1171.4 | 16.6 |
| 其他互联网服务 | 329.2 | 243.0 | 0.8 | 78.8 | 4.3 |
| 软件和信息技术服务业 | 58107.6 | 35370.2 | 221.3 | 16367.0 | 791.4 |
| 软件开发 | 33163.9 | 16870.0 | 148.1 | 11139.3 | 510.0 |
| 集成电路设计 | 2395.6 | 1677.9 | 8.1 | 898.4 | 18.9 |
| 信息系统集成和物联网技术服务 | 7108.5 | 5439.5 | 25.9 | 1309.4 | 147.1 |
| 运行维护服务 | 2503.0 | 1559.7 | 8.0 | 693.5 | 55.8 |
| 信息处理和存储支持服务 | 5050.8 | 4452.1 | 7.1 | 468.9 | 9.2 |
| 信息技术咨询服务 | 6076.1 | 4129.2 | 17.0 | 1389.4 | 31.4 |
| 数字内容服务 | 786.4 | 535.3 | 3.3 | 215.7 | 12.2 |
| 其他信息技术服务业 | 1023.1 | 706.7 | 3.9 | 252.5 | 6.8 |

4-36　续表 2

| 行　业 | 营业利润（亿元） | 利润总额（亿元） | 应付职工薪酬（亿元） | 应交增值税（亿元） | 期末用工人数（万人） |
|---|---|---|---|---|---|
| **总　计** | **17205.3** | **17222.5** | **19666.9** | **2486.0** | **656.8** |
| 电信、广播电视和卫星传输服务 | 5208.8 | 5268.1 | 3286.7 | 387.2 | 133.6 |
| 电信 | 5234.9 | 5292.7 | 3019.2 | 376.8 | 114.5 |
| 广播电视传输服务 | -22.8 | -21.6 | 254.2 | 9.5 | 18.7 |
| 卫星传输服务 | -3.3 | -3.0 | 13.2 | 0.8 | 0.4 |
| 互联网和相关服务 | 4657.2 | 4526.5 | 3773.4 | 655.6 | 103.0 |
| 互联网接入及相关服务 | 18.2 | 32.1 | 204.9 | 11.4 | 5.0 |
| 互联网信息服务 | 3789.2 | 3627.7 | 1923.1 | 403.4 | 47.9 |
| 互联网平台 | 569.0 | 581.0 | 1085.4 | 199.4 | 32.5 |
| 互联网安全服务 | 4.9 | 5.4 | 69.6 | 7.5 | 2.3 |
| 互联网数据服务 | 263.4 | 267.4 | 427.4 | 27.2 | 12.0 |
| 其他互联网服务 | 12.5 | 12.8 | 63.0 | 6.7 | 3.1 |
| 软件和信息技术服务业 | 7339.3 | 7427.9 | 12606.7 | 1443.2 | 420.2 |
| 软件开发 | 5815.5 | 5876.9 | 8287.9 | 999.2 | 254.2 |
| 集成电路设计 | -142.2 | -136.6 | 661.3 | 42.6 | 12.1 |
| 信息系统集成和物联网技术服务 | 496.6 | 506.7 | 1161.2 | 169.6 | 47.6 |
| 运行维护服务 | 328.1 | 331.7 | 468.9 | 52.5 | 18.5 |
| 信息处理和存储支持服务 | 143.5 | 147.1 | 311.8 | 11.9 | 9.9 |
| 信息技术咨询服务 | 581.2 | 580.6 | 1155.1 | 117.0 | 40.8 |
| 数字内容服务 | 47.9 | 49.8 | 178.8 | 18.2 | 8.0 |
| 其他信息技术服务业 | 68.8 | 71.7 | 381.8 | 32.3 | 29.1 |

# 4-37 规模以上物业管理、房地产中介服务、房地产租赁经营和其他房地产业企业法人单位主要指标

| 行　业 | 固定资产原　价(亿元) | 固定资产累计折旧(亿元) | 资产总计(亿元) | 负债合计(亿元) |
|---|---|---|---|---|
| **总　计** | **21551.6** | **7140.3** | **166477.1** | **103564.4** |
| 房地产业 | 21551.6 | 7140.3 | 166477.1 | 103564.4 |
| 物业管理 | 2575.5 | 998.0 | 19497.2 | 13241.5 |
| 房地产中介服务 | 123.4 | 59.9 | 5884.3 | 4639.7 |
| 房地产租赁经营 | 18723.8 | 6045.7 | 139116.0 | 84607.9 |
| 其他房地产业 | 129.0 | 36.7 | 1979.7 | 1075.3 |

4-37 续表 1

| 行　业 | 所有者权益合计(亿元) | 营业收入(亿元) | 营业成本(亿元) | 税金及附加(亿元) |
|---|---|---|---|---|
| **总　计** | **62912.7** | **17423.5** | **11952.0** | **483.2** |
| 房地产业 | 62912.7 | 17423.5 | 11952.0 | 483.2 |
| 物业管理 | 6255.7 | 8934.3 | 7029.6 | 72.0 |
| 房地产中介服务 | 1244.6 | 1503.6 | 1125.5 | 7.1 |
| 房地产租赁经营 | 54508.1 | 6859.2 | 3700.7 | 400.6 |
| 其他房地产业 | 904.4 | 126.3 | 96.2 | 3.5 |

4-37　续表 2

| 行　业 | 费用合计（亿元） | 投资收益（亿元） | 营业利润（亿元） | 利润总额（亿元） |
|---|---|---|---|---|
| **总　计** | **4242.5** | **1677.9** | **2518.1** | **2657.7** |
| 房地产业 | 4242.5 | 1677.9 | 2518.1 | 2657.7 |
| 物业管理 | 1341.7 | 90.8 | 527.6 | 568.3 |
| 房地产中介服务 | 311.3 | 138.6 | 179.8 | 184.0 |
| 房地产租赁经营 | 2572.4 | 1424.2 | 1776.4 | 1870.0 |
| 其他房地产业 | 17.2 | 24.3 | 34.4 | 35.4 |

4-37　续表 3

| 行　业 | 应付职工薪　酬（亿元） | 应　交增值税（亿元） | 期末用工人数（万人） |
|---|---|---|---|
| **总　计** | **4259.4** | **597.2** | **474.4** |
| 房地产业 | 4259.4 | 597.2 | 474.4 |
| 物业管理 | 3068.2 | 299.7 | 407.0 |
| 房地产中介服务 | 456.5 | 51.2 | 27.3 |
| 房地产租赁经营 | 723.7 | 244.2 | 39.6 |
| 其他房地产业 | 11.0 | 2.1 | 0.6 |

# 4-38 规模以上租赁和商务服务业企业法人单位主要指标

| 行业 | 固定资产原价(亿元) | 固定资产累计折旧(亿元) | 资产总计(亿元) | 负债合计(亿元) | 所有者权益合计(亿元) |
|---|---|---|---|---|---|
| **总计** | **33692.0** | **10319.8** | **492463.7** | **252115.9** | **240347.9** |
| 租赁业 | 5322.9 | 2206.9 | 9802.3 | 7008.9 | 2793.3 |
| 机械设备经营租赁 | 5209.6 | 2136.7 | 9473.1 | 6770.3 | 2702.8 |
| 文体设备和用品出租 | 83.9 | 57.9 | 186.8 | 133.1 | 53.7 |
| 日用品出租 | 29.3 | 12.3 | 142.3 | 105.5 | 36.8 |
| 商务服务业 | 28369.2 | 8113.0 | 482661.5 | 245106.9 | 237554.6 |
| 组织管理服务 | 18989.4 | 4718.5 | 402647.6 | 193629.2 | 209018.4 |
| 综合管理服务 | 5694.1 | 1850.6 | 29974.1 | 20055.5 | 9918.6 |
| 法律服务 | 114.0 | 65.0 | 831.9 | 510.0 | 321.9 |
| 咨询与调查 | 726.1 | 300.7 | 19337.0 | 12463.8 | 6873.2 |
| 广告业 | 538.8 | 297.0 | 9545.9 | 6307.5 | 3238.5 |
| 人力资源服务 | 383.5 | 134.6 | 6195.8 | 3847.4 | 2348.4 |
| 安全保护服务 | 352.8 | 195.6 | 2015.9 | 977.6 | 1038.4 |
| 会议、展览及相关服务 | 928.4 | 336.1 | 3573.2 | 1986.7 | 1586.5 |
| 其他商务服务业 | 642.2 | 215.0 | 8539.9 | 5329.3 | 3210.7 |

4-38　续表 1

| 行　　业 | 营业收入（亿元） | 营业成本（亿元） | 税金及附加（亿元） | 费用合计（亿元） | 投资收益（亿元） |
|---|---|---|---|---|---|
| **总　计** | **70270.0** | **56945.3** | **505.1** | **12440.4** | **11529.5** |
| 租赁业 | 2503.2 | 1980.6 | 14.2 | 422.5 | 20.4 |
| 机械设备经营租赁 | 2378.8 | 1887.0 | 13.5 | 396.0 | 19.8 |
| 文体设备和用品出租 | 76.6 | 61.3 | 0.4 | 12.1 | 0.3 |
| 日用品出租 | 47.8 | 32.2 | 0.3 | 14.4 | 0.3 |
| 商务服务业 | 67766.7 | 54964.7 | 490.9 | 12017.9 | 11509.1 |
| 组织管理服务 | 10701.6 | 6824.6 | 182.2 | 4983.7 | 10665.9 |
| 综合管理服务 | 5190.9 | 3621.0 | 109.7 | 1150.9 | 319.2 |
| 法律服务 | 1175.6 | 525.4 | 8.3 | 414.7 | 1.5 |
| 咨询与调查 | 5610.0 | 3467.8 | 25.4 | 1833.0 | 329.4 |
| 广告业 | 14624.4 | 13001.1 | 68.4 | 1221.1 | 37.9 |
| 人力资源服务 | 19798.3 | 18700.3 | 56.2 | 925.8 | 63.9 |
| 安全保护服务 | 2909.2 | 2467.0 | 7.4 | 337.0 | 7.1 |
| 会议、展览及相关服务 | 1172.1 | 816.7 | 10.8 | 258.3 | 11.8 |
| 其他商务服务业 | 6584.6 | 5540.9 | 22.5 | 893.4 | 72.2 |

4-38 续表 2

| 行业 | 营业利润(亿元) | 利润总额(亿元) | 应付职工薪酬(亿元) | 应交增值税(亿元) | 期末用工人数(万人) |
|---|---|---|---|---|---|
| **总计** | **12178.6** | **13469.8** | **15217.2** | **1547.4** | **1414.1** |
| 租赁业 | 97.0 | 102.2 | 233.3 | 75.3 | 18.9 |
| 机械设备经营租赁 | 92.5 | 96.9 | 220.5 | 69.5 | 18.1 |
| 文体设备和用品出租 | 3.0 | 3.4 | 7.6 | 4.6 | 0.4 |
| 日用品出租 | 1.5 | 1.9 | 5.2 | 1.2 | 0.3 |
| 商务服务业 | 12081.7 | 13367.6 | 14983.9 | 1472.2 | 1395.2 |
| 组织管理服务 | 9554.0 | 10712.5 | 2090.3 | 285.6 | 79.5 |
| 综合管理服务 | 652.0 | 680.3 | 574.9 | 129.1 | 39.3 |
| 法律服务 | 228.9 | 233.0 | 366.5 | 59.9 | 20.9 |
| 咨询与调查 | 587.7 | 604.5 | 2078.6 | 186.2 | 85.7 |
| 广告业 | 402.0 | 412.9 | 713.0 | 86.5 | 33.0 |
| 人力资源服务 | 230.7 | 278.7 | 6586.1 | 492.9 | 777.6 |
| 安全保护服务 | 108.5 | 112.9 | 1863.2 | 46.2 | 311.4 |
| 会议、展览及相关服务 | 104.7 | 110.6 | 149.2 | 28.8 | 9.2 |
| 其他商务服务业 | 213.1 | 222.2 | 562.0 | 156.9 | 38.6 |

# 4-39　规模以上科学研究和技术服务业企业法人单位主要指标

| 行　　业 | 固定资产原　价（亿元） | 固定资产累计折旧（亿元） | 资产总计（亿元） | 负债合计（亿元） | 所有者权益合计（亿元） |
|---|---|---|---|---|---|
| **总　计** | **11937.2** | **5409.1** | **97631.4** | **54959.1** | **42672.3** |
| 研究和试验发展 | 2587.0 | 1084.1 | 15890.5 | 8317.3 | 7573.3 |
| 自然科学研究和试验发展 | 41.1 | 24.1 | 288.2 | 106.2 | 182.0 |
| 工程和技术研究和试验发展 | 1711.8 | 757.9 | 10581.8 | 5870.9 | 4710.9 |
| 农业科学研究和试验发展 | 30.8 | 13.3 | 132.6 | 69.4 | 63.3 |
| 医学研究和试验发展 | 800.4 | 288.0 | 4882.1 | 2268.1 | 2614.0 |
| 社会人文科学研究 | 2.9 | 0.7 | 5.8 | 2.7 | 3.1 |
| 专业技术服务业 | 7479.1 | 3593.9 | 65315.9 | 37291.2 | 28024.8 |
| 气象服务 | 3.7 | 3.1 | 34.1 | 20.6 | 13.5 |
| 地震服务 | 0.3 | 0.2 | 3.1 | 0.8 | 2.3 |
| 海洋服务 | 14.6 | 7.2 | 69.6 | 33.8 | 35.8 |
| 测绘地理信息服务 | 104.0 | 59.9 | 460.5 | 208.5 | 252.0 |
| 质检技术服务 | 1539.5 | 737.3 | 4876.0 | 2065.3 | 2810.7 |
| 环境与生态监测检测服务 | 149.5 | 77.7 | 545.5 | 247.8 | 297.8 |
| 地质勘查 | 1656.5 | 939.0 | 2746.4 | 1241.4 | 1505.0 |
| 工程技术与设计服务 | 3369.5 | 1467.9 | 52093.4 | 31151.3 | 20942.1 |
| 工业与专业设计及其他专业技术服务 | 641.6 | 301.7 | 4487.3 | 2321.8 | 2165.5 |
| 科技推广和应用服务业 | 1871.1 | 731.1 | 16425.0 | 9350.7 | 7074.3 |
| 技术推广服务 | 1419.8 | 561.9 | 10711.4 | 5664.0 | 5047.3 |
| 知识产权服务 | 106.0 | 40.8 | 3022.2 | 2056.3 | 965.9 |
| 科技中介服务 | 24.4 | 11.3 | 275.9 | 112.1 | 163.8 |
| 创业空间服务 | 200.2 | 67.9 | 1704.5 | 1174.5 | 530.0 |
| 其他科技推广服务业 | 120.7 | 49.3 | 711.0 | 343.7 | 367.2 |

4-39 续表 1

| 行　业 | 营业收入(亿元) | 营业成本(亿元) | 税金及附加(亿元) | 费用合计(亿元) | 投资收益(亿元) |
|---|---|---|---|---|---|
| **总　计** | **39777.2** | **30312.3** | **177.2** | **7137.7** | **1574.9** |
| 研究和试验发展 | 5226.9 | 3640.3 | 25.3 | 1540.1 | 245.5 |
| 自然科学研究和试验发展 | 61.7 | 42.1 | 0.5 | 26.6 | 10.9 |
| 工程和技术研究和试验发展 | 3441.7 | 2612.6 | 17.5 | 837.9 | 203.3 |
| 农业科学研究和试验发展 | 54.7 | 37.5 | 0.2 | 14.2 | 0.2 |
| 医学研究和试验发展 | 1667.3 | 947.2 | 7.1 | 660.8 | 31.1 |
| 社会人文科学研究 | 1.4 | 0.9 | | 0.6 | |
| 专业技术服务业 | 29768.8 | 23223.1 | 128.8 | 4507.0 | 795.0 |
| 气象服务 | 12.4 | 8.3 | 0.1 | 3.6 | 1.0 |
| 地震服务 | 1.2 | 0.8 | | 0.5 | |
| 海洋服务 | 46.7 | 33.2 | 0.1 | 7.5 | 0.2 |
| 测绘地理信息服务 | 290.3 | 190.0 | 1.4 | 80.7 | 0.6 |
| 质检技术服务 | 2800.3 | 1665.7 | 13.8 | 751.4 | 41.7 |
| 环境与生态监测检测服务 | 272.3 | 168.9 | 1.2 | 84.7 | 2.3 |
| 地质勘查 | 1460.7 | 1246.5 | 6.2 | 139.4 | 54.7 |
| 工程技术与设计服务 | 22177.2 | 17899.3 | 94.9 | 2921.1 | 636.0 |
| 工业与专业设计及其他专业技术服务 | 2707.7 | 2010.2 | 11.0 | 518.2 | 58.3 |
| 科技推广和应用服务业 | 4781.4 | 3448.9 | 23.1 | 1090.5 | 534.4 |
| 技术推广服务 | 3821.9 | 2837.8 | 15.0 | 819.5 | 149.8 |
| 知识产权服务 | 494.3 | 278.4 | 2.5 | 151.4 | 376.2 |
| 科技中介服务 | 98.5 | 72.3 | 0.5 | 22.5 | 1.2 |
| 创业空间服务 | 143.4 | 107.7 | 3.8 | 37.2 | 2.7 |
| 其他科技推广服务业 | 223.3 | 152.8 | 1.2 | 59.9 | 4.6 |

4-39　续表 2

| 行　业 | 营业利润(亿元) | 利润总额(亿元) | 应付职工薪　酬(亿元) | 应　交增值税(亿元) | 期末用工人数(万人) |
|---|---|---|---|---|---|
| **总　计** | **3636.8** | **3684.9** | **8873.1** | **944.0** | **405.1** |
| 研究和试验发展 | 309.3 | 323.1 | 1513.3 | 84.3 | 45.6 |
| 自然科学研究和试验发展 | 6.6 | 7.1 | 20.2 | 1.6 | 0.5 |
| 工程和技术研究和试验发展 | 213.2 | 223.6 | 914.1 | 56.2 | 24.3 |
| 农业科学研究和试验发展 | 3.6 | 3.9 | 9.6 | 0.3 | 0.6 |
| 医学研究和试验发展 | 85.6 | 88.0 | 568.8 | 26.2 | 20.1 |
| 社会人文科学研究 | 0.5 | 0.5 | 0.6 | 0.1 | |
| 专业技术服务业 | 2570.9 | 2600.0 | 6371.9 | 744.1 | 320.1 |
| 气象服务 | 1.4 | 1.4 | 3.2 | 0.8 | 0.1 |
| 地震服务 | | | 0.4 | | |
| 海洋服务 | 5.9 | 6.1 | 10.0 | 0.7 | 0.5 |
| 测绘地理信息服务 | 17.2 | 18.3 | 89.1 | 10.2 | 6.1 |
| 质检技术服务 | 418.9 | 427.6 | 867.9 | 84.7 | 52.3 |
| 环境与生态监测检测服务 | 19.0 | 20.2 | 82.3 | 8.6 | 6.6 |
| 地质勘查 | 112.7 | 114.2 | 362.3 | 34.2 | 15.0 |
| 工程技术与设计服务 | 1775.7 | 1787.0 | 4344.9 | 539.4 | 211.3 |
| 工业与专业设计及其他专业技术服务 | 220.2 | 225.2 | 611.7 | 65.4 | 28.2 |
| 科技推广和应用服务业 | 756.6 | 761.9 | 987.9 | 115.6 | 39.4 |
| 技术推广服务 | 298.4 | 310.4 | 781.7 | 87.9 | 31.0 |
| 知识产权服务 | 438.8 | 432.7 | 118.1 | 14.3 | 4.9 |
| 科技中介服务 | 4.9 | 5.3 | 24.4 | 2.2 | 1.0 |
| 创业空间服务 | -0.8 | -1.9 | 13.4 | 4.8 | 0.7 |
| 其他科技推广服务业 | 15.2 | 15.3 | 50.3 | 6.3 | 1.9 |

# 4-40 规模以上水利、环境和公共设施管理业企业法人单位主要指标

| 行　业 | 固定资产原　价(亿元) | 固定资产累计折旧(亿元) | 资产总计(亿元) | 负债合计(亿元) | 所有者权益合计(亿元) |
|---|---|---|---|---|---|
| **总　计** | **12891.7** | **3399.5** | **108663.3** | **64165.0** | **44498.3** |
| 水利管理业 | 3585.4 | 842.7 | 6459.8 | 2347.6 | 4112.2 |
| 防洪除涝设施管理 | 20.2 | 4.2 | 759.7 | 409.1 | 350.6 |
| 水资源管理 | 1968.8 | 515.3 | 2831.2 | 832.2 | 1999.0 |
| 天然水收集与分配 | 1269.8 | 295.7 | 1927.7 | 698.4 | 1229.3 |
| 水文服务 | 16.9 | 2.2 | 194.3 | 92.7 | 101.6 |
| 其他水利管理业 | 309.6 | 25.2 | 746.9 | 315.2 | 431.7 |
| 生态保护和环境治理业 | 1490.8 | 519.5 | 5230.4 | 3098.7 | 2131.8 |
| 生态保护 | 178.0 | 87.4 | 666.5 | 454.8 | 211.8 |
| 环境治理业 | 1312.8 | 432.1 | 4563.9 | 2643.9 | 1920.0 |
| 公共设施管理业 | 5566.0 | 1661.8 | 30688.1 | 18581.5 | 12106.6 |
| 市政设施管理 | 1918.5 | 425.0 | 14111.4 | 8501.3 | 5610.2 |
| 环境卫生管理 | 1012.6 | 428.7 | 4486.4 | 2475.2 | 2011.2 |
| 城乡市容管理 | 43.3 | 9.4 | 764.4 | 424.8 | 339.6 |
| 绿化管理 | 207.3 | 64.2 | 1685.4 | 1172.1 | 513.3 |
| 城市公园管理 | 137.3 | 54.5 | 766.4 | 427.0 | 339.3 |
| 游览景区管理 | 2247.0 | 680.0 | 8874.1 | 5581.2 | 3292.9 |
| 土地管理业 | 2249.4 | 375.4 | 66285.0 | 40137.2 | 26147.8 |
| 土地整治服务 | 1615.5 | 237.8 | 40100.7 | 23517.0 | 16583.7 |
| 土地调查评估服务 | 0.5 | 0.3 | 30.9 | 21.6 | 9.3 |
| 土地登记代理服务 | 0.2 | 0.1 | 0.7 | 0.2 | 0.5 |
| 其他土地管理服务 | 633.3 | 137.3 | 26152.7 | 16598.4 | 9554.3 |

4-40　续表 1

| 行　业 | 营业收入(亿元) | 营业成本(亿元) | 税金及附加(亿元) | 费用合计(亿元) | 投资收益(亿元) |
|---|---|---|---|---|---|
| **总　计** | **6625.9** | **4853.0** | **123.6** | **1251.3** | **180.0** |
| 水利管理业 | 332.3 | 253.2 | 3.4 | 78.7 | 13.0 |
| 防洪除涝设施管理 | 24.4 | 14.3 | 0.3 | 12.4 | 5.5 |
| 水资源管理 | 156.8 | 130.5 | 1.5 | 29.7 | 6.9 |
| 天然水收集与分配 | 106.6 | 79.6 | 1.4 | 26.5 | 0.1 |
| 水文服务 | 7.0 | 4.3 |  | 1.7 |  |
| 其他水利管理业 | 37.4 | 24.6 | 0.3 | 8.5 | 0.5 |
| 生态保护和环境治理业 | 1223.2 | 898.3 | 8.4 | 249.9 | 27.9 |
| 生态保护 | 81.6 | 39.7 | 0.9 | 46.5 | 0.4 |
| 环境治理业 | 1141.6 | 858.6 | 7.5 | 203.4 | 27.6 |
| 公共设施管理业 | 3544.9 | 2688.7 | 29.2 | 633.8 | 83.8 |
| 市政设施管理 | 787.5 | 616.7 | 7.7 | 116.6 | 37.5 |
| 环境卫生管理 | 1442.0 | 1176.9 | 7.1 | 187.6 | 39.0 |
| 城乡市容管理 | 63.7 | 48.2 | 0.5 | 9.0 | 0.2 |
| 绿化管理 | 560.2 | 479.1 | 2.5 | 60.2 | 3.2 |
| 城市公园管理 | 71.2 | 51.4 | 0.9 | 20.4 | 1.0 |
| 游览景区管理 | 620.3 | 316.5 | 10.4 | 239.9 | 2.9 |
| 土地管理业 | 1525.5 | 1012.7 | 82.5 | 288.9 | 55.3 |
| 土地整治服务 | 860.4 | 602.7 | 26.5 | 139.4 | 30.0 |
| 土地调查评估服务 | 2.9 | 1.9 |  | 0.9 |  |
| 土地登记代理服务 | 1.0 | 0.6 |  | 0.3 |  |
| 其他土地管理服务 | 661.2 | 407.6 | 56.0 | 148.4 | 25.3 |

4-40 续表 2

| 行业 | 营业利润（亿元） | 利润总额（亿元） | 应付职工薪酬（亿元） | 应交增值税（亿元） | 期末用工人数（万人） |
|---|---|---|---|---|---|
| **总计** | **741.7** | **839.9** | **1210.6** | **163.0** | **171.5** |
| 水利管理业 | 9.2 | 10.4 | 50.2 | 6.9 | 2.4 |
| 防洪除涝设施管理 | 2.3 | 2.4 | 5.5 | 0.9 | 0.3 |
| 水资源管理 | -0.1 | 0.8 | 22.3 | 3.2 | 0.9 |
| 天然水收集与分配 | 0.5 | 0.8 | 14.2 | 1.6 | 0.8 |
| 水文服务 | 2.0 | 2.0 | 0.4 | | |
| 其他水利管理业 | 4.4 | 4.3 | 7.8 | 1.1 | 0.4 |
| 生态保护和环境治理业 | 106.9 | 124.3 | 168.7 | 28.3 | 11.2 |
| 生态保护 | 13.7 | 30.5 | 16.8 | 2.6 | 1.4 |
| 环境治理业 | 93.2 | 93.8 | 151.9 | 25.7 | 9.8 |
| 公共设施管理业 | 327.1 | 339.0 | 934.5 | 94.3 | 155.2 |
| 市政设施管理 | 103.8 | 105.5 | 90.3 | 20.4 | 5.8 |
| 环境卫生管理 | 120.1 | 123.2 | 577.8 | 35.8 | 119.8 |
| 城乡市容管理 | 6.4 | 6.6 | 21.7 | 1.5 | 3.3 |
| 绿化管理 | 19.8 | 20.4 | 87.5 | 15.9 | 10.7 |
| 城市公园管理 | 4.5 | 6.0 | 19.0 | 2.1 | 1.8 |
| 游览景区管理 | 72.5 | 77.3 | 138.2 | 18.5 | 13.9 |
| 土地管理业 | 298.5 | 366.2 | 57.2 | 33.5 | 2.6 |
| 土地整治服务 | 186.6 | 248.3 | 29.3 | 17.7 | 1.3 |
| 土地调查评估服务 | 0.2 | 0.2 | 1.0 | 0.1 | 0.1 |
| 土地登记代理服务 | 0.2 | 0.2 | 0.4 | | 0.1 |
| 其他土地管理服务 | 111.5 | 117.6 | 26.6 | 15.6 | 1.1 |

# 4-41　规模以上居民服务、修理和其他服务业企业法人单位主要指标

| 行　　业 | 固定资产原　　价(亿元) | 固定资产累计折旧(亿元) | 资产总计(亿元) | 负债合计(亿元) | 所 有 者权益合计(亿元) |
|---|---|---|---|---|---|
| **总　计** | **977.6** | **430.0** | **4392.2** | **3101.6** | **1290.6** |
| 居民服务业 | 569.6 | 234.4 | 2661.6 | 1932.6 | 729.0 |
| 家庭服务 | 15.3 | 5.9 | 106.9 | 94.0 | 13.0 |
| 托儿所服务 | 2.3 | 0.8 | 7.8 | 6.9 | 0.8 |
| 洗染服务 | 39.5 | 17.9 | 107.5 | 104.3 | 3.2 |
| 理发及美容服务 | 21.6 | 12.3 | 108.3 | 102.0 | 6.3 |
| 洗浴和保健养生服务 | 142.4 | 54.0 | 454.7 | 417.1 | 37.6 |
| 摄影扩印服务 | 15.9 | 8.4 | 73.7 | 61.5 | 12.2 |
| 婚姻服务 | 7.0 | 3.2 | 45.5 | 42.9 | 2.6 |
| 殡葬服务 | 293.1 | 118.4 | 1564.7 | 966.5 | 598.2 |
| 其他居民服务业 | 32.4 | 13.5 | 192.5 | 137.4 | 55.1 |
| 机动车、电子产品和日用产品修理业 | 174.2 | 85.6 | 844.3 | 606.5 | 237.8 |
| 汽车、摩托车等修理与维护 | 154.1 | 74.3 | 599.5 | 440.7 | 158.8 |
| 计算机和办公设备维修 | 11.5 | 6.1 | 101.3 | 64.3 | 37.1 |
| 家用电器修理 | 6.0 | 3.7 | 115.8 | 83.8 | 32.0 |
| 其他日用产品修理业 | 2.6 | 1.4 | 27.6 | 17.7 | 9.9 |
| 其他服务业 | 233.8 | 110.0 | 886.3 | 562.5 | 323.8 |
| 清洁服务 | 182.9 | 92.7 | 714.0 | 428.2 | 285.8 |
| 宠物服务 | 4.6 | 2.8 | 46.1 | 42.5 | 3.6 |
| 其他未列明服务业 | 46.3 | 14.5 | 126.2 | 91.8 | 34.4 |

4-41 续表 1

| 行　业 | 营业收入(亿元) | 营业成本(亿元) | 税金及附加(亿元) | 费用合计(亿元) | 投资收益(亿元) |
|---|---|---|---|---|---|
| **总　计** | **3361.4** | **2398.2** | **16.4** | **754.0** | **15.6** |
| 居民服务业 | 1333.1 | 813.4 | 6.2 | 383.9 | 6.1 |
| 家庭服务 | 152.6 | 112.3 | 0.8 | 36.1 | 0.3 |
| 托儿所服务 | 7.4 | 4.9 | 0.1 | 1.9 | |
| 洗染服务 | 71.9 | 49.8 | 0.3 | 23.9 | 0.1 |
| 理发及美容服务 | 88.1 | 45.2 | 0.3 | 42.0 | 0.6 |
| 洗浴和保健养生服务 | 155.5 | 75.1 | 1.0 | 80.3 | |
| 摄影扩印服务 | 76.5 | 44.2 | 0.3 | 29.9 | 0.4 |
| 婚姻服务 | 56.5 | 37.2 | 0.1 | 18.7 | 0.2 |
| 殡葬服务 | 412.4 | 173.6 | 2.4 | 115.8 | 1.2 |
| 其他居民服务业 | 312.2 | 271.1 | 1.0 | 35.2 | 3.1 |
| 机动车、电子产品和日用产品修理业 | 963.5 | 741.1 | 4.7 | 182.8 | 7.0 |
| 汽车、摩托车等修理与维护 | 571.5 | 425.1 | 2.8 | 119.9 | 5.8 |
| 计算机和办公设备维修 | 122.0 | 95.0 | 0.3 | 22.7 | 0.2 |
| 家用电器修理 | 237.6 | 196.1 | 1.4 | 34.5 | 1.0 |
| 其他日用产品修理业 | 32.4 | 24.9 | 0.1 | 5.6 | |
| 其他服务业 | 1064.8 | 843.7 | 5.5 | 187.4 | 2.5 |
| 清洁服务 | 959.3 | 756.0 | 4.9 | 170.0 | 2.3 |
| 宠物服务 | 17.0 | 12.3 | | 6.8 | |
| 其他未列明服务业 | 88.5 | 75.4 | 0.6 | 10.5 | 0.2 |

4-41 续表 2

| 行 业 | 营业利润(亿元) | 利润总额(亿元) | 应付职工薪酬(亿元) | 应交增值税(亿元) | 期末用工人数(万人) |
|---|---|---|---|---|---|
| **总 计** | **218.8** | **227.5** | **1070.9** | **93.1** | **163.7** |
| 居民服务业 | 138.3 | 140.9 | 387.8 | 23.6 | 47.9 |
| 家庭服务 | 4.1 | 4.2 | 76.6 | 2.6 | 12.5 |
| 托儿所服务 | 0.5 | 0.4 | 2.0 | 0.1 | 0.3 |
| 洗染服务 | -1.8 | -1.5 | 20.8 | 1.3 | 2.8 |
| 理发及美容服务 | 1.4 | 1.0 | 28.2 | 1.6 | 2.1 |
| 洗浴和保健养生服务 | -0.5 | 0.4 | 44.7 | 3.0 | 6.2 |
| 摄影扩印服务 | 2.5 | 3.1 | 30.1 | 1.6 | 2.4 |
| 婚姻服务 | 0.7 | 1.1 | 8.2 | 0.6 | 0.6 |
| 殡葬服务 | 123.0 | 123.3 | 61.2 | 4.4 | 4.9 |
| 其他居民服务业 | 8.4 | 8.8 | 116.0 | 8.3 | 16.1 |
| 机动车、电子产品和日用产品修理业 | 48.2 | 51.7 | 159.6 | 32.2 | 14.9 |
| 汽车、摩托车等修理与维护 | 32.2 | 34.9 | 96.8 | 16.9 | 10.4 |
| 计算机和办公设备维修 | 3.9 | 4.1 | 23.0 | 2.9 | 1.9 |
| 家用电器修理 | 10.2 | 10.6 | 31.0 | 10.6 | 2.0 |
| 其他日用产品修理业 | 1.9 | 2.1 | 8.7 | 1.8 | 0.7 |
| 其他服务业 | 32.3 | 34.9 | 523.4 | 37.3 | 100.9 |
| 清洁服务 | 32.4 | 34.8 | 477.7 | 34.8 | 97.9 |
| 宠物服务 | -2.5 | -2.9 | 8.2 | 0.1 | 0.7 |
| 其他未列明服务业 | 2.4 | 3.0 | 37.6 | 2.4 | 2.3 |

# 4-42 规模以上教育企业法人单位分行业主要指标

| 行业 | 固定资产原价(亿元) | 固定资产累计折旧(亿元) | 资产总计(亿元) | 负债合计(亿元) | 所有者权益合计(亿元) | 营业收入(亿元) | 营业成本(亿元) | 税金及附加(亿元) |
|---|---|---|---|---|---|---|---|---|
| **总 计** | **2552.6** | **880.3** | **5628.6** | **4338.1** | **1290.6** | **2642.6** | **1594.1** | **9.0** |
| 学前教育 | 48.4 | 16.3 | 119.1 | 73.2 | 45.9 | 71.2 | 47.6 | 0.3 |
| 初等教育 | 287.4 | 87.5 | 382.3 | 333.3 | 49.0 | 187.1 | 141.9 | 0.2 |
| 中等教育 | 1045.5 | 318.9 | 1528.7 | 1167.9 | 360.7 | 670.3 | 476.1 | 0.8 |
| 高等教育 | 514.3 | 148.1 | 689.5 | 432.6 | 256.9 | 156.6 | 101.3 | 0.4 |
| 特殊教育 | 0.2 | 0.1 | 7.3 | 3.9 | 3.4 | 2.4 | 1.3 | |
| 技能培训、教育辅助及其他教育 | 656.8 | 309.4 | 2901.7 | 2327.1 | 574.6 | 1555.0 | 826.0 | 7.4 |

4-42 续表

| 行业 | 费用合计(亿元) | 投资收益(亿元) | 营业利润(亿元) | 利润总额(亿元) | 应付职工薪酬(亿元) | 应交增值税(亿元) | 期末用工人数(万人) |
|---|---|---|---|---|---|---|---|
| **总 计** | **900.4** | **7.5** | **149.3** | **150.6** | **1051.4** | **45.2** | **84.2** |
| 学前教育 | 19.1 | 0.4 | 5.6 | 6.5 | 32.5 | 0.5 | 3.9 |
| 初等教育 | 49.4 | | -3.8 | -2.5 | 102.5 | 0.6 | 10.0 |
| 中等教育 | 184.1 | -0.1 | 11.7 | 14.0 | 345.3 | 3.1 | 31.1 |
| 高等教育 | 39.6 | 0.3 | 18.6 | 18.6 | 50.5 | 1.9 | 4.2 |
| 特殊教育 | 1.4 | 0.1 | -0.2 | -0.2 | 1.6 | 0.1 | 0.1 |
| 技能培训、教育辅助及其他教育 | 606.8 | 6.8 | 117.4 | 114.3 | 518.9 | 39.0 | 34.9 |

# 4-43　规模以上卫生和社会工作企业法人单位分行业主要指标

| 行　业 | 固定资产原　价(亿元) | 固定资产累计折旧(亿元) | 资产总计(亿元) | 负债合计(亿元) | 所有者权益合计(亿元) | 营业收入(亿元) | 营业成本(亿元) | 税金及附加(亿元) |
|---|---|---|---|---|---|---|---|---|
| **总　计** | **4200.5** | **1776.4** | **9099.3** | **6638.0** | **2461.3** | **6432.3** | **4577.2** | **11.3** |
| 卫生 | 3905.1 | 1705.1 | 8211.2 | 6007.5 | 2203.7 | 6215.9 | 4416.6 | 10.7 |
| 医院 | 3527.4 | 1510.9 | 6444.6 | 4745.9 | 1698.8 | 4952.0 | 3610.3 | 9.3 |
| 基层医疗卫生服务 | 71.6 | 41.6 | 322.6 | 293.3 | 29.3 | 435.1 | 268.7 | 0.2 |
| 专业公共卫生服务 | 42.9 | 17.4 | 71.1 | 54.7 | 16.5 | 97.7 | 81.3 | 0.4 |
| 其他卫生活动 | 263.2 | 135.1 | 1372.8 | 913.7 | 459.2 | 731.1 | 456.3 | 0.8 |
| 社会工作 | 295.4 | 71.3 | 888.1 | 630.4 | 257.6 | 216.4 | 160.6 | 0.6 |
| 提供住宿社会工作 | 278.7 | 67.1 | 846.8 | 591.6 | 255.2 | 203.9 | 151.1 | 0.6 |
| 不提供住宿社会工作 | 16.7 | 4.2 | 41.3 | 38.9 | 2.4 | 12.5 | 9.5 | |

4-43　续表

| 行　业 | 费用合计(亿元) | 投资收益(亿元) | 营业利润(亿元) | 利润总额(亿元) | 应付职工薪　酬(亿元) | 应　交增值税(亿元) | 期末用工人数(万人) |
|---|---|---|---|---|---|---|---|
| **总　计** | **1655.3** | **58.2** | **237.6** | **226.6** | **1952.1** | **18.5** | **151.2** |
| 卫生 | 1586.4 | 57.7 | 245.8 | 231.6 | 1858.8 | 17.1 | 138.1 |
| 医院 | 1184.2 | 30.5 | 177.0 | 163.8 | 1549.4 | 9.3 | 117.6 |
| 基层医疗卫生服务 | 151.5 | 0.5 | 15.1 | 15.6 | 101.7 | 1.5 | 6.5 |
| 专业公共卫生服务 | 13.3 | 0.1 | 2.7 | 2.6 | 18.6 | 2.3 | 1.4 |
| 其他卫生活动 | 237.4 | 26.7 | 51.0 | 49.5 | 189.2 | 4.0 | 12.7 |
| 社会工作 | 68.9 | 0.5 | -8.2 | -5.0 | 93.3 | 1.5 | 13.1 |
| 提供住宿社会工作 | 64.4 | 0.4 | -7.6 | -4.4 | 86.6 | 1.4 | 12.0 |
| 不提供住宿社会工作 | 4.5 | 0.1 | -0.6 | -0.6 | 6.7 | 0.1 | 1.1 |

# 4-44 规模以上文化、体育和娱乐业法人单位主要指标

| 行业 | 固定资产原价(亿元) | 固定资产累计折旧(亿元) | 资产总计(亿元) | 负债合计(亿元) | 所有者权益合计(亿元) |
|---|---|---|---|---|---|
| **总计** | **7020.4** | **2661.5** | **30764.2** | **17263.0** | **13501.2** |
| 新闻和出版业 | 767.8 | 395.1 | 6360.5 | 2413.5 | 3947.0 |
| 新闻业 | 31.7 | 19.8 | 114.0 | 45.6 | 68.4 |
| 出版业 | 736.1 | 375.3 | 6246.4 | 2367.9 | 3878.6 |
| 广播、电视、电影和录音制作业 | 1172.6 | 670.3 | 9098.7 | 4207.2 | 4891.5 |
| 广播 | 8.1 | 4.5 | 44.0 | 23.5 | 20.4 |
| 电视 | 521.6 | 275.2 | 2677.4 | 571.5 | 2105.9 |
| 影视节目制作 | 202.1 | 107.6 | 4144.6 | 2197.0 | 1947.6 |
| 广播电视集成播控 | 81.3 | 49.7 | 629.8 | 303.0 | 326.8 |
| 电影和广播电视节目发行 | 58.4 | 39.6 | 829.8 | 406.4 | 423.4 |
| 电影放映 | 300.2 | 193.1 | 752.2 | 697.5 | 54.7 |
| 录音制作 | 0.9 | 0.6 | 21.0 | 8.3 | 12.7 |
| 文化艺术业 | 766.5 | 219.7 | 3244.0 | 1815.1 | 1428.9 |
| 文艺创作与表演 | 324.4 | 99.7 | 1006.6 | 619.7 | 386.9 |
| 艺术表演场馆 | 181.7 | 49.5 | 390.4 | 245.4 | 145.0 |
| 图书馆与档案馆 | 6.5 | 2.6 | 34.6 | 16.2 | 18.5 |
| 文物及非物质文化遗产保护 | 158.1 | 45.3 | 833.9 | 510.6 | 323.3 |
| 博物馆 | 29.9 | 5.8 | 140.7 | 105.6 | 35.1 |
| 烈士陵园、纪念馆 | 3.0 | 0.5 | 6.5 | 2.7 | 3.8 |
| 群众文体活动 | 16.6 | 6.5 | 528.1 | 120.0 | 408.0 |
| 其他文化艺术业 | 46.4 | 9.8 | 303.2 | 195.0 | 108.3 |
| 体育 | 893.6 | 356.7 | 3374.2 | 2768.7 | 605.5 |
| 体育组织 | 92.2 | 32.2 | 405.8 | 598.9 | -193.1 |
| 体育场地设施管理 | 304.6 | 90.2 | 1613.9 | 836.2 | 777.7 |
| 健身休闲活动 | 487.1 | 231.1 | 1258.8 | 1261.2 | -2.4 |
| 其他体育 | 9.7 | 3.2 | 95.7 | 72.4 | 23.3 |
| 娱乐业 | 3419.9 | 1019.7 | 8686.9 | 6058.5 | 2628.4 |
| 室内娱乐活动 | 133.2 | 41.4 | 398.6 | 317.6 | 81.0 |
| 游乐园 | 2318.4 | 723.6 | 4285.3 | 3297.6 | 987.7 |
| 休闲观光活动 | 642.7 | 156.1 | 1692.1 | 1029.4 | 662.8 |
| 彩票活动 | 1.8 | 1.4 | 8.8 | 2.9 | 5.9 |
| 文化体育娱乐活动与经纪代理服务 | 213.0 | 65.6 | 1950.8 | 1176.5 | 774.3 |
| 其他娱乐业 | 110.8 | 31.5 | 351.3 | 234.6 | 116.8 |

4-44 续表 1

| 行 业 | 营业收入(亿元) | 营业成本(亿元) | 税金及附加(亿元) | 费用合计(亿元) | 投资收益(亿元) |
|---|---|---|---|---|---|
| **总 计** | **7661.2** | **5433.8** | **65.4** | **1927.3** | **237.0** |
| 新闻和出版业 | 1851.9 | 1202.6 | 14.1 | 484.4 | 125.6 |
| 新闻业 | 36.3 | 27.9 | 0.5 | 14.2 | 1.6 |
| 出版业 | 1815.6 | 1174.6 | 13.6 | 470.2 | 123.9 |
| 广播、电视、电影和录音制作业 | 2468.2 | 1989.2 | 17.9 | 460.7 | 113.3 |
| 广播 | 24.0 | 19.2 | 0.2 | 5.7 | |
| 电视 | 505.7 | 474.8 | 7.0 | 83.2 | 27.8 |
| 影视节目制作 | 1023.2 | 813.1 | 3.3 | 180.3 | 76.4 |
| 广播电视集成播控 | 189.4 | 125.4 | 1.0 | 41.4 | 2.7 |
| 电影和广播电视节目发行 | 289.1 | 254.4 | 0.8 | 22.9 | 4.6 |
| 电影放映 | 421.8 | 292.8 | 5.7 | 123.9 | 1.5 |
| 录音制作 | 14.9 | 9.6 | | 3.4 | 0.2 |
| 文化艺术业 | 616.3 | 415.8 | 6.7 | 172.4 | 2.3 |
| 文艺创作与表演 | 331.8 | 226.3 | 2.6 | 82.3 | 2.2 |
| 艺术表演场馆 | 76.3 | 55.5 | 1.8 | 28.7 | 0.7 |
| 图书馆与档案馆 | 12.0 | 7.3 | 0.1 | 4.0 | |
| 文物及非物质文化遗产保护 | 59.7 | 33.1 | 1.0 | 20.4 | 2.5 |
| 博物馆 | 19.1 | 12.0 | 0.1 | 8.1 | -4.7 |
| 烈士陵园、纪念馆 | 0.8 | 0.3 | | 0.2 | |
| 群众文体活动 | 30.3 | 21.9 | 0.3 | 6.9 | 0.1 |
| 其他文化艺术业 | 86.2 | 59.5 | 0.8 | 21.9 | 1.5 |
| 体育 | 540.3 | 380.4 | 10.1 | 217.0 | -0.7 |
| 体育组织 | 177.4 | 165.3 | 1.3 | 37.6 | -5.4 |
| 体育场地设施管理 | 119.1 | 81.0 | 3.2 | 52.2 | |
| 健身休闲活动 | 220.2 | 121.3 | 5.5 | 117.5 | 4.0 |
| 其他体育 | 23.6 | 12.8 | 0.1 | 9.7 | 0.7 |
| 娱乐业 | 2184.5 | 1445.9 | 16.7 | 592.6 | -3.4 |
| 室内娱乐活动 | 221.7 | 124.2 | 1.7 | 81.9 | -1.3 |
| 游乐园 | 731.1 | 425.5 | 8.6 | 247.9 | -2.8 |
| 休闲观光活动 | 226.8 | 140.7 | 2.0 | 70.2 | -6.1 |
| 彩票活动 | 9.0 | 6.1 | | 2.3 | |
| 文化体育娱乐活动与经纪代理服务 | 958.1 | 729.5 | 3.8 | 174.9 | 6.4 |
| 其他娱乐业 | 37.8 | 19.9 | 0.5 | 15.5 | 0.4 |

4-44 续表 2

| 行业 | 营业利润(亿元) | 利润总额(亿元) | 应付职工薪酬(亿元) | 应交增值税(亿元) | 期末用工人数(万人) |
|---|---|---|---|---|---|
| **总计** | **601.4** | **620.9** | **1571.7** | **168.6** | **94.7** |
| 新闻和出版业 | 327.0 | 347.7 | 475.2 | 50.3 | 17.9 |
| 新闻业 | -2.9 | -0.4 | 18.4 | 1.0 | 0.8 |
| 出版业 | 329.9 | 348.0 | 456.8 | 49.3 | 17.1 |
| 广播、电视、电影和录音制作业 | 142.6 | 120.4 | 433.2 | 39.6 | 20.0 |
| 广播 | -1.1 | -1.0 | 8.2 | 0.7 | 0.4 |
| 电视 | -2.7 | -32.1 | 186.0 | 7.7 | 4.3 |
| 影视节目制作 | 98.5 | 103.7 | 131.5 | 16.8 | 6.7 |
| 广播电视集成播控 | 27.1 | 27.1 | 36.7 | 3.3 | 1.4 |
| 电影和广播电视节目发行 | 13.7 | 13.4 | 20.8 | 1.9 | 1.0 |
| 电影放映 | 5.0 | 7.3 | 47.5 | 8.7 | 6.0 |
| 录音制作 | 2.1 | 2.0 | 2.6 | 0.5 | 0.1 |
| 文化艺术业 | 54.0 | 62.0 | 136.0 | 16.6 | 11.9 |
| 文艺创作与表演 | 38.6 | 45.1 | 73.7 | 9.3 | 6.3 |
| 艺术表演场馆 | 3.3 | 3.7 | 18.2 | 1.9 | 1.5 |
| 图书馆与档案馆 | 0.7 | 0.7 | 3.8 | 0.4 | 0.4 |
| 文物及非物质文化遗产保护 | 8.4 | 9.0 | 14.1 | 2.0 | 1.6 |
| 博物馆 | -4.9 | -4.6 | 4.4 | 0.4 | 0.4 |
| 烈士陵园、纪念馆 | 0.4 | 0.4 | 0.2 |  |  |
| 群众文体活动 | 1.7 | 2.0 | 5.0 | 0.7 | 0.5 |
| 其他文化艺术业 | 5.9 | 5.9 | 16.7 | 1.8 | 1.2 |
| 体育 | -46.6 | -45.0 | 169.5 | 16.6 | 12.2 |
| 体育组织 | -15.0 | -14.4 | 66.4 | 4.4 | 1.6 |
| 体育场地设施管理 | -14.3 | -12.8 | 33.2 | 5.2 | 3.0 |
| 健身休闲活动 | -18.9 | -19.4 | 63.6 | 6.5 | 7.4 |
| 其他体育 | 1.6 | 1.6 | 6.3 | 0.6 | 0.2 |
| 娱乐业 | 124.4 | 135.9 | 357.8 | 45.5 | 32.7 |
| 室内娱乐活动 | 13.1 | 13.7 | 44.9 | 3.2 | 6.0 |
| 游乐园 | 39.1 | 40.4 | 149.5 | 13.3 | 11.7 |
| 休闲观光活动 | 10.5 | 13.4 | 43.4 | 5.1 | 5.9 |
| 彩票活动 | 0.7 | 0.7 | 4.1 | 0.1 | 0.1 |
| 文化体育娱乐活动与经纪代理服务 | 57.6 | 63.9 | 106.0 | 21.4 | 7.5 |
| 其他娱乐业 | 3.5 | 3.8 | 10.0 | 2.5 | 1.4 |

# 第5篇

# 服务业行政事业及非企业法人单位篇

# 5-1　服务业行政事业及非企业法人单位分行业主要指标

| 行　　业 | 单位数(个) | 资产总计(亿元) | 非企业单位支出(费用)(亿元) | 从业人员(万人) |
|---|---|---|---|---|
| **总　计** | **2251493** | **749855.9** | **314367.9** | **6563.7** |
| **交通运输、仓储和邮政业** | **4816** | **47824.9** | **1822.4** | **28.4** |
| 道路运输业 | 3872 | 45826.2 | 1499.7 | 23.9 |
| 水上运输业 | 287 | 1511.6 | 151.2 | 1.8 |
| 航空运输业 | 86 | 341.4 | 128.3 | 1.8 |
| 多式联运和运输代理业 | 9 | 0.4 | 1.0 | |
| 装卸搬运和仓储业 | 403 | 139.3 | 38.5 | 0.8 |
| 邮政业 | 159 | 6.1 | 3.7 | 0.1 |
| **信息传输、软件和信息技术服务业** | **4788** | **1027.9** | **444.4** | **10.3** |
| 电信、广播电视和卫星传输服务 | 1804 | 379.6 | 161.7 | 5.7 |
| 互联网和相关服务 | 1055 | 202.2 | 97.8 | 1.4 |
| 软件和信息技术服务业 | 1929 | 446.1 | 185.0 | 3.1 |
| **房地产业** | **1921** | **1980.5** | **329.2** | **3.7** |
| 物业管理 | 955 | 653.3 | 91.0 | 1.4 |
| 房地产中介服务 | 269 | 83.6 | 21.7 | 0.6 |
| 房地产租赁经营 | 223 | 141.4 | 44.2 | 0.6 |
| 其他房地产业 | 474 | 1102.3 | 172.4 | 1.2 |
| **租赁和商务服务业** | **36259** | **10455.8** | **3500.5** | **48.0** |
| 租赁业 | 82 | 3.5 | 2.7 | 0.1 |
| 商务服务业 | 36177 | 10452.3 | 3497.8 | 47.9 |
| **科学研究和技术服务业** | **51098** | **18617.7** | **7001.3** | **121.2** |
| 研究和试验发展 | 9239 | 7701.0 | 3140.3 | 42.5 |
| 专业技术服务业 | 26859 | 9727.7 | 2964.7 | 57.9 |
| 科技推广和应用服务业 | 15000 | 1189.0 | 896.3 | 20.8 |

注：不含铁路运输业、金融业、房地产开发经营。

5-1 续表

| 行 业 | 单位数(个) | 资产总计(亿元) | 非企业单位支出(费用)(亿元) | 从业人员(万人) |
|---|---|---|---|---|
| **水利、环境和公共设施管理业** | **25850** | **33320.9** | **5538.2** | **119.2** |
| 水利管理业 | 10616 | 9366.1 | 1195.5 | 21.9 |
| 生态保护和环境治理业 | 3617 | 1195.5 | 388.1 | 10.0 |
| 公共设施管理业 | 9995 | 17754.0 | 3105.1 | 84.2 |
| 土地管理业 | 1622 | 5005.4 | 849.6 | 3.2 |
| **居民服务、修理和其他服务业** | **25963** | **935.8** | **513.7** | **21.1** |
| 居民服务业 | 24268 | 870.5 | 462.5 | 18.9 |
| 机动车、电子产品和日用产品修理业 | 160 | 12.9 | 10.2 | 0.2 |
| 其他服务业 | 1535 | 52.4 | 40.9 | 2.0 |
| **教育** | **381592** | **102879.0** | **57302.3** | **2241.0** |
| 教育 | 381592 | 102879.0 | 57302.3 | 2241.0 |
| **卫生和社会工作** | **148268** | **69503.6** | **52086.1** | **1110.7** |
| 卫生 | 84110 | 67266.4 | 50572.1 | 1046.6 |
| 社会工作 | 64158 | 2237.3 | 1514.0 | 64.1 |
| **文化、体育和娱乐业** | **50561** | **8170.5** | **2708.2** | **81.3** |
| 新闻和出版业 | 1918 | 709.0 | 305.5 | 9.2 |
| 广播、电视、电影和录音制作业 | 2265 | 1211.2 | 550.7 | 17.6 |
| 文化艺术业 | 35563 | 4355.1 | 1386.2 | 44.9 |
| 体育 | 6844 | 887.5 | 261.0 | 6.0 |
| 娱乐业 | 3971 | 1007.6 | 204.7 | 3.7 |
| **公共管理、社会保障和社会组织** | **1520377** | **455139.0** | **183121.5** | **2778.7** |
| 中国共产党机关 | 33524 | 3100.2 | 4399.9 | 94.8 |
| 国家机构 | 463582 | 389946.3 | 166096.7 | 2077.4 |
| 人民政协、民主党派 | 6232 | 193.4 | 418.9 | 12.2 |
| 社会保障 | 6994 | 252.5 | 2593.2 | 13.8 |
| 群众团体、社会团体和其他成员组织 | 399043 | 14166.0 | 4608.1 | 141.8 |
| 基层群众自治组织 | 611002 | 47480.8 | 5004.6 | 438.8 |

# 5–2　交通运输、仓储和邮政业行政事业及非企业法人单位分地区主要指标

| 地　区 | 单位数(个) | 资产总计(亿元) | 非企业单位支出(费用)(亿元) | 从业人员(人) |
|---|---|---|---|---|
| **全　国** | **4816** | **47824.9** | **1822.4** | **284469** |
| 北　京 | | | | |
| 天　津 | 30 | 1057.8 | 34.5 | 4014 |
| 河　北 | 349 | 2597.5 | 87.0 | 15230 |
| 山　西 | 213 | 1428.6 | 81.2 | 16386 |
| 内　蒙 | 148 | 933.0 | 47.9 | 10316 |
| 辽　宁 | 79 | 74.0 | 19.8 | 6006 |
| 吉　林 | 78 | 296.0 | 16.7 | 1584 |
| 黑龙江 | 193 | 2619.7 | 44.9 | 13267 |
| 上　海 | 18 | 294.6 | 68.7 | 6330 |
| 江　苏 | 230 | 4208.6 | 194.8 | 12312 |
| 浙　江 | 188 | 5131.4 | 145.1 | 8856 |
| 安　徽 | 111 | 1350.8 | 55.4 | 5049 |
| 福　建 | 163 | 1859.7 | 48.1 | 5433 |
| 江　西 | 84 | 587.8 | 18.3 | 3098 |
| 山　东 | 152 | 409.7 | 42.5 | 6224 |
| 河　南 | 227 | 1054.6 | 48.0 | 16924 |
| 湖　北 | 290 | 2129.8 | 88.0 | 12806 |
| 湖　南 | 256 | 2058.5 | 57.2 | 12245 |
| 广　东 | 317 | 7894.0 | 267.4 | 28536 |
| 广　西 | 241 | 1533.5 | 73.1 | 9887 |
| 海　南 | 38 | 23.5 | 8.7 | 3325 |
| 重　庆 | 76 | 1535.8 | 26.4 | 6797 |
| 四　川 | 252 | 2064.4 | 73.4 | 14055 |
| 贵　州 | 21 | 151.9 | 1.8 | 625 |
| 云　南 | 328 | 1949.4 | 45.3 | 9359 |
| 西　藏 | 42 | 761.8 | 24.9 | 4957 |
| 陕　西 | 215 | 1037.7 | 40.9 | 13134 |
| 甘　肃 | 201 | 368.0 | 50.7 | 18506 |
| 青　海 | 90 | 366.0 | 20.9 | 7102 |
| 宁　夏 | 20 | 413.0 | 12.7 | 1438 |
| 新　疆 | 166 | 1633.6 | 78.4 | 10668 |

注：不含铁路运输业。

# 5-3 信息传输、软件和信息技术服务业行政事业及非企业业法人单位分地区主要指标

| 地　区 | 单位数(个) | 资产总计(亿元) | 非企业单位支出(费用)(亿元) | 从业人员(人) |
|---|---|---|---|---|
| **全　国** | **4788** | **1027.9** | **444.4** | **102698** |
| 北　京 | 154 | 344.5 | 111.2 | 7905 |
| 天　津 | 41 | 52.0 | 5.1 | 1167 |
| 河　北 | 144 | 8.5 | 6.9 | 2712 |
| 山　西 | 113 | 9.0 | 7.8 | 3408 |
| 内　蒙 | 143 | 16.9 | 14.6 | 4027 |
| 辽　宁 | 117 | 10.2 | 7.2 | 3575 |
| 吉　林 | 102 | 12.4 | 6.9 | 2910 |
| 黑龙江 | 141 | 7.4 | 5.8 | 3277 |
| 上　海 | 70 | 21.2 | 16.1 | 2018 |
| 江　苏 | 438 | 90.0 | 32.8 | 6977 |
| 浙　江 | 383 | 50.3 | 23.9 | 5801 |
| 安　徽 | 131 | 11.8 | 7.1 | 2514 |
| 福　建 | 160 | 20.7 | 10.4 | 2444 |
| 江　西 | 112 | 17.2 | 16.1 | 3732 |
| 山　东 | 218 | 41.0 | 21.8 | 5387 |
| 河　南 | 247 | 30.9 | 16.2 | 7100 |
| 湖　北 | 376 | 24.6 | 14.7 | 4762 |
| 湖　南 | 228 | 28.8 | 19.4 | 5170 |
| 广　东 | 301 | 109.2 | 38.0 | 8201 |
| 广　西 | 236 | 25.1 | 8.2 | 2534 |
| 海　南 | 28 | 2.4 | 1.8 | 548 |
| 重　庆 | 82 | 25.7 | 9.1 | 2504 |
| 四　川 | 261 | 28.0 | 14.9 | 4260 |
| 贵　州 | 24 | 3.1 | 1.9 | 544 |
| 云　南 | 173 | 6.0 | 4.5 | 1984 |
| 西　藏 | 47 | 4.3 | 3.3 | 608 |
| 陕　西 | 83 | 3.8 | 3.4 | 1756 |
| 甘　肃 | 54 | 4.2 | 5.0 | 1601 |
| 青　海 | 35 | 3.8 | 2.6 | 570 |
| 宁　夏 | 13 | 1.3 | 1.1 | 373 |
| 新　疆 | 133 | 13.3 | 6.9 | 2329 |

# 5-4　租赁和商务服务业行政事业及非企业法人单位分地区主要指标

| 地　区 | 单位数(个) | 资产总计(亿元) | 非企业单位支出(费用)(亿元) | 从业人员(人) |
|---|---|---|---|---|
| **全　国** | **36259** | **10455.8** | **3500.5** | **479906** |
| 北　京 | 1107 | 1965.7 | 838.8 | 40134 |
| 天　津 | 335 | 50.0 | 27.9 | 6498 |
| 河　北 | 1214 | 78.2 | 47.9 | 17292 |
| 山　西 | 1016 | 132.0 | 83.8 | 19872 |
| 内　蒙 | 828 | 318.8 | 135.9 | 12974 |
| 辽　宁 | 732 | 52.1 | 27.3 | 12478 |
| 吉　林 | 742 | 150.6 | 35.9 | 9925 |
| 黑龙江 | 751 | 181.2 | 38.4 | 12566 |
| 上　海 | 1559 | 510.9 | 289.7 | 47495 |
| 江　苏 | 3565 | 889.7 | 156.1 | 27093 |
| 浙　江 | 4672 | 515.2 | 226.9 | 26857 |
| 安　徽 | 853 | 51.8 | 37.1 | 10850 |
| 福　建 | 1134 | 189.3 | 66.6 | 12028 |
| 江　西 | 718 | 105.9 | 75.1 | 9780 |
| 山　东 | 1874 | 392.1 | 119.9 | 21488 |
| 河　南 | 1886 | 432.9 | 62.7 | 21840 |
| 湖　北 | 1948 | 252.1 | 92.2 | 21960 |
| 湖　南 | 1490 | 139.3 | 108.2 | 19042 |
| 广　东 | 2285 | 2334.9 | 525.9 | 37639 |
| 广　西 | 1180 | 156.2 | 65.0 | 14612 |
| 海　南 | 205 | 15.0 | 15.3 | 3000 |
| 重　庆 | 596 | 62.1 | 33.9 | 7097 |
| 四　川 | 1866 | 177.2 | 77.6 | 16352 |
| 贵　州 | 192 | 2.2 | 2.1 | 1362 |
| 云　南 | 895 | 78.9 | 45.2 | 7867 |
| 西　藏 | 140 | 7.9 | 7.9 | 2098 |
| 陕　西 | 947 | 973.3 | 89.5 | 18309 |
| 甘　肃 | 522 | 73.1 | 27.3 | 7890 |
| 青　海 | 221 | 29.2 | 56.8 | 2577 |
| 宁　夏 | 118 | 20.3 | 11.3 | 2243 |
| 新　疆 | 668 | 117.6 | 72.3 | 8688 |

# 5-5 科学研究和技术服务业行政事业及非企业法人单位分地区主要指标

| 地区 | 单位数(个) | 资产总计(亿元) | 非企业单位支出(费用)(亿元) | 从业人员(人) |
|---|---|---|---|---|
| **全国** | **51098** | **18617.7** | **7001.3** | **1211755** |
| 北京 | 1186 | 4123.2 | 1468.8 | 124284 |
| 天津 | 388 | 392.2 | 89.6 | 18110 |
| 河北 | 2181 | 208.2 | 116.1 | 36648 |
| 山西 | 1149 | 226.4 | 91.1 | 28770 |
| 内蒙 | 1531 | 133.9 | 114.3 | 31278 |
| 辽宁 | 891 | 349.0 | 142.0 | 27336 |
| 吉林 | 1117 | 187.5 | 98.7 | 27872 |
| 黑龙江 | 1114 | 420.6 | 119.1 | 35003 |
| 上海 | 752 | 1274.5 | 447.3 | 39139 |
| 江苏 | 3046 | 1144.5 | 431.8 | 56603 |
| 浙江 | 2528 | 1309.2 | 353.5 | 61698 |
| 安徽 | 1431 | 468.6 | 190.7 | 30435 |
| 福建 | 1746 | 432.6 | 161.0 | 28921 |
| 江西 | 974 | 279.7 | 133.4 | 31174 |
| 山东 | 2631 | 669.3 | 276.9 | 57008 |
| 河南 | 2441 | 387.3 | 142.1 | 51149 |
| 湖北 | 3667 | 598.8 | 230.0 | 52760 |
| 湖南 | 1664 | 238.2 | 134.4 | 38414 |
| 广东 | 2991 | 2811.8 | 827.1 | 97982 |
| 广西 | 3187 | 287.5 | 136.0 | 42823 |
| 海南 | 336 | 135.2 | 52.4 | 11490 |
| 重庆 | 1108 | 263.8 | 112.1 | 23256 |
| 四川 | 4054 | 516.0 | 246.0 | 66813 |
| 贵州 | 919 | 164.4 | 75.8 | 22318 |
| 云南 | 2472 | 357.5 | 156.5 | 40905 |
| 西藏 | 224 | 60.7 | 58.8 | 5768 |
| 陕西 | 1689 | 393.4 | 160.1 | 40812 |
| 甘肃 | 1334 | 300.6 | 143.2 | 35011 |
| 青海 | 616 | 118.3 | 65.3 | 11706 |
| 宁夏 | 237 | 39.5 | 26.6 | 5983 |
| 新疆 | 1494 | 325.3 | 200.5 | 30286 |

# 5-6　水利、环境和公共设施管理业行政事业及非企业法人单位分地区主要指标

| 地　区 | 单位数(个) | 资产总计(亿元) | 非企业单位支出(费用)(亿元) | 从业人员(人) |
|---|---|---|---|---|
| **全　国** | **25850** | **33320.9** | **5538.2** | **1192346** |
| 北　京 | 467 | 1649.1 | 257.9 | 45703 |
| 天　津 | 185 | 1402.0 | 392.6 | 14307 |
| 河　北 | 985 | 977.2 | 205.1 | 53792 |
| 山　西 | 540 | 695.8 | 151.6 | 64714 |
| 内　蒙 | 479 | 404.4 | 114.4 | 32101 |
| 辽　宁 | 436 | 359.9 | 68.4 | 31544 |
| 吉　林 | 732 | 408.6 | 107.9 | 52557 |
| 黑龙江 | 895 | 267.6 | 107.4 | 67097 |
| 上　海 | 475 | 2367.4 | 478.7 | 21940 |
| 江　苏 | 1988 | 3077.6 | 389.1 | 64204 |
| 浙　江 | 1131 | 2205.6 | 347.4 | 29883 |
| 安　徽 | 901 | 1283.9 | 158.7 | 27572 |
| 福　建 | 825 | 361.5 | 106.3 | 17794 |
| 江　西 | 456 | 691.2 | 72.2 | 19710 |
| 山　东 | 811 | 1135.9 | 210.2 | 40785 |
| 河　南 | 1120 | 867.5 | 135.0 | 76358 |
| 湖　北 | 2330 | 1129.6 | 193.7 | 59470 |
| 湖　南 | 1550 | 973.3 | 177.2 | 62940 |
| 广　东 | 1570 | 5750.4 | 732.1 | 75174 |
| 广　西 | 1374 | 540.2 | 128.0 | 51693 |
| 海　南 | 140 | 154.1 | 42.8 | 11013 |
| 重　庆 | 442 | 996.8 | 132.2 | 27200 |
| 四　川 | 1668 | 1026.7 | 188.8 | 58296 |
| 贵　州 | 248 | 285.6 | 21.8 | 13102 |
| 云　南 | 1179 | 1153.9 | 79.5 | 24255 |
| 西　藏 | 34 | 28.0 | 5.7 | 613 |
| 陕　西 | 1084 | 1662.9 | 196.1 | 55120 |
| 甘　肃 | 739 | 562.9 | 119.1 | 44963 |
| 青　海 | 213 | 47.2 | 31.3 | 8462 |
| 宁　夏 | 118 | 178.2 | 28.5 | 9393 |
| 新　疆 | 735 | 675.8 | 158.3 | 30591 |

# 5-7 居民服务、修理和其他服务业行政事业及非企业业法人单位分地区主要指标

| 地 区 | 单位数(个) | 资产总计(亿元) | 非企业单位支出(费用)(亿元) | 从业人员(人) |
|---|---|---|---|---|
| **全 国** | **25963** | **935.8** | **513.7** | **210870** |
| 北 京 | 318 | 37.8 | 27.1 | 4829 |
| 天 津 | 122 | 30.1 | 9.7 | 2042 |
| 河 北 | 326 | 25.0 | 10.9 | 5413 |
| 山 西 | 210 | 16.9 | 6.3 | 3333 |
| 内 蒙 | 311 | 21.7 | 4.3 | 2567 |
| 辽 宁 | 593 | 34.2 | 9.1 | 5835 |
| 吉 林 | 462 | 22.9 | 9.9 | 7240 |
| 黑龙江 | 306 | 22.6 | 10.8 | 5134 |
| 上 海 | 1359 | 36.0 | 114.8 | 47464 |
| 江 苏 | 3833 | 117.9 | 49.4 | 17686 |
| 浙 江 | 10236 | 97.9 | 34.0 | 20958 |
| 安 徽 | 371 | 27.8 | 14.1 | 4479 |
| 福 建 | 527 | 27.3 | 9.6 | 4138 |
| 江 西 | 254 | 11.4 | 7.4 | 3075 |
| 山 东 | 884 | 48.8 | 21.8 | 9880 |
| 河 南 | 528 | 21.4 | 8.9 | 6236 |
| 湖 北 | 713 | 76.5 | 34.0 | 8805 |
| 湖 南 | 437 | 26.6 | 12.9 | 4663 |
| 广 东 | 1708 | 103.8 | 62.0 | 22445 |
| 广 西 | 247 | 10.5 | 5.7 | 3558 |
| 海 南 | 45 | 2.1 | 0.6 | 438 |
| 重 庆 | 279 | 21.6 | 6.1 | 2439 |
| 四 川 | 919 | 36.0 | 17.1 | 7434 |
| 贵 州 | 82 | 1.9 | 1.2 | 775 |
| 云 南 | 278 | 13.1 | 4.1 | 2375 |
| 西 藏 | 11 | 1.5 | 0.7 | 77 |
| 陕 西 | 211 | 17.5 | 13.0 | 3013 |
| 甘 肃 | 152 | 9.1 | 3.2 | 1933 |
| 青 海 | 46 | 0.4 | 0.6 | 696 |
| 宁 夏 | 40 | 3.9 | 0.6 | 293 |
| 新 疆 | 155 | 11.7 | 3.9 | 1617 |

# 5-8　教育行政事业及非企业法人单位分地区主要指标

| 地　区 | 单位数(个) | 资产总计(亿元) | 非企业单位支出(费用)(亿元) | 从业人员(人) |
|---|---|---|---|---|
| **全　国** | **381592** | **102879.0** | **57302.3** | **22410381** |
| 北　京 | 4412 | 5218.7 | 2879.6 | 473489 |
| 天　津 | 3155 | 1415.1 | 821.0 | 222568 |
| 河　北 | 23728 | 3606.9 | 2167.0 | 1120693 |
| 山　西 | 9576 | 2608.7 | 1157.6 | 625275 |
| 内　蒙 | 6551 | 1640.5 | 935.7 | 415640 |
| 辽　宁 | 11334 | 2255.9 | 1284.7 | 585168 |
| 吉　林 | 5458 | 1606.9 | 872.4 | 374590 |
| 黑龙江 | 7206 | 1553.5 | 957.1 | 405435 |
| 上　海 | 5224 | 3528.9 | 2299.9 | 397653 |
| 江　苏 | 16807 | 7536.9 | 4193.8 | 1295608 |
| 浙　江 | 14840 | 5692.7 | 3223.5 | 966514 |
| 安　徽 | 11659 | 3293.8 | 2255.3 | 820124 |
| 福　建 | 12354 | 3149.0 | 1757.6 | 711142 |
| 江　西 | 12459 | 3120.3 | 1627.4 | 760200 |
| 山　东 | 23953 | 7221.2 | 3684.6 | 1528405 |
| 河　南 | 39647 | 5137.8 | 2479.7 | 1550795 |
| 湖　北 | 14039 | 4181.2 | 2300.7 | 807352 |
| 湖　南 | 17700 | 3662.2 | 2011.1 | 920066 |
| 广　东 | 37088 | 9757.8 | 6116.8 | 2094339 |
| 广　西 | 22320 | 2987.5 | 1718.8 | 985661 |
| 海　南 | 2999 | 623.1 | 466.0 | 185567 |
| 重　庆 | 7420 | 2701.0 | 1455.8 | 511092 |
| 四　川 | 19474 | 5527.9 | 2996.1 | 1256743 |
| 贵　州 | 10450 | 2922.5 | 1402.6 | 697555 |
| 云　南 | 10621 | 3348.5 | 1648.4 | 715900 |
| 西　藏 | 912 | 260.5 | 217.4 | 58357 |
| 陕　西 | 12041 | 3717.3 | 1746.3 | 717371 |
| 甘　肃 | 8091 | 1796.6 | 880.2 | 433384 |
| 青　海 | 1635 | 464.1 | 225.3 | 99353 |
| 宁　夏 | 1797 | 504.3 | 294.3 | 135007 |
| 新　疆 | 6642 | 1837.9 | 1225.6 | 539335 |

# 5-9 卫生和社会工作行政事业及非企业法人单位分地区主要指标

| 地区 | 单位数(个) | 资产总计(亿元) | 非企业单位支出(费用)(亿元) | 从业人员(人) |
|---|---|---|---|---|
| **全国** | **148268** | **69503.6** | **52086.1** | **11106909** |
| 北京 | 2184 | 2849.9 | 3037.8 | 299463 |
| 天津 | 1180 | 862.0 | 872.4 | 127884 |
| 河北 | 7618 | 2827.7 | 1991.3 | 526592 |
| 山西 | 3994 | 1438.0 | 891.9 | 279346 |
| 内蒙 | 3482 | 1079.0 | 798.7 | 226506 |
| 辽宁 | 5848 | 1536.3 | 1293.2 | 329587 |
| 吉林 | 2862 | 1232.9 | 869.1 | 217003 |
| 黑龙江 | 3669 | 1363.4 | 1004.6 | 251474 |
| 上海 | 3010 | 2068.5 | 2753.8 | 304362 |
| 江苏 | 16118 | 4835.7 | 3784.0 | 653759 |
| 浙江 | 9558 | 3663.9 | 3369.5 | 562705 |
| 安徽 | 6294 | 2481.0 | 1693.0 | 382098 |
| 福建 | 4547 | 1802.0 | 1365.3 | 287556 |
| 江西 | 5000 | 2039.5 | 1298.4 | 310885 |
| 山东 | 9161 | 5017.5 | 3534.7 | 798733 |
| 河南 | 9119 | 4361.9 | 2639.2 | 724307 |
| 湖北 | 5262 | 3612.5 | 2070.3 | 450471 |
| 湖南 | 6292 | 2860.8 | 1810.6 | 463459 |
| 广东 | 6597 | 5634.8 | 5299.9 | 902683 |
| 广西 | 3548 | 2188.2 | 1483.3 | 425290 |
| 海南 | 1136 | 559.5 | 334.9 | 76043 |
| 重庆 | 2685 | 1579.6 | 1093.8 | 214208 |
| 四川 | 9304 | 4134.8 | 2859.7 | 662026 |
| 贵州 | 3201 | 1638.6 | 980.7 | 294881 |
| 云南 | 3700 | 2342.1 | 1339.1 | 360825 |
| 西藏 | 497 | 158.5 | 100.0 | 25925 |
| 陕西 | 4355 | 2075.6 | 1247.3 | 334029 |
| 甘肃 | 3028 | 1261.1 | 797.9 | 222454 |
| 青海 | 1147 | 333.3 | 212.1 | 63805 |
| 宁夏 | 677 | 298.3 | 251.2 | 60686 |
| 新疆 | 3195 | 1367.0 | 1008.7 | 267864 |

# 5-10　文化、体育和娱乐业行政事业及非企业法人单位分地区主要指标

| 地　区 | 单位数(个) | 资产总计(亿元) | 非企业单位支出(费用)(亿元) | 从业人员(人) |
|---|---|---|---|---|
| **全　国** | **50561** | **8170.5** | **2708.2** | **813261** |
| 北　京 | 1028 | 1231.4 | 389.8 | 50637 |
| 天　津 | 432 | 184.6 | 44.5 | 16127 |
| 河　北 | 1717 | 151.2 | 66.0 | 32803 |
| 山　西 | 1249 | 243.0 | 63.5 | 31628 |
| 内　蒙 | 1205 | 148.2 | 66.9 | 29692 |
| 辽　宁 | 973 | 167.8 | 55.8 | 19770 |
| 吉　林 | 944 | 140.4 | 49.3 | 22685 |
| 黑龙江 | 1453 | 103.7 | 41.4 | 22263 |
| 上　海 | 1614 | 427.1 | 136.7 | 21012 |
| 江　苏 | 5522 | 853.2 | 189.1 | 47692 |
| 浙　江 | 3713 | 453.9 | 158.7 | 40949 |
| 安　徽 | 1325 | 199.2 | 67.2 | 19737 |
| 福　建 | 1924 | 215.3 | 74.0 | 23499 |
| 江　西 | 994 | 93.0 | 43.3 | 15815 |
| 山　东 | 3724 | 433.9 | 151.7 | 49516 |
| 河　南 | 2580 | 316.9 | 87.7 | 41351 |
| 湖　北 | 2201 | 316.0 | 95.0 | 29804 |
| 湖　南 | 1810 | 185.5 | 75.2 | 28853 |
| 广　东 | 2974 | 682.7 | 233.8 | 48246 |
| 广　西 | 1818 | 129.4 | 58.9 | 24994 |
| 海　南 | 254 | 57.9 | 22.7 | 6402 |
| 重　庆 | 1309 | 84.4 | 49.6 | 12993 |
| 四　川 | 2911 | 307.8 | 125.1 | 40742 |
| 贵　州 | 761 | 84.3 | 36.1 | 15401 |
| 云　南 | 1750 | 195.2 | 65.5 | 24100 |
| 西　藏 | 147 | 49.4 | 25.2 | 5492 |
| 陕　西 | 1494 | 343.5 | 83.0 | 32178 |
| 甘　肃 | 1023 | 147.0 | 54.1 | 23186 |
| 青　海 | 359 | 50.4 | 17.5 | 6789 |
| 宁　夏 | 254 | 38.4 | 17.5 | 6280 |
| 新　疆 | 1099 | 135.8 | 63.3 | 22625 |

# 5-11 公共管理、社会保障和社会组织行政事业及非企业业法人单位分地区主要指标

| 地 区 | 单位数(个) | 资产总计(亿元) | 非企业单位支出(费用)(亿元) | 从业人员(人) |
|---|---|---|---|---|
| **全 国** | **1520377** | **455139.0** | **183121.5** | **27787225** |
| 北 京 | 17622 | 12792.5 | 7361.9 | 520190 |
| 天 津 | 11677 | 6324.0 | 3932.8 | 270850 |
| 河 北 | 86503 | 15098.5 | 8267.1 | 1566057 |
| 山 西 | 46244 | 11467.4 | 4632.8 | 929162 |
| 内 蒙 | 35970 | 12189.0 | 4390.1 | 760103 |
| 辽 宁 | 40151 | 11714.6 | 4155.8 | 925883 |
| 吉 林 | 29299 | 9823.6 | 3091.8 | 592216 |
| 黑龙江 | 35228 | 5818.0 | 3162.3 | 700337 |
| 上 海 | 15221 | 9472.2 | 5613.6 | 334334 |
| 江 苏 | 71827 | 39028.6 | 12641.4 | 1438708 |
| 浙 江 | 73492 | 22848.9 | 11083.8 | 1024252 |
| 安 徽 | 54391 | 15957.4 | 7011.7 | 924966 |
| 福 建 | 55911 | 14311.7 | 4526.2 | 761835 |
| 江 西 | 52215 | 11398.7 | 5042.5 | 869852 |
| 山 东 | 110127 | 31873.1 | 11045.0 | 1965297 |
| 河 南 | 110524 | 13923.6 | 6639.7 | 1861853 |
| 湖 北 | 62598 | 13785.1 | 5618.6 | 1043118 |
| 湖 南 | 71602 | 10308.0 | 5833.3 | 1221507 |
| 广 东 | 81063 | 55804.3 | 19715.9 | 2012913 |
| 广 西 | 52520 | 6255.2 | 3644.9 | 887314 |
| 海 南 | 8025 | 7901.9 | 1854.5 | 214989 |
| 重 庆 | 29963 | 7955.6 | 3408.6 | 486325 |
| 四 川 | 97131 | 34337.1 | 10780.1 | 1581342 |
| 贵 州 | 42499 | 14543.8 | 5441.7 | 790050 |
| 云 南 | 51276 | 20312.3 | 5255.6 | 940750 |
| 西 藏 | 13682 | 2383.7 | 2644.4 | 270874 |
| 陕 西 | 52153 | 13130.3 | 4793.7 | 908902 |
| 甘 肃 | 44642 | 5395.0 | 3111.4 | 671719 |
| 青 海 | 14846 | 3417.2 | 1501.1 | 211570 |
| 宁 夏 | 11172 | 2937.2 | 1088.5 | 190196 |
| 新 疆 | 40803 | 12630.3 | 5830.5 | 909761 |

# 附　录

# 主要指标解释

**房屋施工面积**　指房地产开发企业本年施工的全部房屋建筑面积。包括本年新开工的房屋建筑面积、上年跨入本年继续施工的房屋建筑面积、上年停缓建在本年恢复施工的房屋建筑面积、本年竣工的房屋建筑面积以及本年施工后又停缓建的房屋建筑面积。多层建筑应填各层建筑面积之和。

**房屋新开工面积**　指房地产开发企业本年新开工建设的房屋建筑面积，以单位工程为核算对象，即整栋房屋的全部建筑面积，不能分割计算。不包括在上年开工跨入本年继续施工的房屋建筑面积和上年停缓建而在本年恢复施工的房屋建筑面积。房屋的开工应以房屋正式开始破土刨槽（地基处理或打永久桩）的日期为准。

**房屋竣工面积**　指房地产开发企业本年按照设计要求已全部完工，达到住人和使用条件，经验收鉴定合格或达到竣工验收标准，可正式移交使用的各栋房屋建筑面积的总和。

竣工面积以房屋单位工程（栋）为核算对象，在整栋房屋符合竣工条件后按其全部建筑面积一次性计算，而不是按各栋施工房屋中已完成的部分或层次分割计算。

**新建商品房销售面积**　指房地产开发企业本年出售商品房屋的合同总面积（即双方签署的正式买卖合同中所确定的建筑面积）。

**新建商品房销售额**　指房地产开发企业本年出售商品房屋的合同总价款（即双方签署的正式买卖合同中所确定的合同总价）。该指标与商品房销售面积同口径。

**房屋竣工价值**　指房地产开发企业按规定已经上报竣工的房屋本身的建造价值。一般按房屋设计和预算规定的内容计算。包括竣工房屋本身的基础、结构、屋面、装修以及水、电、卫等附属工程的建筑价值；也包括作为房屋建筑组成部分而列入房屋建筑工程预算内的设备（如电梯、通风设备等）的购置和安装费用。不包括厂房内的工艺设备、工艺管线的购置和安装，工艺设备基础的建造；室外的水、暖、电、卫、道路工程、挡土墙等环境工程的费用；办公和生活用家具的购置等费用；购置土地的费用；迁移补偿费和场地平整的费用及城市建设配套投资。

房屋竣工价值不仅包括该竣工房屋在本年完成的价值，也包括跨年施工的房屋在本期以前完成的价值。未竣工而转让给其他单位的房屋建筑工程，出让单位不计算竣工价值，待接受单位继续施工并符合竣工条件后，由接受单位计算其竣工价值，包括出让单位在出让前所完成的价值。房屋竣工价值一般按结算价格（或中标价）计算。

**资产总计（企业）**　指企业过去的交易或者事项形成的、由企业拥有或者控制的、预期会给企业带来经济利益的资源。包括企业拥有的土地、办公楼、厂房、机器、运输工具、存货等实物资产和现金、存款、应收账款和预付账款等金融资产。资产一般按流动性（资产的变现或耗用时间长短）分为流动资产和非流动资产。其中流动资产可分为货币资金、交易性金融资产、应收票据、应收账款、预付款项、其他应收款、存货等；非流动资产可分为长期股权投资、固定资产、无形资产及其他非流动资产等。根据会计“资产负债表”中“资产总计”项目的期末余额数填报。

**资产总计（行政事业单位）**　指行政事业单位占有或者使用的，能以货币计量的经济资源。占有是指行政事业单位对经济资源拥有法律上的占有权。由行政事业单位直接支配，供社会公众使用的政府储备物资、公共基础设施等，也属于行政事业单位核算的资产。行政事业单位的资产包括流动资产、固定资产、在建工程、无形资产等。

**负债合计**　指企业过去的交易或者事项形成的，预期会导致经济利益流出企业的现时义务。包括银行贷款、借款、应付账款、应付职工工资、应付职工福利费、应交税金等企业负有偿还责任的债务。根据会计“资产负债表”中“负债合计”项目的期末余额数填报。

负债一般按偿还期长短分为流动负债和非流动负债。执行《企业会计准则》或《小企业会计准则》的企业：负债合计=流动负债合计+非流动负债合计；执行《企业会计制度》的企业负债包括流动负债和长期负债。

**主营业务收入**　指企业经营主要业务所实现的收入。如果会计“利润表”列示“主营业务收入”项目，则根据其本年累计数填报；或者，根据会计“主营业务收入”科目的本年各月贷方余额（结转前）之和填报，如未设置该科目，以“营业收入”代替填报。

**土地转让收入**　指房地产开发企业按国家规定在报告期转让已经开发的土地和未经开发的土地所得到的收入。根据会计“利润表”和相关核算资料计算填报。

**商品房屋销售收入**　指房地产开发企业在报告期售出商品房屋的收入，一次收款的，一次性全部计入销售收入，按合同规定分期收款的，可按合同规定的时间分次计入收入。根据会计“利润表”和相关核算资料计算填报。

**房屋出租收入**　指房地产开发企业在报告期内，在不改变现有财产所有权关系的条件下，将企业的全部或部分房屋出租给其他单位或个人使用所得到的租金收入。根据会计“利润表”和相关核算资料计算填报。

**其他收入（房地产开发经营业）**　指房地产开发企业在报告期内从事主营业务中除以上收入外的其他业务活动所得到的收入，包括配套设施销售收入、代建工程结算收入等。根据会计“利润表”和相关核算资料计算填报。

**从业人员期末人数** 指年度最后一日在本单位工作，并取得工资或其他形式劳动报酬的人员数。

**年末零售营业面积** 指批发和零售业企业用于本企业从事零售业务的对外营业的面积，不包括其办公用房、仓库、加工场地以及对外出租场地。按年末实有建筑面积统计。

**年末餐饮营业面积** 指住宿和餐饮业企业对外提供餐饮服务的就餐面积和从事食品加工、烹饪、调制的厨房面积，不包括办公用房和仓库等面积。按年末实有建筑面积统计。

**营业收入** 指企业从事销售商品、提供劳务和让渡资产使用权等生产经营活动形成的经济利益流入。包括“主营业务收入”和“其他业务收入”。根据会计“利润表”中“营业收入”项目的本年累计数填报。